マスコミ就活

出版社
内定獲得！

2025年度版

出版業界内定までの
近道はここに。

Wセミナー専任講師
冨板 敦

TAC出版
TAC PUBLISHING Group

はじめに

　本書は、出版業界（出版社・編集プロダクション）に入って書籍や雑誌づくりをしてみたいと思う君のための本だ。

　2025年採用版には、出版社や編集プロダクションに入社するためにはどんな準備をすればいいのか、編集者になるためには何が必要なのかを、最新情報も含めて余すところなく記してある。

　私はこれまで30年間、各大学のマスコミ就職講座や早稲田マスコミセミナー、また日本ジャーナリスト専門学校で、出版業界をめざす多くの学生とともに学び、一緒に就職戦線をくぐり抜けてきた。現在も多数の仲間が出版業界で書籍や雑誌づくりに携わっている。

　今は、「編集者ってカッコイイからなってみたい」「本当に自分が思うとおりの書籍や雑誌がつくれたらいいなあ」という憧れの気持ちがあるだけでけっこう。

　私が各大学や早稲田マスコミセミナーで、就職講座の最初の講義を始める前に「今の気持ち」を尋ねてみると、「入社試験がものすごい高倍率と聞いて自信がない」「マスコミ就職は無理だと思うが、とりあえず出版社受験のあらましでも覗いてみるつもりで来た」という学生が圧倒的に多い。

　そんな彼らも、**本書に示した方法で何本も作文を書き、自分のつくりたい書籍や雑誌の企画を考え始めると、「ひょっとしたら私も編集者になれるかもしれない」とだんだん自信がついてくる。そして実際、入社試験を受けて内定を獲得すると「本や雑誌をつくりたい思いを持ち続け、具体的な企画を持っていれば、入社することはそう難しいことではなかった」**という。

　そう、今は即戦力の時代、具体的で実現可能な書籍や雑誌のプランを持って入社試験に臨めば、出版社内定獲得への道ははっきりと見えてくる。出版社や編集プロダクションに入ることはそう難しい

ことではないと断言したい。

　この本では、**求人の探し方、求人広告の読み方**から**エントリーシート**や**作文の書き方、面接対策**まで、出版社や編集プロダクションをめざすすべての人へのアドバイスを記した。従来の出版社就職対策本にはなかった多くの特長がある。

　まず、**求人の探し方、求人広告の読み方**である。出版業界ならではの求人の内幕を知ってほしい。次に、**企画**（＝**どんな書籍や雑誌記事をつくりたいか**）**のつくり方**。本書で述べる雑誌や書籍の分析をヒントにして、自分ならではの企画をつくっていこう。

　また、出題範囲が広くて難しいといわれてきた**一般教養試験**についても、これまで明らかにされてこなかった**出版社・編集プロダクションの直近3年間**（2024年度、2023年度、2022年度）**の一般教養問題を紹介**した。ほかに、この本ならではの**作文試験突破法である「恥さらし」作文術、クリエイティブ試験対策法**も、**合格できるレベルの文例とともに**具体的に示した。

　さらに巻末に代表的な**出版社を掲載**し付録とした。多くの出版社が自社ホームページを持つ時代である。気軽にアクセスしたい。ホームページ上では、自社出版物の紹介や求人情報だけでなく、先輩社員の働きぶりを報告している出版社もある。編集者になって仕事をしてみたいという君の気持ちをきっと高められるはずだ。

　いざ出版社への就職を考え始めても、もう目の前に試験が迫っているかもしれない。本書は、そんな君のための、**最短で最も効率のよい出版社内定獲得本**である。

　じっくりと読み込んでほしい。必ず出版社の内定は獲得できる。頑張ろう。

CONTENTS

はじめに 2

PART 1 📖 編集者になるには

1 出版業界と出版社のしくみを知る 10
2 出版社の就職戦線はどうなっているのか 14
3 求人の探し方、求人広告の読み方 20
4 どの出版社をどう狙うか 22
5 編集プロダクションに入るには 24
6 フリーライターになりたい人へ 26
7 転社について 28

PART 2 📖 まずは作文から始めよう

1 筆記試験ではなぜ作文が最重要視されるのか 30
2 誰でも書ける「合格作文」 36
3 予定稿を準備する 38
4 「恥さらし」作文こそ必勝法 42
5 「直球作文」とは 48
6 どんなネタで書いたらいいか 52
7 志望動機を書かせる作文 60
8 出版社の作文試験タイトルを分析する 66

PART 3 エントリーシートは「作文」と連動させて突破する

1 エントリーシートと履歴書 ······················· 78
2 自己PR・学生時代・志望動機 ·················· 88
3 出版社ならではのエントリーシート攻略法 ·· 94
4 自爆してはいけない ······························· 96

PART 4 三題噺を攻略する

1 クリエイティブ試験とは何か ··················· 100
2 三題噺は、クリエイティブ試験の王様 ········· 102
3 三題噺の基本とは ······························· 106
4 オチをつけるコツ ································· 110
5 三題噺も予定稿で突破 ··························· 114

PART 5 キセル文・ショートストーリー（クリエイティブ長文対策講座）

1 キセル文って何？ ································· 120
2 ショートストーリーをつくろう ················· 126
3 これが私の発明品 ······························· 132

PART 6 寸評・CM依頼・身上相談
（クリエイティブ短文対策講座）

1 寸評・人物寸評問題を解く	136
2 創作四字熟語をつくる	146
3 創作漢字をつくる	148
4 フキダシ問題を考える	150
5 自己紹介・他己紹介をしてみる	154
6 CM 依頼文を攻略する	158
7 言い訳文・無人島問題・手紙文をつくる	162
8 身上相談にのる	172

PART 7 難関の雑学・教養・時事問題を突破する

1 「適性」試験は楽勝	178
2 語学をどうするか	180
3 専門常識試験について	182
4 出版社の一般教養問題を予想する	184
5 出版業界の一般教養過去問題集	198
6 よく出る漢字問題集 『これが出る！ マスコミ漢字攻略バイブル』より	230

PART 8 企画がなければ出版業界には入れない

1 エントリーシートに企画をどう書くか	240
2 企画なんて簡単だ	250

3 企画を考えるいくつかの視点 ………………………… 252
4 こんな企画試験が出る ……………………………………… 258

PART 9 出版社の面接攻略法

1 出版社の面接の特徴はこれだ ………………………… 264
2 面接を突破する三つのポイント ……………………… 266
3 出版社面接では何を聞かれるのか …………………… 268
4 ディスカッション・ディベート突破法 ……………… 270

PART 10 会社研究、雑誌研究はこうする

1 効率のよい会社研究をするには ……………………… 278
2 雑誌研究は他社の雑誌と比較して …………………… 280
3 雑誌の構造を理解する ………………………………… 282
4 新雑誌を構想してみる ………………………………… 284
5 書籍企画をつくる三つの発想法 ……………………… 286
6 得意ジャンルの見取り図をつくろう ………………… 288

〈巻末付録1〉出版社リスト ………………………………… 292
〈巻末付録2〉内定獲得！ とっておき〝五つのこぼれ話〟 298
〈巻末付録3〉〝影響を受けた本〟を
　　　　　　　リストアップしてみよう！ ………………… 302

おわりに ………………………………………………………… 305
あとがき ………………………………………………………… 306

〈参考引用文献〉 ……………………………………………… 308

PART 1

編集者になるには

戦いに挑むためには、まず敵を知ることが肝心だ。出版社に入るには、まず出版業界の実状を知っておきたい。このPARTでは、君が頭の中で漠然と思い描いている出版社内定獲得への道筋を明確に打ち出し、実際、何をおさえ、どのように動けばよいのか、具体例を挙げながら順を追って述べる。

PART **1** 編集者になるには

1 出版業界と出版社のしくみを知る

　まず、現在の出版業界の現状を簡単に知っておこう。
　2022年に刊行された書籍は6万6885点。のべ6万6000人以上の書籍編集者が本を世に送り出したことがわかる。また雑誌については、月刊誌が毎月2400点、週刊誌は毎週82点発行されている（『出版月報』2023年1月号）。どれだけ多くの編集者が現在活躍しているかわかるだろう。
　2022年に書籍を刊行した出版社は3145社、雑誌を発行した出版社は650社ある。書籍・雑誌の両方出している出版社は多く、少なく見積もっても**現在の日本には、3500以上の出版社がある**と考えられる。また、編集業務を主とする会社（編集プロダクション）は、2000社以上あるといわれている。

マスコミで、最も入りやすいのが出版業界！

　これらの数字からわかるように、出版業界（出版社、編集プロダクション）の会社数は、テレビ、ラジオ、音楽、映画関連など他のマスコミ業界に比べて、とても多い。**マスコミの中では最も入りやすい業界の一つ**といえる。逆にいえば、これまで聞いたことのないような会社も多く存在し、日々出版活動をしているということだ。11ページに、2022年に54点以上の書籍を刊行した出版社のリストを掲げたが、これらいわゆる「有名出版社」といえる会社だけでも262社ある。
　君はどれだけ知っているだろうか。かりにほとんどの出版社を知らないとしても、心配ない。ゆっくりといろんな出版社や出版物を

2022年に54点以上の書籍を刊行した出版社

出版社名	刊行点数	出版社名	刊行点数	出版社名	刊行点数	出版社名	刊行点数
KADOKAWA	4,129	オーム社	168	高橋書店	94	みすず学苑中央教育研究所	67
協同出版	1,712	実業之日本社	167	ベースボール・マガジン社	94	いのちのことば社	66
教英出版	1,188	原書房	166	みすず書房	94	晶文社	66
講談社	1,163	医歯薬出版	163	メディカ出版	94	セルバ出版	66
文芸社	1,035	勁草書房	160	青土社	93	草思社	66
小学館	713	祥伝社	159	ふらんす堂	92	日本加除出版	66
ハーパーコリンズ・ジャパン	710	東京創元社	157	大原出版	91	山川出版社	66
双葉社	634	イースト・プレス	154	プランタン出版	91	あさ出版	65
教学社	610	メイツユニバーサルコンテンツ	151	偕成社	89	アルク	65
ゼンリン	596	マイクロマガジン社	147	共立出版	88	埼玉福祉会	65
アルファポリス	558	二見書房	141	金の星社	88	天夢人	65
集英社	538	ジーオーティー	140	新日本法規出版	88	デプロ MP	65
河出書房新社	522	岩崎書店	139	ディスカヴァー・トゥエンティワン	88	ワニマガジン社	65
声の教育社	506	国書刊行会	139	商事法務	87	幸福の科学出版	64
幻冬舎メディアコンサルティング	460	大和書房	137	自由国民社	87	毎日新聞出版	64
英俊社	451	ワニブックス	137	日本能率協会マネジメントセンター	87	理論社	64
光文社	447	医学書院	133	学陽書房	86	すばる舎	63
TAC 出版	424	東洋経済新報社	133	ナカニシヤ出版	86	世界文化ブックス	63
学研プラス	417	白水社	132	J パブリッシング	84	アスコム	62
文藝春秋	416	アース・スターエンターテイメント	131	ケイ・エム・ピー	82	池田書店	62
東京学参	406	キルタイムコミュニケーション	131	幻冬舎コミックス	82	春風社	62
宝島社	389	東京リーガルマインド	131	清文社	82	税務経理協会	62
中央公論新社	384	NHK 出版	129	日本規格協会	82	南山堂	62
中央経済社	373	東洋館出版社	129	山と溪谷社	82	羊土社	62
スターツ出版	370	実務教育出版	128	かんき出版	81	慶應義塾大学出版会	61
朝日新聞出版	362	コスミック出版	127	星海社	81	新書館	61
技術評論社	353	三笠書房	127	フレーベル館	80	成山堂書店	61
ポプラ社	347	青春出版社	126	ほるぷ出版	80	日刊工業新聞社	61
岩波書店	335	誠文堂新光社	123	メジカルビュー社	80	日本医事新報社	61
新潮社	335	新星出版社	122	森北出版	80	福音館書店	61
幻冬舎	323	エクスナレッジ	121	駿台文庫	79	放送大学教育振興会	61
成美堂出版	320	晃洋書房	121	日本法令	79	雄山閣	61
筑摩書房	311	早稲田経営出版	121	文理	79	作品社	60
徳間書店	307	金融財政事情研究会	119	ユーキャン学び出版	78	静山社	60
SB クリエイティブ	305	ぎょうせい	119	化学同人	77	音楽之友社	59
PHP 研究所	305	平凡社	119	コアマガジン	77	クインテッセンス出版	59
オーバーラップ	304	朝倉書店	119	地球の歩き方	76	建築資料研究社	59
竹書房	292	エムディエヌコーポレーション	118	日本実業出版社	76	Z 会	59
熊本ネット	291	文響社	117	ぶんか社	76	東信堂	59
早川書房	264	ヒカルランド	114	サンマーク出版	75	同友館	59
日経 BP	250	Gakken	113	水声社	75	農山漁村文化協会	59
秀和システム	248	パラダイム	113	創元社	75	文化出版局	59
明治図書出版	247	角川春樹事務所	111	同文舘出版	75	勉誠社	59
マイナビ出版	238	中外医学社	111	不二出版	75	時事通信出版局	58
扶桑社	237	第一法規	110	インプレス R&D	74	スクウェア・エニックス	58
昭文社	233	東京大学出版会	110	弘文堂	74	リットーミュージック	58
日本経済新聞出版本部	212	グラフィック社	109	春秋社	74	京都大学学術出版会	57
シンコーミュージック・エンタテイメント	211	ニュートンプレス	109	ネットスクール	74	三省堂書店／創英社	57
実教出版	210	大蔵財務協会	108	プレジデント社	74	名古屋大学出版会	57
TO ブックス	207	ビジネス社	108	彩流社	73	コロナ社	56
吉川弘文館	206	みらいパブリッシング	108	風詠社	73	金剛出版	56
主婦の友社	195	ゆまに書房	108	フロンティアワークス	73	左右社	56
信山社出版	193	増進堂・受験研究社	105	自由現代社	72	日本看護協会出版会	56
翔泳社	186	全音楽譜出版社	104	三恵社	71	文英堂	56
ダイヤモンド社	186	東京図書出版	103	彗星社	71	JTB パブリッシング	55
ミネルヴァ書房	186	南江堂	103	数研出版	71	文光堂	55
ホビージャパン	185	フランス書院	103	成文堂	71	マセマ出版社	55
ナツメ社	184	経済法令研究会	102	メディアソフト	71	学事出版	54
明石書店	181	パイインターナショナル	102	河合出版	70	くもん出版	54
旺文社	180	丸善出版	102	東南社	70	新紀元社	54
日本評論社	177	文研出版	100	あかね書房	69		
ヤマハミュージックメディア	177	クロスメディア・パブリッシング	99	学文社	69		
主婦と生活社	176	論創社	99	潮書房光人新社	68		
中央法規出版	174	永岡書店	98	彩図社	67		
一迅社	172	汐文社	97	フレックスコミックス	67		
インプレス	169	日本文芸社	97	法蔵館	67		
有斐閣	169	一二三書房	96				

(『出版指標年報 2023 年版』より)

研究していこう。**これからはまず、書籍や雑誌を手に取ったら必ず出版社の名前を意識するようにしてほしい。**また、家にある書籍や雑誌の出版社名を調べてみよう。

　続いて出版社のしくみである。

1 出版社のしくみ

　出版社の主な部署には、会社によって多少の違いはあるが、総務部、経理部、編集部、販売部、校閲部、宣伝部、広告部、管理部、制作部などがある。総務部は、受付業務、人事業務などを担う。経理部は金銭のすべてを把握する。編集部は書籍や雑誌をつくる。販売部は書籍や雑誌を販売する。校閲部は、文章の校正から、出版する予定の原稿がその会社が出すにふさわしいかどうかについて内容のチェックまでを行う。宣伝部は自社出版物の宣伝を担当する。広告部は主に自社出版物（雑誌）に載せる広告を集める。管理部は、倉庫業務を担う。少し馴染みが薄いのは制作部だが、ここでは出版物をつくる工程の管理を担っている。紙の選定から印刷・製本所との交渉などの仕事だ。これらの部署をすべて備えている会社は、実はそれほど多くはない。編集者が校閲、制作を兼務する会社もあるし、社長が一人で運営している小さな出版社ならば、すべてを自分でこなしている。

　なお、出版社は会社規模の小さいところが多く、人事部を独立させている会社は少ない。入社試験を行うことを決めると、総務部のメンバーが臨時人事部員に早変わりすることが多い。君が出版社を訪問して応対してくれる人たちの多くは、求人や人事のエキスパートではなく、普段は総務部の仕事をしているということだ。

2 出版業界の専門集団！

　ところで、出版業界には出版社の各部署の仕事を請け負う専門の会社や個人も存在する。編集作業を請け負う編集プロダクション、

執筆を専門に行う編集プロダクションやフリーライター、各出版社の依頼を受けて出版物を売る販売促進会社、校正業務を請け負う校正専門のプロダクションやフリー校正者、管理業務を請け負う倉庫会社などさまざまだ。これらの仕事を学生諸君はよく「下請け」というが、そうともいいきれない。それぞれの理由があって専門の仕事をしているのだ。生き方の違いだと考えてほしい。君が、校正を専門の仕事としたければ、校正専門のプロダクションに入るのもいいし、本の流通の未来を切り開きたいと思えば、書籍の管理を専門とする倉庫会社に就職するのもいい。

3 自分の出版社は、つくれる！

　ひょっとして君は、いつの日か出版社を自分で興したいと考えているかもしれない。**「電話1本あれば出版社はつくれる」とよくいわれるが、そのとおり**。出版したいテーマさえあれば、上記のとおり編集も校正も販売も倉庫も外部にお願いできるのだ。

　出版社を志望する大学生のほとんどが編集者を志しているため、この本では主に編集者になるためのコツを記す。しかし君が出版社に入ったあかつきには、できればひと通り出版社にあるすべての部署を経験したい。かりにいつか自分の出版社をつくるとしてその経験は絶大な力になる。かりに独立しないにしても、出版社におけるすべての仕事は、出版物を生み出し、売るための大切な仕事。編集以外の仕事を知っておいて損はない。たとえば営業を経験すれば、書籍や雑誌が実際にどう売れているのかを日々全国の書店人から聞くことができる、売れる本のヒントも直接教えてもらえる。営業を知る編集者と、営業にまったく興味のない編集者とでは、のちのち編集者としての仕事の厚みと深みに歴然とした差があらわれることがわかるだろう。

　これまで述べた出版社や編集プロダクションなどの専門会社の他に、出版関連の会社には、トーハン、日販をはじめとして流通を担う取次会社、印刷所、製本所などがあることを覚えておこう。

PART 1　編集者になるには

2 出版社の就職戦線はどうなっているのか

　毎年の出版業界の就職戦線を見ていくと、二つに大別できる。

❶ 定期採用を毎年行う大手出版社
❷ 定期採用をしない中堅、専門小出版社

　定期採用をする会社としない会社があるというのはどういうことなのか。
　まず、出版業界の各社の規模を知ってほしい。現在、3500社以上の出版社があると述べたが、そのうち従業員数が100名以下の出版社は、全体の8割といわれている。多くの会社が、そう大きくない規模であることがわかる。たとえば老舗で比較的有名な出版社である筑摩書房も従業員数76名、みすず書房は27名などと、社員数は意外なほど少ない。社員数が少なければ、毎年定年退職者は出ない。したがって事業規模を拡大するか、業績がよっぽど上向かない限り、毎年新卒を採用するわけにはいかないのである。
　逆に大手出版社は、講談社945名、小学館696名、集英社764名と多数の社員を抱えており、毎年必ず定年退職者が出る。すなわち、業績がよっぽど下向かない限り、新卒の定期採用をすることになる。
　端的にいえば、出版社は知名度の割に会社規模が小さいところが多く、定期採用をする会社は少ない。新卒採用は各社の事情に応じてということだ。大手出版社、中堅・専門小出版社の採用活動の内実を紹介する前に、2023年1月18日のKADOKAWAから始まった、2024年度、出版社の採用開始スケジュール表を見てほしい。

14

2024年度のエントリー、もしくは、エントリーシート（ES）締切日

KADOKAWA	1 月 18 日 Web エントリー〆切
集英社	2 月 3 日 Web エントリー〆切
小学館	2 月 3 日 Web エントリー〆切
講談社	2 月 6 日 Web エントリー〆切
ダイヤモンド社	2 月 28 日 Web エントリー〆切
文藝春秋	3 月 8 日 Web エントリー〆切
医学書院	3 月 10 日 Web エントリー〆切
新潮社	3 月 13 日 Web エントリー〆切
日経 BP	3 月 16 日 Web エントリー〆切
ポプラ社	3 月 17 日 Web エントリー〆切
世界文化ホールディングス	3 月 19 日 Web エントリー〆切
光文社	3 月 27 日 Web エントリー〆切
NHK 出版	3 月 27 日 WebES 〆切
白泉社	3 月 28 日 Web エントリー〆切
双葉社	3 月 29 日 ES 郵送〆切
東洋経済新報社	3 月 30 日 Web エントリー〆切
家の光協会	3 月 31 日履歴書と ES 必着
ひかりのくに	3 月 31 日 WebES 〆切
扶桑社	3 月 31 日 Web エントリー〆切
ロッキング・オン	4 月 5 日 WebES 〆切
中央公論新社	4 月 7 日 ES 郵送〆切
帝国書院	4 月 15 日応募書類必着
主婦と生活社	4 月 24 日 Web エントリー〆切
マガジンハウス	4 月 25 日 WebES 〆切
新書館	4 月 28 日 Web エントリー〆切
秋田書店	5 月 12 日応募書類郵送〆切

　以上のように、大学 3 年次の終わりから求人活動が始まっていることを、まずはおさえてほしい。

1 定期採用をする大手出版社の場合

さて、毎年定期採用をしている大手出版社の近年の採用活動を見ていこう。

●小学館

書類提出	2月上旬
筆記試験	2月中旬
一次面接	3月上旬
二次面接＋二次筆記試験	
	3月中旬
三次面接	3月下旬
四次面接	3月下旬
最終面接	4月上旬
内定通知	4月中

●集英社

書類提出	2月上旬
筆記試験	2月中旬
一次面接	3月上旬
二次面接	3月中旬
三次面接	3月下旬
四次面接	4月上旬
最終面接	4月中旬
内定通知	4月中

●講談社

書類提出	2月下旬
筆記試験	3月上旬
一次面接	3月下旬
二次面接	4月上旬
三次面接	4月上旬
四次面接	4月中旬
最終面接	4月中旬
内定通知	4月中

●文藝春秋

書類提出	3月上旬
一次面接	4月上旬
二次面接＋筆記試験	4月中旬
三次面接＋グループディスカッション	
	4月下旬
最終面接	5月中旬
内定通知	5月中

●新潮社

書類提出	3月中旬
筆記試験	3月下旬
一次面接	4月下旬
二次面接	4月下旬
三次面接＋グループディスカッション	
	5月中旬
最終面接	5月中旬
内定通知	5月中

●光文社

書類提出	4月上旬
一次面接	5月上旬
作文試験・適性検査	5月中旬
二次面接＋筆記試験	5月下旬
最終面接	6月下旬
内定通知	6月中

以上が大手6社の近年の採用活動の日程である。

　例年、各社とも採用活動の日程に大きな変更があるので注意が必要だ。ただ、各社の選考過程は毎年似ているので、このリストは選考プロセスの参考にしてほしい。最新情報は各社のホームページをご覧いただきたい。

　毎年比較的早い時期から採用している会社としては、福音館書店、医学書院、高橋書店などがあり、15ページのエントリーシート締切日の表でもわかるように大学3年次の1月から動き出している。およそ定期採用をしている会社は例年5〜7月頃に採用活動のピークとなる。

　定期採用をする出版社は、一般企業の就職戦線とほぼ同じ時期に採用活動を行うため、多数の志望者がエントリーする。本気で出版業界に飛び込みたいと思う人から「青春の記念」に受験する人まで、どの会社も採用予定者が若干名から十数名のところに数千人の学生が押し寄せるのだ。会社側としてはまず、エントリーシートを提出させて本気度を見る。ここまでは❷の中堅・専門小出版社も同じだが、ふるいにかけたあとは、基礎学力を問う試験をする。いわゆるSPIだ。定期採用をする会社の大きな特徴はSPIだといえる（SPIについてはPART 7を参照のこと）。また、雑誌を発行する出版社が多いことから、三題噺などのクリエイティブ試験を課す傾向にある。大手出版社を狙うのなら、SPI、クリエイティブ試験対策が重要であることを覚えておいてほしい（クリエイティブ試験対策についてはPART 4〜6を参照のこと）。

2 定期採用をしない中堅・専門小出版社、編集プロダクションの場合

　さて、定期採用をしていない出版社の採用活動はどうなっているのだろう。

　これらは、中途退職者や定年退職者が出た場合、または事業規模を拡大する場合、業績が上向いている場合に限り、採用活動を行

出版業界の求人広告例

「朝日新聞」東京本社版朝刊より

社員募集

出版・イベント

雑誌編集 新媒体創刊により大幅増員。IT情報誌(Windows2000World、JavaWorld)の企画、取材、編集業務

展示会営業 新規イベントの企画／営業

情報システム プロジェクト管理またはWebサイト構築運用の経験のある方優遇

総務・経理 総務及び経理のアシスタント業務

※いずれも35歳位まで。経験者優遇。コンピュータ分野の知識、英語力あれば尚可。■勤務地／お茶の水 ■待遇／年齢、経験などを考慮の上、当社規定により優遇。昇1、賞2、社保完備、夏季／年末年始休暇、完全週休2日制 ■応募方法／希望職種明記の上、履歴書(形式自由)を5月29日必着でご郵送ください。書類選考後、面接日通知。応募書類不返。入社日応相談。

IDG

世界最大級のIT情報プロバイダー、IDGジャパンでは業務拡大により意欲あふれる人材を求めています

http://www.idg.co.jp

(株)IDGジャパン 〒113-0033 東京都文京区本郷3-4-5 TEL. 03-5800-3111 採用担当まで

出版社社員募集

①文庫および小説雑誌編集
②コミック誌、コミック単行本編集
③ネットショッピングマガジン編集
④広告営業

【資格】28歳位までの方　経験者優遇
【待遇】当社規定により優遇
【応募】5月21日(月)必着で履歴書(写真貼付・希望職種明記)、職務経歴書、返信用封筒を郵送。書類選考の上、面接を実施。
※応募書類不返

来春新卒者、資料請求受付中。
詳しくは弊社ホームページにて。

■電撃シリーズの雑誌・コミック・書籍を発行■
株式会社メディアワークス
〒101-8305 東京都千代田区神田駿河台1-8
総務部採用A係 ☎03-5281-5201
http://www.mediaworks.co.jp/

★音楽雑誌のパイオニア★

SwingJournal

①広告営業部員
②編　集　部　員

資格●①経験者優遇
②ジャズが好きで、英会話堪能な方
共に30歳位まで
待遇●給与当社規定により優遇
賞与年2回、社保完備、交通費全給
夏期・年末年始休暇、有給休暇あり
応募●希望職種明記の上、自筆履歴書(写真貼付)を至急郵送下さい。
追って面接日を連絡します。
※応募秘密厳守、応募書類不返却

(株)スイングジャーナル社 人事課A係
〒105-0011 東京都港区芝公園3-6-24
☎03(3432)7751　FAX03(3432)7758

企画で勝負する
キャリア転職マガジン【タイプ】
type

キャリア転職マガジン「type」は、キャリアアップ志向の高い20〜30代若手ビジネスマンを読者対象とする雑誌です

編集者募集! ●企画力に自信のある方。●編集経験者優遇。

資格●高卒以上、20〜35歳位まで　給与●経験・年齢を考慮の上当社規定により優遇。※契約制度あり　勤務時間●フレックスタイム制　勤務地●赤坂／赤坂見附駅徒歩1分　応募●履歴書(写真貼付)及び職務経歴書(書式自由)を5/18(金)必着で郵送下さい。選考通過者のみ詳細をご連絡致します。※応募書類は返却致しません。
株主●ダイヤモンド社、フジテレビジョン他　事業内容●雑誌の編集、発行

HUMAN RESOURCE SOLUTION COMPANY
cdc 株式会社キャリアデザインセンター
〒107-0052 東京都港区赤坂3-21-20赤坂ロングビーチビル6F
TEL 03-
URL http://www.type.co.jp

すべての「看護」に携わる方、あるいはこれから看護職をめざす方のための専門出版社です。

書籍・雑誌 編集者

〔職種・資格〕看護・医療・福祉に興味のある方で、MAC経験者
①書籍：経験3年以上、32歳迄
②雑誌：経験者、30〜40歳
〔給与〕当社規定により優遇
〔待遇〕昇給年1回・賞与年2回、社会保険完備、交通費全支給、退職金制度有
〔勤務〕勤務時間：フレックスタイム制
完全週休2日、年次有給・夏期・年末年始休暇
〔応募〕5月25日(金)まで下記応募書類郵送。
書類選考の上、面接日を通知いたします。
◇履歴書(写真貼付・応募職種明記)
◇職務経歴書
◇作文：テーマ「私がこれからしたい事」用紙B5・1000字
※応募の秘密厳守いたします。
尚、応募書類は返却いたしません。

株式会社日本看護協会出版会
総務部 採用A係
〒150-0001 東京都渋谷区神宮前5-8-11
TEL.03-3499-7345
URL http://www.jnapc.co.jp

---

①編集長(デスク)・編集長候補
②マーケティングリサーチャー

資格●①新聞・週刊誌等の編集経験者
(実務経験2年以上)
②調査の企画・設計経験者(40歳位迄)
※未経験者(25歳位迄)
待遇●当社規定により優遇
応募●履歴書・職務経歴書を下記宛に郵送
(E-mailでの応募も受付けてます)
※詳細は当社HPをご覧下さい。

株式会社インフォプラント
〒160-0022 東京都新宿区新宿1-2-7
新宿東共同ビル8F
0120-786-452
http://www.info-plant.com
E-mail:saiyo@info-plant.com

とっておきの、ときめきを。
ハーレクイン

日本で最大級の翻訳小説出版社、事業拡大(創刊準備)のため

社員募集

1 **編集者**(正社員)
職務内容：翻訳小説の編集。
資　格：大卒上、年35歳迄。英語の読解力と高度な日本語力を有する方。編集経験あれば尚可。
待　遇：当社給与規定による。昇1・賞2、社保完、完全週休二日制、交費全給。

2 **書店販促**(契約社員)
書店店頭販売促進、千葉県全域にて活動・月10日間程度の勤務、自家用車使用出来る方優遇。委細面談。

応募：1は履歴書(写真付)に最近のハーレクイン社のシリーズロマンスいずれかの感想文を添えて、2は履歴書(写真付)のみを5月28日(月)迄に下記宛に送付。書類審査の上、二次審査について連絡します。応募書類不返却、電話でのお問い合せはご遠慮下さい。

株式会社 ハーレクイン
〒101-0047 千代田区内神田1-14-6 福利久ビル
☎03-3292-8179(代) 管理部：採用担当

★秋田書店のメイン雑誌★
週刊少年チャンピオン
YOUNG ヤングチャンピオン CHAMPION
プレイコミック PLAYCOMIC
プリンセス
Elegance イブ
各種雑誌・コミックス・書籍等多数発行

雑誌&書籍の総合出版社 秋田書店

平成14年度大学新卒 社員募集

◆募集職種　編集部員　営業部員
◆応募資格　昭和52年4月2日以降生まれで、平成14年3月、4年制大学卒業見込の方(学部・学科不問)
◆応募書類　①履歴書(自筆) ②卒業見込書 ③成績証明書 ④健康診断書 ⑤課題作文「コミックについて」B5判400字詰原稿用紙3枚以内
◆書類提出先　当社総務部B係宛に郵送して下さい　持参も可
◆書類締切日　平成13年5月28日(月) 必着　応募書類は返却しません
◆待　　遇　初任給(当社規定による) 週休2日制
昇給年1回　賞与年2回
◆試 験 日　書類選考の上、本人に通知します

※その他お問い合わせは、当社総務部☎03(3264)7019まで

〒102-8101 東京都千代田区飯田橋2-10-8 株式会社 秋田書店 http://www.akitashoten.co.jp

う。その方法はさまざまだ。たとえば、三笠書房、明治書院、水中造形センターなどは、新卒の採用を決めると、医学書院、福音館書店、また大手出版社（小学館、集英社、講談社など）と同時期から採用活動を始めている。

とはいえ会社の多くは、新卒採用を決めた場合でも大手出版社の採用活動時期をあえてはずして、大手のピークを過ぎた頃から募集の広報をする傾向にある。そもそも、出版社の大多数は、各社の事情により、必要に応じて新卒の採用活動を行っている。したがって、大学3年次の1月から4年次の2月末頃まで、出版社へのエントリーは可能だ。近年の例では、大学4年生の卒業間際の2月頃、実教出版やダイヤモンド社、プレジデント社などが新卒採用を行ったことがある。

中堅・専門小出版社の採用試験の傾向を述べる。

(a) 書類選考 → 面接
(b) 書類選考 → 筆記試験 → 面接

これが基本パターンだ。小さな会社では、書類選考の後、いきなり社長面接で内定が出ることもなくはない。これは、規模の小さい会社が多い出版業界の一つの特徴だ。

中堅出版社、専門小出版社の場合も、自社出版物を刊行し、名前が知られていることから、新卒採用予定若干名に対して志望者は通常、数百名ほどにはなる。これらの会社では筆記試験を行うが、そこで最も重要視されるのが「作文」である。書類提出時に作文を添付させたり、筆記試験で作文を課すのだ。かりに一般教養試験ができなくとも、作文さえしっかり書けていれば面接にたどりつけることを知っておこう。どこでもいいから、どうしても出版社に入りたいと考えるのなら、まず、作文が書けるようになることが最重要だと覚えておいてほしい。

PART 1　編集者になるには

3 求人の探し方、求人広告の読み方

　求人の知らせを見てエントリーし、筆記試験、面接を受けて入社に至る。これが一般的な出版社への就職方法だ。では、いかにして求人を知るか。

> ❶リクナビやマイナビなどの就職サイトから各社の求人状況を知る
> ❷自分が働きたい出版社に問い合わせる、ホームページを見る

　どんな方法で調べてもかまわない。しかし、比較的効率のよい情報収集法はリクナビ、マイナビなどの就職サイトである。出版社は会社規模の小さいところが大多数で、専任の採用担当者を擁しない会社が多い。したがって、新卒募集をするからといって、広く各大学に求人票を回すことは不可能。かりに求人票を回して1万人もの志望者が集まってしまったら、従業員数100名程度の会社なら日常業務に支障をきたすことは間違いない。
　ただ、最近は多くの出版社が自社のホームページを開設している。採用案内も必ずアップされるから、しばしばホームページを覗くことをお勧めしたい。特に、専門分野のみを刊行している小出版社の求人情報は、ホームページ上だけに掲載されることがあることも知っておこう。また、雑誌を発行している出版社の場合は、その雑誌にのみ求人広告を載せることもあるので注意が必要だ。これは、「当社の雑誌を読まない人は応募の資格がない」ことを暗にほのめかしている。

1 「経験者優遇」に、ひるまないで！

求人広告のひとつの例として、朝日新聞求人広告から出版関連の仕事をピックアップして示した（18ページ）。

このうち「新卒可」とあればもちろんエントリーできるが、「経験者優遇」「経験者歓迎」「経験者尚可」とあっても入社試験を受けることは不可能ではない。自分がその会社でやってみたい仕事があれば、エントリーし、いかにその会社に入りたいかを訴えるという手もある。これらの求人広告にひと通り目を通してみてほしい。

他に、出版業界の求人情報を探す方法としては、マスコミ各社の最新の採用情報を配信している「マス読メールマガジン（基本的には無料）」（http://www.tsukuru.co.jp/masudoku/magazine/index.html）や、出版業界に特化した求人サイト「出版.COM」（http://www.syuppannavi.com/）などがある。近年、この2つの情報源は、大変に有効だ。リクナビ、マイナビなどにない求人情報が得られる。

2 アルバイトから正社員は、難しい！

なお、学生からよく受ける質問に「出版業界では、アルバイトから正社員になれるか」というのがある。

これは「会社側の都合と、あなたの実力次第」としかいいようがない。もちろんアルバイトから正社員になった例はいくらでもある（その場合でも、中堅の出版社以上では他の志望者とともにあらためて正式な入社試験を受けることが多い）。しかし、実力があっても会社側がその時に必要としなければ、正式入社はできない。

はっきりいえば、アルバイトから正社員になる道は期待しないほうがよい。正々堂々、真っ向勝負を考えよう。

PART **1** 編集者になるには

4 どの出版社をどう狙うか

次に、どの出版社をどう狙うかである。

大手出版社の場合は、自分が働きたい各社の求めに従ってエントリーシートを書いて提出すればいいので問題はない。また、自分がよく読んでいる書籍や雑誌を刊行している会社も、大手出版社と同じようにエントリーできるはずだ。

1 自らの書棚から、出版社を探そう！

しかし、たとえば18ページの求人広告を見て、「これまで聞いたことのない会社だが興味を持った」場合についてどうしたらいいか。この場合はとにかく、当該出版社の出版物を探すことから始めてほしい。

全国には3500社超の出版社がある。今、その会社の出版物をあまり知らなくても恥ずかしがることはない。求人広告が出てから調べ始めてもかまわないのだ。できるだけ大きな書店に行って出版物を探し、書籍や雑誌を実際にめくってみよう。図書館に行くのもいい。

また、ひょっとすると自分の書棚にその出版社の書籍や雑誌があるかもしれない。もう一度自分の書棚を、出版社名を意識して見直してみよう。

出版社は自社出版物を持つ。他の業界と違って、世間に流通していて誰にでも手に入れることのできる商品を出版しているのだから、その会社の刊行物をまったく読まずして内定を獲得することはできない。

君が大学で所属するゼミに新入生が来たとしよう。あらかじめゼミの内容も調べてこないで、ただ「就職に有利と聞いたから」「先生が有名だから」「どのゼミでもいいけど、入っておかないとまずいから」などという学生がいたら「ばかにするな」と一喝したくなるだろう。それと同じだ。

2 まずは、図書目録の調査から!

さて、君に今からやってほしいことがある。

自分がいずれ働きたいと思う出版社のホームページを見て、どんな出版物を出しているのかをしっかり確認してほしい。またできれば図書目録を手に入れてよく目を通してほしい。

出版社の顔とは、その会社の出版物であり、刊行物の内容を一覧できる図書目録である。会社案内やエントリーシートを作らない出版社は多いが、図書目録は多くの会社でつくっている。

全出版物をホームページ上で公開している会社の場合は、ダウンロードしてみよう。

冊子形式の図書目録をつくっている出版社は、頼めばほとんどが無料で送ってもらえるはず(近年は、図書目録が有料の会社もある)。各社に電話をして尋ねてほしい。これまで好きだった会社が、意外な出版物を出していることを知ってますます好きになるかもしれない。もちろん、無料で配付しているとはいえ図書目録にはお金がかかっている。むやみやたらに希望することは慎みたい。

PART **1**　編集者になるには

編集プロダクションに入るには

1　編集プロダクションの長所

　次に、編集プロダクションについての説明と、入社の仕方を述べたい。編集プロダクションの長所を二つ挙げよう。

❶編集プロダクションは、基本的には自分の会社の名前を冠した出版物を出さず、発売元は別の出版社となる。出版業界には返品制度があり、出版物が売れ残れば出版社に戻され、赤字をかぶることになる。だが、編集プロダクションは自社出版物を持たないため、返品がない。出来高制の場合が多いから、編集の仕事さえあれば食うには困らないことになる。

❷編集プロダクションは、つくる出版物が自由である。たとえば、君が教科書をつくる出版社に勤めているとしよう。たとえ自分が女優のヌード写真集や官能小説を企画したとしても、なかなか実現は難しい。それぞれの会社には、否応なく社会から求められる会社のイメージがある。教科書出版社でエッチな本をつくるのが難しいことはわかるだろう。その点、編集プロダクションは自由だ。自分の企画を、そのイメージにあった会社に売り込めばいいのである。

2　編集プロダクションの仕事内容

　さて、編集プロダクションの仕事の具体的な内容である。これはさまざまだ。
　まず、執筆依頼から印刷・製本の工程管理まで、書籍を丸ごと請

け負う仕事がある。発行所こそ出版社の名前がつけられているが、中身は全部編集プロダクションがつくるということがあるのだ。この場合、奥付（発行日や発行人、発行所名が書いてある、書籍の最終ページのこと）に「協力：〇〇編集プロダクション」と書いてある。

　次に、雑誌のある部分だけを請け負う仕事がある。たとえば、雑誌の中の読者投稿のページ、書評のページ、諸国名産品の取り寄せのページだけを編集するのである。これも多くの場合、その記事の最初か最後、または奥付に、「編集協力」として担当した編集プロダクションの名が添えられている。ほかに、PR誌を製作する編集プロダクションや、美術、仏教、書道、旅、料理、教材、辞書など、得意分野を持っている専門の編集プロダクションもある。

　それでは、これらの編集プロダクションに入社するにはどうしたらよいか。まず、自分の知っている編集プロダクションがあれば、求人のあるなしを直接問い合わせてみる。そうでなければ、求人広告やサイトで探そう。その上でさっそく書店に行き、その会社が編集したものを買い求めてこよう。しかし、その編集プロダクションのつくった書籍や雑誌が見つからない場合や、求人広告に「編集」としか書かれておらず仕事の内容がよくわからない場合はどうするか。ここであきらめてはいけない。勇気を振り絞って、正直に手紙を書くなり直接電話をして問い合わせてみよう。きちんとした会社なら、誠実な対応をしてくれるはずだ。その上で会社を訪ね、自分が出版業界で働いていきたいことを、自分の言葉でしっかりと伝えよう。若くて明るくて元気な君なら、かりにその会社に入社しないことになろうとも、適切なアドバイスがもらえると思う。もしかすると「明日からウチでアルバイトでもしないか」といわれるかもしれない。

　なお、編集プロダクションといっても社長一人の会社から社員数50名以上の会社まである。入社試験の内容もそれぞれで、出版社と同じように作文、三題噺などのクリエイティブ試験、一般教養試験を課す会社もある。どんな選考があろうと動揺しないために、試験に臨む姿勢は出版社と同様でありたい。

PART 1　編集者になるには

6 フリーライターに なりたい人へ

　フリーライターとは、自分で自分を律する魅力的な職業である。出版業界をめざす学生の多くが、いずれ独立してフリーライターになりたいという。

　「出版社に就職せずにフリーライターになりたいがどうしたらいいか」という相談は毎年多い。そういう学生には「今すぐフリーライターになれるよ。これから印刷屋に行ってフリーライターの肩書きをつけた名刺をつくってくるといい」と助言する。こういうと大抵きょとんとした顔をされる。しかし、フリーライターとは、そもそも自分がフリーライターを名乗れば、フリーライターなのだ。

　ところで、フリーライターの名刺を君がつくったとして、日常的に仕事があるかどうかが問題になるだろう。知人や先輩を頼って、たとえばある雑誌で料理店の短い紹介記事を書かせてもらえることになったとしよう。店にアポをとって、話を聞き、指定された文字数の記事を書く。仕上げて担当の編集者に見せる。そこで、OKが出ればよい。きっと次から次へと原稿の依頼を受け、ライターとして飯が食えるようになる。ところが、編集者に見せた原稿が突き返されたり、大幅な書き替えを求められたりしたらどうなるか。もう、その雑誌からの仕事の依頼はないかもしれない。フリーライターとは、依頼されたテーマに沿って完璧に原稿をこしらえて当たり前なのだ。

　先にも述べたように、フリーライターにはいつでも、誰でもなれる。本人の人脈と実力さえあれば、筆一本で生活はできるのだ。そこで、人脈をつくるためにうってつけなのが、まずは出版業界に勤めることなのだ。

26

出版社に入れば、「読者にお金を出して買ってもらう文章」を世の中に送り出す技術をイロハから教えてもらえる。先輩編集者が、大作家の原稿をいとも簡単に赤ペンでばっさり直したりするのを目の当たりにして、きっとびっくりするだろう。そう、**編集者とは作家の第一番目の読者**なのだ。よくない原稿は刊行するわけにいかない。粘り強く作家に交渉して書き直してもらわなくてはならない。この編集者生活を何年も続けて、自分なりの文章修業をすれば、フリーのライターになることは夢ではない。あわてなくていい。まずは出版業界に入ろう。

話は変わるが、もしかすると君は大学を卒業してから、できれば働かないで生きたいと考えているかもしれない。正直いえば私がそうだった。会社に勤めて働くことは、自分の魂を売ることだと思っていた。しかし、私は自分一人で生きていく実力も気力もなかった。だから、自分の好きな出版の世界を志望した。ところが、出版社に入って驚いた。出版社では、自分の魂を売っては仕事はできないのだ。まわりの諸先輩は、皆いきいきと屹立した精神を持って仕事をしていた。たとえば編集者なら、自分のつくった書籍や雑誌が社会から非難をあびることもある。不当な非難であれば敢然と立ち向かわなくてはならないし、著者を守らなくてはならない。時に、著者を守って自分の所属する会社と戦わなくてはならないこともある。他業界に比べて上下関係にうるさくなく、学歴差別もない出版業界は魅力的だ。

また、出版社に所属しながらテレビのコメンテーターをしたり、大学の教壇に立っている編集者もいる。彼（女）らは、もはや自分の会社を食い破っていると考えたい。彼（女）らが、テレビに出たり、大学で教えるということは、その会社にとっての広告塔だということだ。書籍や雑誌の売り上げに貢献していると会社側が判断している。「兼業」することは、通常の会社ではあまりないことだろう。出版業界では、会社に勤めながらでも自分次第で自由に生きられる（もちろん「兼業」を禁止している出版社もある）。

PART 1　編集者になるには

7 転社について

　出版業界では、会社を移る人はとても多い。自分のつくりたい書籍や雑誌の実現できる場所を求めて、どんどん業界内で転社しているのが現実だ。

　もう一度18ページの求人広告を見てほしい。
　「経験者優遇」「編集経験あれば尚可」から始まって、「経験者のみ」「経験3年以上」があり、また「編集長（デスク）・編集長候補」までも募集していることがわかるだろう。経験者とは、出版社もしくは編集プロダクションで働いたことを意味する。
　大学生の君が出版業界への就職を諦めて一般企業に就職したならば、その後出版に携わりたいと思っても「未経験者可」「経験不問」か、もしくはせいぜい「経験者優遇」「経験者尚可」の会社しか受けることはできない。
　出版社は毎年必ずしも新卒を募集するとは限らない。
　近年、大手出版社でもマガジンハウスや光文社、岩波書店、また福音館書店などが新卒を募集しない年度があった。マガジンハウスや福音館書店が新卒の募集をしなかった年の学生は「なんて悪い星の下に生まれたんだ」とよく嘆いていたが、マガジンハウスや福音館書店とてこれまで中途採用をしたことはある。違う出版社に潜り込んでさえいれば、いつの日か転社のチャンスはある。
　編集を生涯の仕事としたいのなら、なにがなんでも大学を卒業してすぐに、どこかの出版社か編集プロダクションでお世話になろう。

PART

2

まずは作文から始めよう

出版社の就職試験において、もし君が
採用担当者を唸らせるほどの作文を書いたとしたら、
それだけで君の内定獲得は
7割方決まったようなものだ。よい作文が
書けていれば、採用担当者は、その文章の中から
君の生き方や性格、そして、知識や情報を
まとめて絞り込む力を読み取ることができる。
この PART では、どうしたら合格作文が書けるか、
先輩諸君の合格作文を読みながら
具体的に説明していく。

PART **2** まずは作文から始めよう

1 筆記試験ではなぜ作文が最重要視されるのか

　出版社に入りたいのならば、まず就職用の作文を書けるようになりたい。**出版社受験において作文は最重要**だと断言できる。採用担当者の心を打つ作文が書ければ、面接に呼ばれることは間違いない。出版社内定への決定打になりうる。もし君の周りに出版社から内定を獲得した先輩がいたら聞いてみるといい。多くの人が「作文こそ内定獲得のカギだった」というはずだ。以前こんなことがあった。一人の女子学生が、ある週刊誌のフリー記者募集に応募した。面接に行って、採用担当者にいきなり「えっ、あなた学生なの。そうは思わなかった。作文がものすごくよかったので来てもらったんだけど」と、とても驚いていたという。もちろん彼女は履歴書に大学に在学中であることを明記していた。働く条件が合わないことから、最終的にはその会社では働かなかったものの、履歴書を見ないで作文だけを読んで選考していたことが明らかになった。この出来事は、出版業界の選考において作文がそれだけ重要視されている象徴的な例として受けとめておきたい。

　さて、なぜ作文が重要なのかを考えていこう。

　そもそも**編集者の仕事は文章を書く仕事が多い**。確かに、書籍の場合は作家が執筆するし、雑誌ならばフリーライターが書く場合が多いのだから、どこで編集者が文章を書くのか不思議に思うかもしれない。

　書籍編集者の場合は、まず執筆依頼の手紙を著者に書く。執筆の承諾を受けたら社内の人々を説得するための企画書を書く。原稿が来たら、文章をチェックする。著者が直しきれなければ、編集者が文章を補うこともある。本に仕立てるには、オビ（書籍の周りに巻く宣

30

伝文）のキャッチコピーを書く。図書目録や新聞広告などに自分の編集した書籍の宣伝文を書く。以上が書籍編集者が文章を書く主な仕事だ。

雑誌編集者の場合も、執筆依頼を手紙で書く場合がある。また、自分の担当するページのうち、フリーライターが書く以外の部分はすべて編集者が書くことになる。特集ページのタイトル、サブタイトル、リード（特集ページの簡単な説明文）、写真のキャプションなどを書く。ライターの書いた原稿を補ったり、見出しをつけたりもする。店や商品の短い紹介が必要ならば、自分で書くこともある。ファッション誌や料理雑誌などビジュアルの多い雑誌を見てもらえばわかるが、相当多くの分量の文章を毎号編集者は書いている。

他に、編集記者という仕事がある。担当ページの記事をライターに任せるのではなく、すべてを社内の編集者が書くのである。これは編集者兼ライターといえる。記事を自分で書きながら写真を選び、タイトルまで考える仕事だ。

以上のように、編集者が文章を書くことは仕事の重要な部分を占める。文章が書けないでは仕事にならない。ただし、今文章が書けないからといって不安になる必要はない。書籍や雑誌の執筆のメインは、やはり著者でありフリーライターであるし、出版社に入社すれば先輩からしっかりと文章の書き方を実践的に教えてもらえる。

今は、出版社から内定が獲得できる作文（この本では「合格作文」と呼ぶ）さえ書けるようになればいいのだ。練習すれば誰でも必ず書けるようになる。

さて、就職するための作文には何を書けばいいのか。

出版社は書籍や雑誌を販売する。情報産業として情報を売っているのだ。情報を売れる人物を出版社は求めている。情報を売るにふさわしい人間であることを出版社側にわかってもらうにはどうしたらいいのか。就職試験においては「シミュレーションとして『自分』を売る」ことである。「自分」という情報を商品に見立ててきっちり売り込める人こそが、出版社に入って、はっきりとした形の定まらない情報を、ある一つの形にして読者に売り込める、編集

者として適任な人だと判断される。したがって、作文では「自分の人生」を描くのがよい。

さっそく、先輩の書いた合格作文を読んでいこう。

「あら素敵。上手ねえ。私にも描いてちょうだい」

向かいのベッドにいたおばあさんが私に声をかけた。私は思わず赤くなった。

ここは浜松市内の病院。大学2年の春、突然クモ膜下出血で倒れてほとんど植物人間状態になってしまった祖母のために、私は夏休みの間泊まり込みで介護に行った。

祖母と対面した私は、ショックを受けた。髪は真っ白でほとんど抜け、目の焦点は合わず、私がわからない様子だ。それどころか意識もはっきりせず反応も鈍い。思わず出そうになった涙をこらえ、決心した。頑張らなくては。私がしっかりしなくては。

体をふく。むくんだ足をマッサージする。何かある度に声をかける。昼間は起こして夜寝るようにと気負い、すぐ眠ってしまう祖母を起こそうと腕をつねることもしばしば。

「何か出来ることありませんか」と看護師さんにも声をかける。すると意外な答えが返ってきた。

「おばあさんは脳の病気だから、眠るのが多いのが当たり前なんだわ。無理に起こそうと思わずに、自分で起きた時に声をかけてあげてね」

この言葉に体の力が抜けた。いっきに疲れが出た気がした。無我夢中だった私は、祖母のためというよりは、自分が何かしなければという心で動いていたのだ。少し落ち着こうと、祖母のベッドに頭をのせ、仮眠した。

30分程眠っただろうか。目が覚めて周りを見渡すと、何か病室全体が殺風景な気がした。病室だから派手ではないのは当たり前な

のだが、聞くと花粉の関係で草花の持ち込みが禁止されているという。

　その時、ピンときた。私は病院の購買で落書き帳とクレヨンを買い、祖母の横で絵を描き始めた。赤・黄色・ピンク・緑、夢中で描いていると看護師さんがのぞき込んできた。

　「きれいな花ねえ。あら、これはおばあちゃん？　犬を飼っているのね、おばあちゃん喜ぶわよ」

　それから何枚も描き続けた。

　同室の人に頼まれ、熊の絵を描くこともあった。病室の壁は花いっぱいになり、室内の患者さんたちの顔も明るくなった気がして嬉しくなった。

　看護師さんとは違った形の介護が私にもできる。自分のやり方でいいんだ。何も無理する事はなかったんだ。

　久しぶりに目を開けた祖母に絵を見せた時、少しだけ口元がほころんだ気がして、私も思わず笑顔になった。

コメント　読み手の心を和やかにしてくれるすばらしい文章だ。あきらめることなく、自分の足場から活動することの大切さを優しく伝える好文。反省から新たな行動への転換に感心できる。

顔

「言ってくれよう。水くさいなあ」

　そう言って洗面所に走った。洗いながら涙が出た。こんなはずではなかった。子供が好きで始めたボランティアだった。

　ボランティアをしている幼児塾の今年の夏合宿。ひとりで４歳児を13人受け持つ合宿の朝は戦争だ。パジャマのボタンが外せない子、髪を結べない子、寝ぼけて転んで泣く子。ひさお君は毎朝決

まってこう言う。

「せんせい、やっちゃった」

おねしょだ。それまで、「ははは、おトイレ間に合わなかったかー」などと笑ってシーツと服を洗っていた私も疲れていた。4日目の朝、渡された下着を私は無言で受け取った。またか、と思った。私は明らかに苛立った表情をした。

「今日はしてないの」

次の朝、私はこの言葉に正直安堵した。その日は最終日で荷物詰めを行った。しかし、ひさお君の手だけが止まっている。

「はいらないの？　先生手伝ってあげる」。

「いいの」。彼はかたくなだった。嫌な予感がした。そして予感は見事に的中した。リュックサックの中には、びしょびしょのパジャマが入っていたのだ。

その時、本当に恥ずかしかったのはひさお君ではなく、私だ。私の態度が4歳のひさお君に遠慮させたのだ。私はいつの間にか面倒なことから逃げていた。ひさお君だって平気で頼んでいたわけではない。その気持ちをどうして理解できなかったのだろう。

東京に帰ってからも教室でひさお君と一緒だった。時々おもらしをしたが、私は彼のご指名となり、〝おもらしの関係〟は常に私たちの秘密だ。その日は自由課題の絵本作りだった。

「せんせい、ゆうこせんせい」。ひさお君だ。

「またやっちゃった？」小声で聞いた。

「ちがうよ、みてみて」。彼の手元にはブランコに乗っている私とひさお君が描かれていた。

他人とつきあう時に、私自身が裸になって正面から向き合わなければ信頼関係は生まれない。そのことを教えてくれたのは4歳の男の子だった。

> **コメント**　ささやかなことだが自分にとって大切な思い出を素直に描け
> ている。人柄のよさがにじみ出ている好文。自分こそが恥ずか
> しかった、悪かったということを、ひさお君にどう伝えたのだ
> ろう。その部分を書き込むとなおよくなる。

　以上二つの作文は、合格作文である。

　これらの作文を書いた人に、私は会って直接話してみたいと思
う。そう、**合格作文とは、「書いた人物に会ってみたい」と思わせ
る作文**なのだ。

　作文の具体的な書き方はこれから述べるが、合格できる作文が書
けるようになるためには、まず合格作文とはどんな文章かを知るこ
とが一番大切だ。合格作文を知らずして、やみくもに何十本作文を
書いても合格できる作文を書けるようにはならない。

　この本には15本の合格作文を掲載した。じっくり読み込んでほ
しい。

PART 2　まずは作文から始めよう

2 誰でも書ける「合格作文」

　「この作文を書いた人に会ってみたい」と出版社の採用担当者に思わせれば、必然的に面接に呼んでもらえる。すなわち作文試験突破だ。

　担当者が「会ってみたい」と思いさえすればいいのだから、どんな書き方をしてもいい。作文に決められた形はない。出版社の作文試験で、文章を書かずにマンガを書いて合格した例もある。これはもちろん例外だが、例外でも合格は合格だ。君も自分の好きなように書いていい。

　しかしながら、出版社の募集には多数の志望者が押し寄せる。その「数の闘い」を突破するには、私の経験上、いくつかのコツがあることがわかってきた。そのポイントは次のとおりだ。

❶**作文は、自分の人生最大級の出来事をモチーフに描くこと**
　１回限りで、自分のこれまでの20年余の人生をPRしなくてはならないのが作文だ。**「これが私の人生だ」というネタで書きたい**。
❷**自分をさらけ出すこと**
　担当者に、「私の人生」に興味を持ってもらえるようにしたい。隠すことなく**自分のありのままをさらけ出そう**。誠実さを伝えたい。
❸**合格作文の技術を学ぶ**
　(a) 作文は他人に読ませる文章。読みやすい文にしたい。難しく考えなくていいから、とにかく**一つの文を60字以内**にすることを心がけよう。

36

（b）同じく、作文全体を読みやすくするために、適度に改行（段落分け）をしよう。**10行に1回以上は必ず改行**したい。

（c）導入を、「タイトル言葉」や「私は……」で絶対に始めないようにしよう。たとえば、「豊かさとは何か」というタイトルで試験が出されたとしよう。その場合、「豊かさとは、物質的な豊かさと精神的な豊かさがある。……」や「私は、豊かさについて考えていることがある。……」などと「タイトル言葉」や「私」で書き始めてはいけないということだ。出版社の入社試験を受ける学生で作文の練習をしてくる人は実はそう多くはない。そんな彼らが初めて書く作文の導入の多くは、「タイトル言葉」か「私」なのである。どの作文試験でも同じだが、およそ半分の受験生が「タイトル言葉」か「私」で書き始めている。出版社に入ってオリジナルな仕事をつくって活躍するはずの君なら、できる限り**他人と同じ導入を書いてはいけない**。それだけではなく、導入部分を目立たせることがとても大切だと覚えておこう。導入が目を引けば、文章を読むプロである採点担当者は「読んでみたい」という気持ちになる。

以上を踏まえれば、あとは自由に書いていい。

少しくらい漢字の間違いがあろうが、原稿用紙の使い方が間違っていようが、それほど気にしない。漢字や原稿用紙の使い方の間違いで減点があるという噂があるが、それは噂にすぎない。その作文に書かれた内容こそが重要なのだ。人生とびきりの出来事を書いて、読み手に興味を持ってもらえる内容になってさえいれば、必ず作文試験は突破できる。

また、文章を書くのが苦手だということも、文章がへただということも気にしなくていい。小説家やエッセイストになるのではないのだ。技巧に走らず、心のままに素直に書くほうが、かえって読み手の胸を打つものなのだ。

PART 2　まずは作文から始めよう

3 予定稿を準備する

　さて、応募時に送る作文は、時間をかけてじっくり書けばいいから問題はない。ところが、本番でいきなり作文のタイトルを示された場合に、何をどう書いたらいいか。これについて述べていこう。

　試験会場で必ず合格できる作文を書くためには、秘術がある。それをこの本では「予定稿」戦術と呼ぶ。本番では、さまざまな作文のタイトルが出されるが、いかなる時も、あらかじめ準備した自分の予定稿（＝持ちネタ）を使って書く方法である。

　800字くらいで自分をPRできる作文（＝予定稿）をいくつか準備する。本番でタイトルが示されたら、予定稿の中でそのタイトルに使えそうなものを一つ決める。そして、まずその予定稿を書く。あとは、途中の部分か結論部分でタイトルの言葉を含んだ文章を挿入すれば合格作文のできあがりだ。

　ここで一つ合格作文を読んでもらおう。

イケてる

　「あなたでは、お話にならないわ。他の方に代わってくださる？」私は一瞬凍りついてしまった。すぐに社員に事情を話して代わってもらった。

　電話のオペレーターのアルバイトを始めてちょうど2年。電話の応対にはかなりの自信があった。なぜなんだ、と思いながら社員の応対をモニターで聞き始めた。

　内容は極めて単純なものであった。電話をくれたお婆さんは旦那

さんが亡くなったため名義変更をしたいというものだった。私と同じように社員は応対していく。

何がいけなかったのか。私は社員と同じことをした。困惑していると、お婆さんが最後に言った言葉。

「さっきの人ったらねえ、冷たいのよ。まるで機械と話しているみたいだった」

このひと言がどういうことを意味しているかわからなかった。しかし、改めて思い返してみると、自分がどれだけイケてないか実感した。

お婆さんは、私が電話に出たその瞬間から旦那さんが亡くなってさみしいことや、まだ気持ちの整理がついていないことを話していた。私は「さようでございますか」「はあ」「それではまずお名前頂けますか」などと、早く本題に持っていこうとしていた。

この仕事を始めたころの気持ちに戻らなければ。この一件でそう感じた。慣れに溺れていてはいけないのだ。

それから私はイケてるオペレーターを目指した。1日7時間で約70件、多い時は100件以上の電話をとる。さまざまなお客がいる。

「私ね、年寄りだから操作方法わからなくて」「私がゆっくり方法を申し上げます。大丈夫ですよ」

「手続き、ちゃんと出来てるかな」「確認しましたところ、完了しております。心配ございません。ご安心ください」

機械のようなオペレーターではなく、生身の人間としてお客に接する努力を続けた。

そして、半年後。社内の応対コンクールの代表に選ばれた。他人に少しでも認められたことがうれしかった。

つい先日、お客様から「あなたの声聞いてると心が和むわ。これからも頑張ってちょうだいね」と言われた。その日は100件以上受信していて疲れていたが、その疲れもふっとんでいった。

> **コメント** 恥ずかしくて思い出したくもない事件だが、自分にとって忘れてはならない重要な出来事をストレートに示して自分をPRできた合格作文である。

　この文章は、もともと「私」というタイトルで書いた作文だった。「イケてる」というタイトルが出た場合に、今回のように加工した例として読んでもらいたい。

　かりに君がこのネタを予定稿として持っているとしよう。するとさまざまなタイトルに応用できることがわかる。

　ある大手出版社では、近年応募時に同封する作文として**「大失敗」「大感激」「個」「師」**というタイトルが出た。一つ一つのタイトルの対策法を考えていく。

　たとえば**「大失敗」**ならば、「しかし、改めて思い返してみると、自分がどれだけイケてないか実感した」の文章の次に、「大失敗だと思った。」という一文を置けばよい。

　「大感激」ならば、「『あなたの声聞いてると心が和むわ。これからも頑張ってちょうだいね』と言われた」の後に「小さな、しかし大きな感激があった」という文章をさりげなく置けばよい。

　もしくは、かなり強引ではあるが、「慣れに溺れていてはいけないのだ」の文章の次に、「先輩社員の働く姿を見ていて、小さな、しかし私にとっては、大きな感激があった」という一文を入れることもできるだろう。

　「個」ならば、この予定稿の最後に「私はこれからも、個々の人、一人ひとりと真摯に向き合って生きていきたい」という一文を置けばよい。

　「師」ならば、この予定稿の最後に「この出来事を、私は〝わが師〟としている」という一文を置けばよい。これで合格できる。

　これらは、応募時に同封する作文の例であるが、筆記試験会場でも同じである。自分を強くアピールできるネタを準備できれば、本番でどんなタイトルを出されてもあわてることはない。タイトルを自分に引き付ければいいだけだ。制限時間内にきっちり書き終わら

40

れる。

　ところで、この方法は、「こじつけだから合格しない」という人がいる。その意見は確かに正論だ。しかし、試験会場でいきなりタイトルが示されて、過不足なく自分をPRする作文など書けるだろうか。タイトル「顔」、制限字数は800字、制限時間は60分という課題が本番の試験で出されたとしよう。プロの作家だって1時間以内に自分をPRできる素晴らしい作文を書くことができるかどうかは疑問だ。私たち凡人ならなおさら書けない。あらかじめ準備をしたほうがいい。

＊

　そもそも**就職用作文とは、自分のPR文である。自分の人生がたっぷり詰まった、ある程度完成した文章を提出して、その出版社にふさわしい人間かどうかをはかってもらう。**これこそが入社試験を受ける者の誠実さだと私は考える。もちろん、いつどんな時でもタイトルに合わせて自分のPR文がすらすらと書ける人は、この予定稿戦術は不要だ。

　繰り返しいうが、内容が大事だ。たとえタイトルと内容とが少しずれていようが、「この人物に会いたい」と思わせれば合格できる。予定稿戦術をお勧めする。

PART **2** まずは作文から始めよう

4 「恥さらし」作文こそ必勝法

　ここで、合格できる作文をつくるための、とっておきの構成術をお伝えしたい。それは、「恥さらし」作文術という。
　先に作文の書き方は自由だと書いた。人それぞれのやり方で書いてよいが、最短の時間で自分の予定稿を持ちたいならば、この「恥さらし」作文術を体得してほしい。
　==「恥さらし」作文とは、「自分が（他人を思いやることができず、または狭いものの見方しかできず）恥ずかしい思いをした、人間として赤面した体験を描いた作文」==のことである。
　実例を読んでいこう。

ピンチ！

　「早くしてよ」「ちょっと、こっちはどうなってるの」「すみません、これください」
　私をつらぬく人々の視線。
　そこは上野駅の売店。私は店員として、その日初めて店の売り場に立っていた。それまでの数日間、私は先輩たちの仕事の仕方をだいたい見て、販売の手順を理解しているつもりだった。
　とにかく、ひっきりなしにお客からの声が飛んでくる。「東京ばな奈、二つください」「はい、ただい……」「すみません、さっき頼んだのまだですか」「あっ、申し訳ご……」「こっちの方もまだ来てないんだけど」
　結局、私を救ってくれたのは先輩社員だった。先輩は見事な手際

で、お客たちに対応していた。私は、自分の手際の悪さが情けなかった。「まだ慣れていないんだから、しょうがないよ」と言われても、自分に対して腹が立ってしかたがなかった。

それからは、ただ漫然と仕事ぶりを見ていた自分を戒め、細かい点まで注意して販売の手順を理解しようと努めた。

そうすると、今まで気づかなかった自分の反省点が見えてきた。まず、私はお客に失礼のないようにと意識しすぎて、いろいろな注文を同時に聞くあまり、逆に手際を悪くしてしまっていた。お客に対応している最中に話しかけられても、待ってもらうことが大事だったのだ。

急いでいるようなお客に対しては、特に集中して手早く作業し、小さいお孫さんを連れたおばあさんがお客のような時には、店の外まで出て、お孫さんに手渡すようにした。お客一人一人の様子を敏感に感じとって、それぞれに一番喜んでもらえそうな対応をとっていくこと。基本的なことだが、このことの大切さを思い知った。

ある時、荷物をたくさん持った婦人が店にやって来た。娘夫婦の所へ行くという。

店には、商品をたくさん買ってくださった場合のための大きな袋が用意してある。しかし、それは、商品をたくさん買ってくれた場合にのみ使うものだった。私は、先輩社員に相談してみた。「あの荷物をこの袋に入れてあげたいんですけど」。すると、先輩はこう言った。「よく気がつくようになってきたね」

こんなささいなことでも、婦人は喜んでくれた。そして後日、婦人はまた店に現れた。「この前は、大きな袋ありがとね。今日は、私が食べる分を買わせてもらうわ」

「まいど、ありがとうございました」

コメント 起きている出来事が目に浮かぶようだ。細部の描写がすばらしい。一歩一歩しっかりと地に足をつけて生きている人という印象を与える。

私

　「どうぞ、お掛けください」。向かい側の椅子に座るよう促す。私は百貨店で、お中元承りのアルバイトをしていた。ピークの時には、一人の客が何十件もお中元を贈る。そのような客が続くと、正直こちらも参ってくる。

　そんな時、私の前におばあさんが来た。笑顔で対応しつつも、心の中で「何で、私のところに来たんだろう。面倒だなあ」と思っていた。なぜなら、お年寄りは伝票の記入もれや、商品の注文ミスが非常に多いからだ。

　案の定、おばあさんの伝票は白紙のままだ。「やれやれ」と思い、「伝票のご記入がお済みでなければ、あちらのカウンターでお願いします」と少し横柄に言った。

　だが、おばあさんは席を立とうとしない。説明が悪かったのかと思い、もう一度声をかけようとした。すると、「ごめんなさい。私、目が悪くて小さい字が見えないの。だから、代わりにあなたに書いてもらおうと思って」と、小さな声で言った。

　私はドキッとした。おばあさんは間違って私の前に来たのではなかったのだ。

　働き始めた頃、誰にでも親切に接客しようと決めていた。しかし、今は手間がかかるからと、お年寄りを嫌っている。

　目が悪く、伝票を記入できないことを言わねばならないおばあさんの気持ちもわからず、冷たい態度をとっていた。自分の心の狭さを思い知らされた。初心に戻っておばあさんに接しようと決めた。それから二人三脚の伝票作りが始まった。おばあさんのアドレス帳から送り先の住所と名前を拾い出し、何を送るかを聞いていった。一件だけ品物が決まっていない。私は「産地直送品はいかがですか。新鮮な食品が届くので喜ばれますよ」と、今回人気の商品をすすめた。価格や産地、野菜や果物が送られることを、わかりやすく説明した。気に入った様子でおばあさんが注文してくれた。

伝票を書き終えたのは一時間後だった。最後におばあさんが、「ありがとう。本当に助かったわ」と言ってくれた。人の役に立てることがこんなに嬉しいとは思わなかった。

人と接するときは、マニュアルなどない。誰かが喜んでくれるなら、どんなことでもやろう。新たな決意を胸に行動している。おばあさんとの出会いが、私を変えた。

コメント 自分の悪いところをすべてぶちまけた上でもう一度やり直そうという素直な決意があらわれた、大学生らしい文章だ。この出来事の後にさらに成長できた自分を示すエピソードを、最後に添えられればなおよくなりそうだ。

いずれも「恥さらし」作文になっていることがわかるはずだ。ポイントは二つある。❶自分の恥ずかしかった体験を書くと、自分の「人となり」を伝えやすいことを知ってほしい。❷恥ずかしかったことだけを書きっぱなしにしては、自分のPR文にならない。恥ずかしかった経験を踏まえて、その後成長した自分も具体的に描いてあるからこそ、合格作文になっていることを確認しよう。

前半に「ダメな自分」を書き、後半に「頑張る自分」を描く。自分を落としておいて持ち上げる、その「盛り返し」（＝自分の成長ぶり）で自分をPRするのが「恥さらし」作文の極意なのだ。

そう、就職用作文とは「私の成長物語」である。

＊

さて、ではどのように「恥さらし」作文を書いていくか。

初めに、ネタを集めたい。

A. まず、自分をPRできると思う人生最大級の「人間として赤面した」エピソードをネタ帳に書く。
B. いくつか思い出してメモしたら、次は、その出来事を経て自分がどう変わったのか、成長できたのかをエピソードも含

45

めて書く。

　このAとBが書けたら、作文は構成できる。

　47ページの図1のように、Aを前半に、Bを後半となるように文章を綴ればよい。前半Aに「ダメな自分」を書き、後半Bに、「Aの経験を経てその後頑張る自分」を描くのだ。

　就職用作文は、自己PR文だからといって、自慢（頑張った）話を連ねる人が多いが、読み手にとってはしらけるだけ。「ダメな私を克服し、成長し続ける自分」を表明できる「恥さらし」作文のほうが、自分を強くアピールできる。

　ところで、AとBの文章量についてである。AとBは、同じくらいの文章量（A：B＝1：1）にすると説得的な作文に構成しやすい（図1）。Aが多すぎると、「ダメな自分」が多すぎて、後半Bの「頑張る自分」を具体的に書きにくくなる。逆にBが多すぎると、自慢話に読み手がつきあわされることになる。　作文4　はBの「頑張る自分」の部分がやや多く、　作文3　作文5　はAの「ダメな自分」の部分がやや多いが、いずれにせよA、Bどちらかが極端に多くなってはいないことを確認してほしい。

　では実際に書いてみよう。タイトルは、各社の過去問題（71〜76ページ）か、本書の例文の題を使うとよい。とにかく、自分に起きた出来事を時間順に綴っていこう。エピソードの組み立て方は、本書の例文を参考にしてほしい。ドキュメンタリータッチで書き、会話体を多用すると、読みやすい作文になる。

　図1のように時間順に書いていったら、次は全体を整えよう。どの合格作文もそうだが、導入には工夫がこらしてある。

　導入は、作文全体の中の「山場の一部分」を最初に持ってくればよい。山場とは、自分が大きく変わった瞬間のことである。AとBの境目の出来事だ（図2）。**話の山場を冒頭に持ってこられれば、目立つ導入になる**（図3）。以上のような構成で「恥さらし」作文は完成である。「起承転結」という文章構成法になぞらえれば、「恥さらし」作文の構成法は「起承結」となる（図3）。

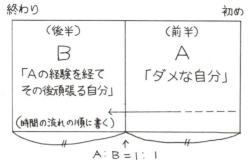

まずは、「ダメな自分（A）」と「Aの経験を経てその後頑張る自分（B）」を時間順に書く。

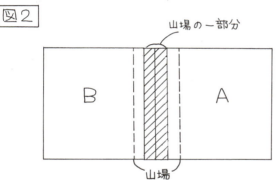

作文が完成したら「導入（起）」に使える「山場の一部分」を決める。

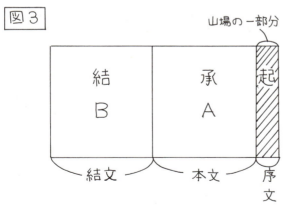

「山場の一部分」を冒頭へ。
これを「導入（起）」とする。

PART 2　まずは作文から始めよう

5 「直球作文」とは

　「恥さらし」作文を書いていくと、きっと行き詰まることがあるはずだ。前半の「ダメな自分」はいくらでも書けるのに、後半の「その後頑張る自分」がうまく書けないことだ。前半と後半がしっかりと結びつかなかったり、後半がとってつけたような、しらじらしい話になったりすることがあるだろう。
　次の作文を読んでほしい。

豊かさとは何か

　「こっちの方が高そうに見えるわね」
　アルバイトをしていたその宝石展示会場では、着飾ったお金持ちの奥様、旦那様が、日本中から集まってきたのではないかと思うくらい目立った。
　何百万円もする宝石を目の前に、スーツを着た私は緊張しながらその場にいた。接客のバイトは少しはやってきたつもりだが、いつもとは少し違う年齢層にとまどった。しかも、指には何個もの指輪、毛皮のコートを着た集団、それを見ていると、どこが不景気なのだと思ってしまう。
　もちろん来ていた人すべてが、金持ちで豊かそうな人だったかといえば、そうではない。あこがれて入ってくる若いカップル、「目に潤いを」と来ていた2児の母もいた。
　一組の老夫婦が会場から出ていくところだった。
　「アンケートにご協力お願いいたします」

私が言うと、快く応じてくれた。

「お金ってあるところにはあるのね」。おばあさんが言った。私は、その人の指を見て「すてきな指輪ですね」と言った。淡いピンクのビーズで出来た指輪だった。

「いただいたんです。誰かわからないんですけど」

意味がわからず、きょとんとしている私に、続けて言った。

「東日本大震災で家をなくして途方にくれてた時にね、援助品の中に入っていたんです。頑張ってくださいっていうメモと一緒に」

おじいさんが最後に言った。

「私たちにはこれでいいんです」

時間にして2分あっただろうか。そんな短いやりとりだったが、私は感動して涙が出そうだった。東日本大震災なんて身内に被害者がいなかったため、同情だけで終わっていた自分が情けなかった。

あんな小さな指輪でさえ被災者の心を救えるのだ。ちっぽけなものかもしれないが、何百万円の価値があるものより大事にしていた。その指輪を送った人は、人を救えるものはお金だけではないということを知っていたのだろう。

ありきたりだが、お金では買えない大切なものを彼らが教えてくれた。

あの日、老夫婦のアンケートにはこう書かれてあった。

「今日使うはずだったお金は寄付に使いたいと思います」

コメント

人が生きるうえで大切なこととは何かをしっかりつかんだ瞬間が描かれている。こういう出来事をしっかり受け止められるのは、人間として力があると感じさせる。

作文 7　忘れられない人

「売春という仕事に対して恥ずかしさはないのですか？」

　それは昨年の夏フィリピンに行き、売春をしている女性たちの保護施設を訪ねた時のことだ。

　日本人男性とフィリピン人女性との間に生まれた子供の多くが日本国籍を取れず、父親の顔も知らない。そんな子供たちの施設でボランティアをしていた私は非難めいた口調で質問した。

　一人の女性が笑顔で私に答えた。

　「私は子供たちに売春していることを話しています。彼らは私の仕事を理解して、感謝してくれているわ。たくさん勉強して偉くなって将来は私を養ってくれるって」

　私は全身がカーッと熱くなるのを感じた。

　2021年のフィリピンの犯罪発生件数は約23万件。日本と比較して殺人は約6倍、強盗は約4倍、性的暴行は約6倍。就学前の児童では10人のうち7人が深刻な栄養不足。このように数字が並べられた資料を読んでも私には実感がわかずにいた。

　しかし実際フィリピンに行ってみると数字の重みを体で感じた。街を歩いているとストリートチルドレンがコップを持って「マネー」と言いながら服をつかんではなさない。日本で暮らしている私には想像もつかない世界だった。

　フィリピンの女性たちの中には、貧しいという理由から自分の性を労働力として売らざるを得ない人もいる。心の底では働く気になれば他にも仕事はあるのに、と思っていた自分が恥ずかしくなった。

　売春をしている女性たちの話を聞いて、もう私は「売春をやめるべきだ」と強く言うことができなくなった。親に養ってもらい何の苦労もしていない私には、生活費を稼がなければいけない彼女たちの苦しみを分かち合うことはできない。ただ頷くだけだった。

　だからといって私は売春という仕事を認めたわけではない。現在

こうした状況がある限り、そうした仕事に従事せざるを得ない人々の環境を少しでも改善していくために何をしたらいいのか。

単純に子供が好きだからとこのボランティア活動を始めたのだが、今では問題の根の深さを痛感している。フィリピン女性の問題だけでなく、この世の中には簡単に解決できない問題が数多くある。正直なところ私には知識も経験もまだまだ足りない。

そのことを気づかせてくれた彼女は私にとって生涯忘れられない人だ。

コメント
就職用の作文では、自分で解決のできない問題を取り上げるのは得策ではない。とかく、自分を高みに立たせて世の中を評論することになり、自分のPRにはなりにくいからだ。しかし、この作文はよい。自分で解決はできないが、ぶち当たった問題を自分の胸の奥深いところに納めたことがわかる。また、行動力のあるところも示せている。

これら二つの作文は、自分に起きた出来事をそのまま綴っただけの作文だ。

「恥さらし」作文構成法からすれば、前半しか書けていない。「その後の自分」をバッサリ切り落とした作文である。しかし、迫力のある合格作文に仕上がっている。「これだけの経験をしていれば、きっとこの作文を書いた人物は成長しているはずだ」と思わせるから合格作文になった。

「出来事を書いただけで、自分をPRする作文」を本書では、「直球作文」と呼ぶ。

「恥さらし」作文を書いていて、後半部分がうまく書けない場合には「直球作文」に切り替えるといい。

PART **2** まずは作文から始めよう

6 どんなネタで書いたらいいか

　さて、就職用作文はどんなネタで書くのがよいのか。
　学生の書く作文で、圧倒的に多いのがサークルネタ、海外旅行・留学ネタ、家族ネタである。これらのネタで書いてもよいが、他の多くの受験者も書いていることを心に留めておいてほしい。
　ここまで、いろいろな合格作文を読んできてわかると思うが、合格しやすいネタはある。それは、アルバイト、ボランティアネタだ。出版社側は志望学生に対して、今現在どれだけ社会で通用する人間なのかを知りたがっている。したがって、自分が所属するサークルや家族の中だけの狭い世界の話を書いていては、一般的には自分の PR になりにくい。**作文では「社会の中の私」を示したい**。3年余の大学生生活の中で、「世の中で人の間でもまれ、自分を鍛えあげてきたこと」をストレートに表明するには、アルバイトやボランティア、近所で起きた話、旅の話などが好ましいのだ。
　ポイントになるネタについて解説していこう。

1 アルバイト、ボランティア

　アルバイトやボランティアのネタは、自分を PR するのにうってつけだ。もし、**アルバイトやボランティアを一度もしたことがなければ、すぐにでも始めるといい**。アルバイトネタで注意したいのは、家庭教師、塾講師、教育実習ネタである。自分が教師をしたネタで学生が書く作文に、勉強嫌いの子どもを奮起させて志望校に合格させたという話は多い。しかし、この方向で書くことはお勧めできない。お金をもらって子どもを教えているのだから、成績を上げ

たり志望校に合格させても、それは当たり前のことだ。特に自分をPRすることにはならない。教える側の自分が、教えられる側とともに同じように悪戦苦闘する話ならば読み手の共感を得やすいが、自分を高みにおいて下を見おろした書き方はまずい。

　次の例文は、家庭教師ネタ、教育実習ネタで書いたなかでは比較的よい作文に仕上がっている。

私の挫折体験

「次は一次方程式の問題。ほら、こっち見て」

　大学２年生の秋、中学１年生の男の子の家庭教師を始めた。お母さんによると、学年最下位の成績ということなので、がぜん気合いが入った。それまでの生徒は、成績が上がったり、第一志望の大学に合格したりして、何らかの結果を導き出してこられたので、教えることに自分なりの自信があった。

　ところが、今回の生徒はそう簡単にはいかなかった。学力以前に集中力が全くないのだ。お母さんはおやつやジュースで彼の気を引いて机に向かわせようとし、私は私でなんとかなだめすかして説明を聞いてもらうことに必死になった。しかし彼は聞いているフリをするだけで内容を理解していない、その聞いているフリさえ５分と続かないという状態が１カ月ほど続いた。

　私はすっかり自信を喪失していた。話を聞いてもらえなければ仕事が成り立たない。高い給料をもらっているのに……。

　そんなある日。いつものように形だけの授業をしていると、彼がふとこんな言葉を口にした。

「先生、俺には勉強向かないよ。ゲームだったら何時間でも集中できるのになあ」

　私はハッとした。問題なのは、彼の集中力ではなくて、私の教え方の方だった。私はいつしか彼に本当に理解してもらうことよりも、自分の仕事をそつなくこなし体裁を整えることに腐心してい

た。
　勉強が楽しいと思えれば、自然に集中できるはず。そのことに気がついてからは、学校の授業に無理に追いつこうとせず、一つ一つの問題を出来るまでとことん考えてもらうようにした。つまずいている所は小学校4年生の内容でもそこまで戻って教えた。
　「ここでわかんなくなってたんだね」と彼が言う。どこでわからなくなったのかを自分で理解できたとき、彼は初めて勉強への興味を持てるようになった。できる、わかるということが、楽しいにつながることを、私自身も昔にもどって追体験できた。これは新鮮だった。そして問題を解きながら、知らず知らず一緒に集中していることを知った。
　〝教えてやる〟のではなく〝ともに学ぶ〟ことを、彼のひと言から学んだ。

> コメント
> まだまだ自分を安全圏において描いているために、やや読み手の共感は得にくいが、書いた人物の誠実な人柄は伝わってくる。後半に、一緒に理解する楽しさを得たことを、具体的な例とともに書くとよりよくなる。後半をたっぷりと書き、前半を圧縮したい。

作文 9　あのひと言

　汗やカビの匂いが溶けたような鼻を刺す独特のよどんだ空気だ。廊下を歩きながら昔と変わっていないその匂いに懐かしさを覚えていた。しかし、私の心は期待と不安の混じった不思議な感覚に満たされていた。
　今日から2週間、母校での教育実習が始まるのである。学校は私が在学していた頃と何も変わっていない。ほの黒く汚れた壁、冷

たい無機質な音を響かせる廊下、さきほどの学校特有の匂い。それらが私をしばらくの間昔に引き戻していた。

私の前を歩いている指導教官が立ち止まると私に言った。「ここが小林先生の受け持つ2年1組です」。その瞬間、私は現在の時間へ帰ってきた。そう、学校の様子は変わっていなくても、自分自身が変わったのである。というよりも自分の立場が生徒から先生になったというほうがいい。

教室に入ると、信じられないような声の濁流が私を包み込んだ。私は少しの間放心していた。指導教官の先生が注意しているにもかかわらず、生徒達はなかなか静かにならないのである。少し静かになったところで自己紹介を始めたが、静かなのは束の間、あとは教室中に再び声が氾濫していた。

授業の時も、そんな調子で私の話などほとんど聞いていなかった。私は目の前が真っ暗になった。これから、2週間生徒と誠実に向き合えるだろうか。

私は生徒の立場になって考えた。つまらない授業の時、私も隣の友人とおしゃべりをしていた。先生の話など聞いていなかった。彼らは自分の昔の姿なのだ。彼らに話を聞いてもらうためには、普通の授業では駄目なのだ。私はそう考えた。

次の日の授業の時、私は先生である自分を捨て、一人の役者になっていた。

鎌倉時代の源頼朝と北条政子のエピソードを一人二役で演じたのである。頼朝の時は太く重い声で、政子の時は細い高い声で、教壇は舞台となっていた。自分自身が我を忘れて鎌倉時代に生きていた。幕が降りた時、一瞬の静寂、続いて笑い声が教室中に響きわたった。授業が終わると数人の生徒がやってきてこう言った。「先生、今の授業面白かったよ」。

それからの日々は様々な生徒と触れ合い楽しい体験をいっぱいした。昔の自分を思い出したことが、生徒と私の距離を縮めた。自分を省みること、工夫と努力、その大切さを教わった2週間だった。

> **コメント** 少し気取った書き方をしている点が気になる。前半を短くして、後半「頑張る自分」を書き込むとよりよくなる。「彼らは自分の昔の姿」という言葉がとてもいい。このひと言が全体を救っている。

2 子どもの頃の話

　出版社は今現在の君の生き方を知りたがっている。したがって、自分の「人生とびきり」の話とはいえ、子どもの頃の話を書くのはあまり勧められない。できれば、大学時代のエピソードで書こう。ただし、子どもの頃の出来事が、はっきりと今の自分をつくっていることを文章全体からにじみ出せれば、昔の話を書くのもよい。
　次の例文は、少し古いエピソードを使って書いた好文である。

明日への手紙

　手を挙げたのは、私だけだった。
　4月、私は中学校に入学した。父母の住む名古屋の中学校は、私にとって全くの異世界であった。
　それまで父の実家から通っていた小学校は、北海道の山の中の小さな分校だった。全校生徒45人。私の学年は、男子6名、女子6名の12人だった。雪の日には、授業もそこそこに、みんなでそりで遊んだ。先生の指導のせいもあって、6年生から1年生まで皆「君、ちゃん」づけで呼び合い、年齢、性別間の垣根のない自由な空間がそこにはあった。そんな私の小学校の思い出は、ここでは笑いの種だった。
　一学期最初の学級会。役員決めが行われた。
　「まず、級長から決めましょう。誰か立候補する人はいませんか」先生のその問いかけに、われ先にと手を挙げる光景を想像しつつ、

私は手を挙げた。

　静まりかえる教室で、私は注目を浴びていた。手を下ろすわけにもいかない。私は前を見つめたまま動けなかった。

　「これだから、田舎者は。そんなに目立ちたいのかね」

　背中越しに突き刺さるその言葉に、私は恥ずかしくてうつむいてしまった。〝私は、田舎者だ。これからは周りにあわせて行動しなければ〟そう自分に言い聞かせていた。

　帰り道、級長になれたのに、泣きたい気分だった。〝小学校に戻りたいなあ〟と考えたその時、大好きだった笠松茂樹先生の言葉が、胸によみがえってきた。

　「その人の人生は、その人が主人公。誰のものでもないんだ。秋野は秋野らしく生きればいいんだからね」

　自分らしく。その言葉が私を勇気づけた。周囲とうまく協調していくことと、ただ迎合する事との違いに気づかせてくれたのだ。

　学校に行くのが楽しくなった。級長としてみんなをまとめることにも誇りをもつことができるようになった。クラスメイトにも早く名前を覚えてもらえ、友達がたくさんできた。同時に自分とは全く違う考え方も、素直に受けとめられるようになった。

　分校での個性を重んじる教育は、今も私の心に根づいている。これから先も、へこたれない自信を持ち続けられると思う。また、自分の個性の強さのみを武器にしていたら、きっと今後出会う様々な個性とうまくやっていけないだろう。そんな時も、あの言葉が私の道を明るく照らしてくれると思う。

コメント　明るくさわやかな印象を与える好文だ。自分の過去の中に、今の自分を支える宝物を見つけられた。はつらつとしている書き手自身が文章から浮かび上がっている。

　なお、この作文は「明日への手紙」というタイトルに対して書いたものだ。出版社では、しばしば「明日」「未来」「10年後の私」

「明日への手紙」などの作文課題が出される。

たとえば「10年後の私」の場合、「10年後の私へ元気ですか？今ごろ結婚して、子どもがいるんだろうなあ。仕事もばりばりこなして……」というように、未来の自分を想像して書くというパターンが非常に多い。

ここまで読んでくれた君ならわかると思うが、未来のことを想像して書いてもまったく自分のPRにならないから気をつけよう。この手のタイトルが出た場合でも、予定稿が使える。これまで自分のしてきたこと、今自分のしていることを具体的に描いて、その延長上で明日も生きていくことを最後に添えればよい。

3 家族ネタ

家族ネタは作文に仕立てるにはインパクトがないと述べたが、それは一般的な話。もちろん強く自分をPRすることもできる。

次の作文はその例だ。

作文 11　　夢

保育士、これが私の母の仕事である。小さな子どもを相手にしているせいか、普段の生活でも声が大きく、大げさな身振り手振りで話し、大きな声でよく笑う。その上、教育者である彼女は物事をはっきり言い、私の友達にさえも注意したりする。

中学生のある時期まで、私はそんな母を少しうっとうしく思っていた。

私の母に対する思いがガラリと変わったのは、中学校でのPTA総会の時である。その総会は親も子も参加する会で、当然私も私の母も参加した。

その時の議題は「部活で帰りが遅くなること」だった。

「強くなるには仕方がない」と考える親と、「勉強第一、早く帰ら

せろ」と考える親とが対立して話し合いは進まなくなっていた。ピリピリしている人、うんざりしている人が多く、発言する人も少なくなっていた。

　その時、私の隣にそれまで静かに座っていた母が、突然立ち上がったのである。

　「みなさん」。母は力強い声で、しかしやんわりと笑顔で続けた。「自分の意見を通すことばかり考えてちゃ疲れちゃうわ。それよりどうしたら、相手の意見と自分の意見が調和できるか考えましょうよ。よりよい方向に導けるように」。

　私はこの時ほど母を誇らしく思ったことはない。目からウロコが落ちた気がした。

　それまでうっとうしく思っていた母の大きな声や身振りは、大勢の人とコミュニケーションをとる上で大切なことだった。しかも自分の意見に自信があるからこそできることなのだ。そしてなにより大切なのは、母の笑顔。笑顔で接することにより相手の気分を和らげることができるのだ。実際、母のあの発言後、会はスムーズに進んだ。

　あの日以来、私は母を見習い、自分の意見をはっきり言えるよう努力してきた。しかし、あれから8年経った今、母は園長になり、より強く、そしてステキな女性になっている。乗り越える目標はまだまだ上。でも頑張る。

コメント 自分の母親の生き方を確かに自分のものにしようとしていることが伝わり、読み手を温かな気持ちにさせる好文である。

　この「夢」というタイトルも「10年後の私」「明日への手紙」などと同様、注意が必要である。「こんな願いがかなったらよい」などという絵空事を書き連ねても自分のPRにならない。
　作文はいかなるタイトルが出されても、「現在の私」を書くことが大切だ。

59

PART **2**　まずは作文から始めよう

7 志望動機を書かせる作文

　出版社の作文試験には「志望動機」や「自社出版物の感想」、また「出版社をめざす理由」などを問う場合がある。
　具体的な作文タイトルは次のようなものである。

- 「志望動機」（400〜800字）
- 「入社を志望します」（800字）
- 「出版社への入社動機」（800字）
- 「職業としての出版と私」（800字）
- 「児童書専門出版社である当社を志望した理由をお答えください」（500字、1000字）
- 「当社の刊行物をひとつ選び感想文を」（800〜1200字）
- 「当社刊行の雑誌・書籍の中で最も印象に残った作品・記事についての感想」（800字）
- 「あなたが『出版社で働きたい理由』と『入社後に実現させたい夢・目標』をテーマで書いてください」（900字）

　これらの場合も、予定稿を使ってよい。
　「志望動機」の場合は、多くの人が書籍や雑誌が好きなこと、またその出版社がよい会社であることを延々と書く。結局、エントリーシートの「志望動機欄」をただ引き延ばしただけの作文を、出版社側は大量に読まされることになる。「感想文」の場合も、この書籍や雑誌はすばらしかったという意見ばかりが集まってくる。この時に、自分の経験を含めた予定稿を使えば、意外性やオリジナリティーがあり、しかも、結論部分では自分の経験を踏まえて書籍や

雑誌をつくりたいと述べるのだから説得的になる。

例文を示す。

作文 12 私が出版社をめざす理由（志望動機）（400字）

「なんか、最近ダメなの」。大学3年になって、毎日電話を掛けてくる高校時代の友人に、病名はない。しかし時間の問題ということは、無数のナイフの跡でわかる。小中高と部長を経験し、人の話を受け止める事を学んだ私は、相談役になることが多い。しかし、命に関わる話は初めてだった。

大学入学したての頃、カルチャーショックを受けていたことを思い出した。誰もが自分より偉大に見え、それは人格崩壊の危機だった。その時私を救ったのは、おーなり由子さんの『天使のみつけかた』。カベの天使が扉を開けてくれたように、過去を認めることができた。

電話口で朗読すると、彼女はつぶやいた。「私の天使もいるのかな」。彼女の心の傷が少し癒えていくような気がした。

言葉の力を目の当たりにして、心が震えた。言葉を生き続けさせておける〝本〟の魅力。この本を生み出した御社の魅力。私もここで人を救う本をつくりたい、と心から思った。

コメント 短い制限字数で書かなくてはならない志望動機作文の模範構成例。その会社の本（雑誌）の具体名を挙げて、その本（雑誌）が〝私〟に影響を与えた実例を具体的に書き、その会社で働きたいと書けばよいのだ。

私が出版社をめざす理由（志望動機）（1000字）

　「カズ子さん？」、首をかしげるようにして私を見ながら、ゆっくりと曾祖母は言った。私は一瞬返答につまった。「ううん、私、れい子だよ」、努めてさりげなく返しながらも、私は胸が締め付けられる思いだった。

　父方の祖父母と曾祖母が住むこの田舎には、家族で年に2回訪れる。「大きいおばあちゃん、ついにボケてきたみたいだよ」。母に事前にそう知らされ、私はある程度覚悟はしていたつもりだった。しかし実際に目の当たりにすると、ショックは隠せなかった。

　曾祖母は、何もせずに一日中じっとしていることがほとんどだ。しかし突然癇癪をおこしたり、たまに機嫌よく話しかけてくる時もある。私はそんな曾祖母を直視できなかった。もう以前の曾祖母ではないという戸惑い、悲しみと、そんな曾祖母を受け入れられない自分への嫌悪感。自然と彼女を避けるようになった。

　4年前の大晦日、曾祖母は亡くなった。お通夜の日、祖父が私にぽつりと言った。「大きいおばあちゃん、れい子が昔くれた葉書をずっと大事に持っていたよ」。私ははっとした。

　小学校2年生のとき、雪の日に曾祖母と一緒に「かまくら」を作ったことを思い出した。そのあと、家に帰ってから私は曾祖母に葉書を出したのだ。「大きいおばあちゃん、また一緒に『かまくら』つくってね。お手玉で遊ぼうね」。

　祖父がその葉書を見せてくれた。ところどころ字は消えかかり、紙はしわしわだ。曾祖母が、この葉書を何度も読み返す様子が目に浮かんだ。曾祖母の気持ちを想い、私は初めて涙を流した。

　私が貴社の本『にほんご』（安野光雅、大岡信、谷川俊太郎、松居直・編）を目にしたのは、それから少し後のことだ。「ことばにはいつもきもちがかくれている。ないたりわらったりおこったり、それはこころのおくふかくにことばがかくれている」。小学校1年生用に書かれたそのシンプルな文は、私の心にささった。

たとえ私のことが認識できなくても、伝えるべき言葉を失っても、曾祖母の心は失われたわけではないのだ。わめき、笑い、黙り、そうすることで曾祖母が発していたメッセージを、どうして私は気づこうともしなかったのだろう。どうして私は真正面から向き合えなかったのだろう。

知識のためでも、読み書きするためでもない、ただ人と向き合うための言葉というツール。泣くのも笑うのも、曾祖母にとっては言葉だった。ことばをつかい、気持ちを想像してその人を理解すること。曾祖母から学んだその心を、貴社の絵本づくりで生かしていきたい。

コメント 心の優しい人柄が伝わってくる好文。1000字の志望動機を書かせる作文の場合も、**作文12**と同じ構成でよい。

作文14 **私が出版社をめざす理由**（志望動機）（1000字）

「これおもしろいよ！ 読んでみて」

小学5年生の私に、母親が渡してきたのは『絵で見る日本の歴史』（西村繁男・著）である。祖母、祖父、母親。父親を除いて私の家族は教師一家。教育熱心さからなのか家にはたくさんの絵本があり、小学校の図書館から母が絵本を持って帰り私に薦めてくることも少なくはなかった。「またか……」、そう思いながらも読み始めた。

「お母さん！ 全然面白くないよ」。すぐ母の手に本を返した。母は悲しそうな顔をしていた。だが面白くないと感じたのは事実である。小学校5年生でどれだけこの本の良さが分かるのだろう。「訳分からん！」それが正直な感想だった。

育った環境のせいもあり、私は教育学部に進学し、子ども野外キャンプのボランティアを始めた。今では私がテントの中で子ども

たちに絵本を読んであげるようになったのだ。

　キャンプの雰囲気にぴったりの『そらまめくんのベッド』(なかや
みわ・著)や、軽快なリズムで私が個人的に好きな『ねぎぼうずのあ
さたろう』(飯野和好・著)。いつも「絵だけ見ていてね」といい、私
が文を読んであげると子どもたちは真剣に聞いてくれる。

　次のキャンプに読む絵本を探していた。『絵で見る日本の歴史』、
久しぶりに目に入ったのでこの本を読んでみる。面白かった。小学
5年の時には印象に残らなかった「説明不足ではないのか」と思っ
ていた簡単な文章が余計に心に響いてくる。母親が薦めていた訳が
ようやく分かった気がした。

　もしかしたら……次のキャンプで子どもたちに読んであげた。文
章は私がゆっくり読んだ。最後の「私たちは一億二千万人の中の一
人です」、を特にゆっくりと心を込めて読んだ。

　「すげえ!」「歴史って面白いね」と、少しの時間を置いて次々と
感想を口にしてくれた。

　読んであげてよかった、と思い嬉しかった。あらためて絵本への
入門は、「人に読んでもらうこと」であると実感した。

　母が薦めた考え、私が薦める考え、子どもたちが面白いと思った
考え、もしかしたら三者とも異なっているかもしれない。それでも
いいと思う。絵本は「感性」を養う本だ。人によって感想は様々で
も何か温かいものが心に残っていることは間違いない。子どもが楽
しめる絵本を大人も楽しく思うのは当たり前。

　御社の絵本はそれだけに限らず、読む時に「考える」必要性を持
たせてくれる。純粋にもっと多くの人たちに御社の絵本を読んでも
らいたい。それが私が御社の営業を志望する理由である。朗読CD
の付録や温泉旅館との提携に興味がある。

コメント
　〝本と私〟との関係が、順を追ってたっぷりと描かれている
好文。会社に入ってやりたい企画がある場合には、具体的に書
くことが大切だ。

作文 15 私が出版社をめざす理由（感想文）（600字）

『車椅子で夜明けのコーヒーを』（小山内美智子・著）という本を読んだ。北海道に住む身体障害者自らが書いたエッセイだった。身体障害者について、私は今まで生活上不自由な点があるとしても、同じ人間だ、平等だと思っていたはずだった。しかし、この本のあからさまで、そしてリアリティーある描写を読んで、自分がどこかで障害のある人に対して偏見を持っていたことに気がついた。

恋愛だってもちろんするだろう。しかしこんなに普通の人と同じように愛し合うのかと思った。「普通の人」という言い回しをする時点で私は明らかに差別意識を持っていたのだ。読み終えて、自分が表面だけの平等主義者だったと思い知らされ、落胆した。これを機会に差別のない社会とはどんなものかを真剣に考えるようになった。

この本がきっかけになって、「つどいの家」という子ども教室にボランティアとして週1、2回通うようになった。ここは4〜5歳の健常児と障害児を同じ場で学ばせ遊ばせるという主旨の教室だった。「人に優しくしなさい、体の不自由な人にはこう接しなさい」と大人たちから教えられればられるほど、子どもたちは接し方がわからなくなる。平等を意識したら、すでに平等ではなくなるのだ。このことを私は「つどいの家」の子どもたちに教えてもらった。

一冊の本が、私の心を揺さぶり行動に移させ、私の考えの幅を少し広げることになった。人の生き方を変える書籍編集の世界に飛び込んでいきたい。

コメント　「感想文」は、自分の経験を含めて描くと説得的になるという例だ。就職用の作文は、どんな場合でも体験を描くか、体験に裏打ちされたエピソードで書こう。

PART 2　まずは作文から始めよう

PART **2** まずは作文から始めよう

8 出版社の作文試験タイトルを分析する

　この章の最後に、出版社で出される作文試験のタイトル分析をしてみたい。これまで出版社の作文試験で出されてきたタイトルは、およそ10種類に分けられる。それは、❶**私を語る作文**、❷**一般的な作文**、❸**志望動機作文**、❹**当社の出版物についての作文**、❺**当社の関連ジャンルについての作文**、❻**企画執筆作文**、❼**手紙文**、❽**出版業界の現在と未来についての作文**、❾**三題噺**、❿**クリエイティブ作文**、である。一つ一つ説明していこう。

　❶の〈私を語る作文〉は、自分に起きた出来事を描いて自分自身をPRする作文のことである。
　出題されるタイトルとしては、「自己PR」「私のセールスポイント」、また「私の家族」「私の学生生活」など、ストレートなものが多い。
　ただし、人間はピンチの時にこそ、その人の人間性があらわれることから、"窮地に陥った時に、あなたはどうしたのか"を問う作文タイトルは、とても多く出題される。「恥ずかしかったこと」「私の挫折体験」「崖っぷち」「ピンチ！」などのタイトルである。これらのタイトルが出た際に困らぬよう、真っ先に**予定稿を準備したい**。"自分が窮地に陥った時"の予定稿（＝作文ネタ）は、いろいろな作文タイトルで応用が利きやすい。
　また、前述したが、「明日への手紙」「10年後の私」「わたしの夢」など、未来を問うタイトルには注意したい。"未来の私"を想像して書くだけでは、"今の自分"を出版社にPRできない。「5年後の自分」「私の未来予想図」など"これからの私"を訊ねるタイトル

では、"現在の私（＝予定稿）"をまず書き、その延長上で生きていく、という方向でまとめるのが正攻法である。

❷の〈一般的な作文〉は、大きく二つに分けられる。

「感動」「希望」「正義」など一般的な言葉が提示される場合と、「○○ vs. △△（○○、△△には自分で言葉を入れる）」や、「□□□□チャチャチャ！（□□□□には自分で言葉を入れる）」など、自分でタイトルをつくる場合の2種類である。「感動」「希望」など一般的な言葉が示された場合には、「私が"感動"した時」「私が"希望"を持てた時」「私が、これこそ"正義"と思った時」というように、**タイトルを自分に引き付けて予定稿を書けばよい**。

「○○ vs. △△（○○、△△には自分で言葉を入れる）」などというタイトルを見せられると、「何をどう書いたらよいのか、わけがわからない」とパニックに陥る学生が少なくないが、あわてなくてよい。これは、要するに何を書いてもいいということなのだ。

たとえば自分が書いた予定稿が、失敗を克服した話だったとしよう。それならば、本文にはその予定稿を書き、「○○ vs. △△」のタイトルには、「どーでもいいですよーの私 vs. ととのいました！の私」という題を付ければいいだけである。

❸の〈志望動機作文〉では、「当社を志望する理由」「児童書専門出版社である当社を志望した理由」などのタイトルが出される。

「志望動機作文」の基本的な組み立て方としては、「**私は、御社の本（雑誌）で人生が変わった（具体例を書く）→私は御社に入ってこんな本（雑誌）をつくりたい（具体的な企画を書く）→だから御社を志望する**」と構成するのが正攻法である。志望動機を聞かれた際に、志望動機だけを書くのではものたりない。自分が会社に入ってからやりたい企画までを書いて自分を強く PR するのがコツである。

❹の〈当社の出版物についての作文〉は、「自社出版物について」「当社刊行の書籍・雑誌の中で最も印象に残った作品・記事」など

のタイトルが出されてきた。これは、ただ出版物の感想文を書くだけでは、自分の強い PR 文にするのはむずかしい。その会社の本によって、自分自身が揺さぶられた実例をエピソードとともに描きたい。または、その出版物が、今の世の中を的確に分析していたり、未来に希望を見出せるような内容になっているなど、社会的に重要であれば、その実例を具体的に書いてほしい。

　「自分が揺さぶられた実例」や、「刊行物の社会的な意義」を作文の前半に書いた上で、さらに、後半では、自分が会社に入ってからつくりたい本や雑誌の企画を具体的に書くと、自分 PR 作文としては強くなる。出版物の感想と、自分の体験だけではなく、❸と同様、さらに、**自分が会社に入ってからつくりたい本や雑誌**（＝企画）**も添えるのがポイント**だ。

　❺の〈**当社の関連ジャンルについての作文**〉では、各出版社は、自分の会社の専門分野について志望者がどのくらい関心を持っているか、また、どのくらいの知識があるかを問うている。

　したがって、経済書の出版社では「最近の経済報道で気になること」、教育書の出版社では「現在の教育について思うこと」、コミック出版社では「コミック雑誌離れについて」、医学書の出版社では「日本の医療に何を期待するか」、教科書出版社では「日本の英語教育について」、農業書の出版社では「農業か農村に関するテーマ（題は各自考えること）」などの作文タイトルが出されてきた。

　これらについてどんな対策をしたらいいのだろうか。それぞれについて、正面から「論文」を書こうとする学生が圧倒的に多いが、それはお勧めしない。よほどシャープな「論文」であれば、「この学生、面白そうだから面接に呼んでみよう（＝作文合格）」となるが、専門ジャンルのプロの編集者をうならせる「論文」を書くのは、なかなかに困難だと考えたい。

　そもそも君たちは、"論文を執筆する"学者になるのではなく、"論文を執筆してもらう"編集者、すなわち、さまざまなアイディアを出す側の立場を志望しているのだ。その視点からこの作文の対策を

考えよう。

　たとえば君は、教育書の出版社に行きたいとする。ならば、現在の教育をよくするための本や雑誌の企画をいくつか考えているだろう。それは、「今の教育の悪い部分」を是正しようという企画であるはずだ。したがって、「現在の教育について思うこと」という作文タイトルが出されたら、その作文の前半には、自分が考える「今の教育の悪い部分」を具体的に事例を挙げつつ書けばよい。後半部分は、「だから自分は、その教育の悪い部分を是正する、このような本を会社に入ってつくりたい」と、具体的な企画を書けばよいのである。❺についても、自分が会社に入ってつくりたい本や雑誌の企画を書くことが肝要である。

　❻〈企画執筆作文〉については、詳しくは、PART 8 と 10 を読んでほしい。

　簡単にまとめると、書籍の企画ならば、誰に、どんなテーマで書いてもらいたいのか、著者名とテーマを具体的に示すことが基本になる。さらに、どうして今、その著者にそのテーマで書いてもらわなくてはいけないのかという理由・根拠をも記すことが重要だ。理由や根拠を示すことで、単に思いつきで企画を書いているのではないことが伝えられるからだ。

　雑誌の企画ならば、読者が読む気になるような特集のタイトルを考えて、どんな雑誌になるのかがわかるように内容をできるだけ詳しく記したい。場合によっては PART 8 に掲載したような「絵コンテ」を添える必要がある。

　❼〈手紙文〉だが、出版業界では現在も、重要な執筆依頼では、手書きで手紙を書く。したがって、大学生諸君にも、基本的な手紙の書き方のマナーを知っていてほしいとの願いから、出版社では、しばしば手紙を書かせる作文試験を行ってきた。

　まずは、手紙の書き方の基本をおさえておこう。「拝啓」で始め、「○○の候、益々ご清祥のこととお慶び申し上げます」と「時候の

挨拶」を記し、「自己紹介」をして、「手紙の主文」を書き、「末筆ながら、ご自愛のほどお祈り申し上げます」などの「結びの言葉」を置いて、「敬具」で止める。さらに、「執筆年月日」「自分の名前」「相手の名前」を添える。以上のような、いわゆる基本的な手紙を、一度書いてみよう。

　手紙を書かせる作文試験で最も基本的なタイトルは、「有名人に原稿依頼の手紙を書いてください」「好きな作家か漫画家に原稿依頼の手紙を書いてください」「当社で、20代の女性のための総合ライフスタイル誌を創刊することになりました。あなたはエッセイコーナーの編集担当者です。エッセイを書いてもらいたい人に依頼の手紙を書いてください（書いてもらいたいテーマ・内容を具体的に含めること）」などの、執筆依頼手紙文である。

　これは現役の編集者が実際日常業務で行っている仕事でもある。君も編集者になったつもりで、手紙の書式にのっとって、君のやりたい企画を依頼してほしい。

　執筆依頼手紙文の構成の一つの方法は、「**私はあなたの本や文章が大好きだ**（具体的に好きなところ、よいところを示す）**→ぜひ、自分はあなたと一緒に仕事がしたい**（書いていただきたい企画を具体的に書く）」。以上の二部構成でいい。

　そのほかに、手紙作文試験では「編集上の都合により、エッセイ掲載が1号遅れることになり、それをお詫びするための手紙を書いてください」などの「お詫び文」を書かせる場合がしばしばある。社会人として思わぬ失敗をしてしまった時に、心の底からのお詫び文が書けるかどうかが問われている。これは、練習しておく必要がある。したがって、自分で書いた手紙は社会人に読んでもらい添削を受けてほしい。

　❽〈出版業界の現在と未来についての作文〉であるが、「本の未来は？」「出版界の課題」「出版におけるニュービジネス」など、出版業界の未来を問う作文タイトルは、しばしば出される。これからの出版界をどうしていったらいいのかをストレートに問うタイトル

である。未来の出版業界を背負う君の独創的なアイディアや柔軟な発想力を待っているのだ。

　遠慮は無用。思う存分、問題点を具体的に指摘し、その解決法を具体的に示し、さらには、未来の出版業界像を提案してほしい。とにもかくにも、具体的に書くことが大切だ。一般論では、自分のPRになりにくい。

　❾の〈三題噺〉についてはPART 4で、❿の**〈クリエイティブ作文〉**については、PART 5と6で詳述するのでここでは割愛する。

　次の一覧表は、これまで出版社で出されてきた作文試験のタイトルである。それぞれのタイトルに対して、自分だったらどんな作文を書くのか、自分が用意した予定稿をどうアレンジ（＝加工）するのかを考えながら、ゆっくりと目を通してほしい。

よく出る出版社作文試験タイトル一覧表

※カッコ内の数字等は、本番で課された制限字数

❶〈私を語る作文〉
- □「伏線回収」（560〜600字）
- □「私の出番だ！」（600字）
- □「やった！」（800字）
- □「チャンス！」（800字）
- □「サプライズ」（600字）
- □「自己PR」（800字）
- □「私の学生生活」（800字）
- □「人に言えない恥ずかしい話」（800字）
- □「私の『恥かき赤面』体験」（400字）
- □「ピンチ！」（800字）
- □「崖っぷち」（800字）

☐「私の中の革命」（800字）

☐「私の挫折体験」（800字）

☐「恥ずかしかったこと」（800字）

☐「人に負けない私の持ち味」（400字）

☐「感動した・シビれたこと」（1200字）

☐「私がもっとも大切にしているもの」（800字）

☐「私の家族」（800字）

☐「あなたにとっての友人関係」（800字）

☐「あなたの『人生の3大ニュース』」（900字）

☐「最近気になる人物」（400字）

☐「好きな人、嫌いな人」（字数自由）

☐「今一番会いたい人」（800字）

☐「わが師」（600字）

☐「私の思い出の○○（○○は自分で決める）」（800字）

☐「最近おもいっきり笑ったできごと」（800字）

☐「今最も言いたいこと」（1200字）

☐「私を変えたあの一言、あの瞬間、あの人、あの……」（800字）

☐「あの時言えなかったこと」（800字）

☐「モンダイは○○だ（○○には自分で言葉を入れる）」（800字）

☐「変だぞ、□□（□□には自分で言葉を入れる）」（1200字）

☐「この1年、私にとってのこの1曲、この1作、この1冊」（800字）

☐「『世の中カネで買えないものがあるはずない』という言葉を
　きいての、あなたの感想」（便箋2枚）

☐「最近、印象に残った出来事は何ですか」（800字）

☐「最近あなたが興味を感じた社会的な事件・事柄・人物などに
　ついて、あなたの意見・感想を述べてください」（1200字）

☐「好きな人を口説く方法」（800字）

☐「1つだけ願いが叶うなら」（800字）

☐「あなたにとって自己表現とは何か？」（800字）

☐「私の未来予想図」（800字）

❷〈一般的な作文〉

- ☐ 「『志』をタイトルに含む作文」（800字）
- ☐ 「無駄について」（800字）
- ☐ 「見方をかえる」（800字）
- ☐ 「教養とは」（800字）
- ☐ 「働くということ」（600字）
- ☐ 「ハリネズミ」（800字）
- ☐ 「○○ vs. △△（○○、△△には自分で言葉を入れる）」（600字）
- ☐ 「『アルファベット一文字の入ったタイトル』を付けた作文」（600字）

❸〈志望動機作文〉

- ☐ 「応募の職種とそれを選んだ理由。自分のどこが活かせるのか」（A4用紙2枚）
- ☐ 「あなたは出版社のどのような業務に適性があると思いますか」（800字）
- ☐ 「あなたが『出版社で働きたい理由』と『入社後に実現させたい夢・目標』をテーマに書いてください」（900字）
- ☐ 「『出版崩壊』と指摘されて久しい出版界に、なぜ就職するのか」（2000字）

❹〈当社の出版物についての作文〉

- ☐ 「自社出版物について」（800字）
- ☐ 「当社の書籍から3冊を選び書評を書いてください（「感想文」にならないように注意）」（800字）
- ☐ 「当社刊行の書籍・雑誌の中で最も印象に残った作品・記事」（800字）
- ☐ 「最近読んだ本の中でおもしろかった作品名、著者名、読者を増やすための推薦文を書いて下さい」（400字）
- ☐ 「当社のイメージをふまえ、強みをどう活かし改善するか」（1200字）

□「当社の本どれか1冊について紹介文〈書評のようなもの〉を書いてください。書き方は自由」（800字）

❺〈当社の関連ジャンルについての作文〉
□「この雑誌（本）のここが好き」（800字）〈雑誌出版社〉
□「最寄の駅ルポ」（400字）〈地図出版社〉
□「私のクルマ史」（800字）〈自動車雑誌社〉
□「最近の経済報道で気になること」（800字）〈経済書出版社〉

❻〈企画執筆作文〉
□「あたらしいスタイルの旅行ガイドのあり方」（800字）〈旅行書出版社〉
□「私の目指す科学雑誌」（1000字）〈理工学書出版社〉
□「だから私は、当社で活躍できる！」（500字）

❼〈手紙文〉
□「有名人に原稿依頼の手紙を書いてください」（1200字）
□「好きな作家か漫画家に原稿依頼の手紙を書いてください」（800字）
□「当社で、20代の女性のための総合ライフスタイル誌を創刊することになりました。あなたはエッセイコーナーの編集担当者です。エッセイを書いてもらいたい人に依頼の手紙を書いてください（書いてもらいたいテーマ・内容を具体的に含めること）」（便箋2枚）
□「編集上の都合により、エッセイ掲載が1号遅れることになり、それをお詫びするための手紙を書いてください」（便箋2枚）
□「自分が大学の講演会に呼んだゲストが、間違って他の大学とも約束してしまったという設定で、自分たちの方を選ばせるための説得の手紙を書いてください」（便箋2枚）
□「当社の雑誌の中から一誌を選んで、自分の出身地にある書店の店長に、その雑誌の売り上げを伸ばすキャンペーン企画を

提案する手紙を書いてください」（1200字）

□「最愛の人にラブレターを書いてください」（800字）

□「友達に30万円借りたい旨の手紙を書く。ただし、相手と自分の関係がよく分かる様に」（字数制限なし）

□「説明会での社長の話を聞いて当社社長宛に手紙を書く」（A4用紙1枚）

❽〈出版業界の現在と未来についての作文〉

□「『ベストセラーの作り方〜「ハリー・ポッター」シリーズはなぜミリオンセラーとなったのか〜』について記して下さい」（800字）

□「顧客価値（読者等が出版に求めるもの）とは何か？　それに対して出版社はどう応えていくのか」（800字）

□「出版メディアの可能性」（3000字）

❾〈三題噺〉

□「神隠し、シェアリング、花粉」（1200字）

□「圏外、ピン、（最後を「食べ物の名前が含まれる台詞」で締める）」（800字）

□「あなたが感動した二つの時事用語を使って文章をつくりなさい」（800字）

❿〈クリエイティブ作文〉

□「あいうえお作文」（〔表彰台・プラネタリウム・少子高齢化・就職・勘違い〕それぞれについて、ア行、カ行、サ行、タ行、ハ行の一つを選び、五七五七七の短歌形式で作文する）

□「電車の中で化粧する女、地べたに座る男」（400字）

□「成人年齢18歳引き下げについて（受験番号が奇数なら賛成、偶数なら反対の立場から書いてください）」（便箋2枚）

□「一度だけ魔法を使えるなら何に使いますか？」（1000字）

□「日本国内で新名所を考えなさい」（800字、60分）

□「『アリギリス』というタイトルで月刊誌を作るとして、『創刊

にあたって』の内容と、その目次を作成してください」(400字)

□「21世紀版わらしべ長者のストーリーを考えてください」(400字)

□「『ぼくの名前はジョン』から始まる文章を書いてください。ただし、新しく製品開発をする部署のリーダーとして配属されたが、部下は使えないし、上司も営業出身者なので何も分かってない。その続きの文章を考えること」(制限字数なし)

□「ある医師が『高齢認知症者には猫嫌いが多い』という説を発表しました。これを聞いた犬好きのA氏は我が意を得たりと、この話をことあるごとに吹聴しています。以上の話をもとにあなたの思うところを述べなさい(この話に肉付けしたり、この話を再構成したりしてもかまいません。猫派、中間派、犬派どれかの立場から意見をいってもかまいません。一つのものからあなたが何を生み出すかをみるためのテストです。要するに何を書いてもかまいません)」(800字)

□「あなたは母校の学園新聞(大学・高校)から『読書のすすめ』というテーマで原稿の依頼をされました。以下の10冊のうち1冊または2冊にふれつつ読書がしたくなるような文章を書いてください。(『君たちはどう生きるか』『こころ』『罪と罰』『キャッチャー・イン・ザ・ライ』『人間失格』『モモ』『ゲド戦記』など)」(600字)

□「あなたが社長になるにはどうしたらよいか」(800文字)

⓫〈その他の作文〉

□「ホームレス」(800字)

□「私の好きな街角」(800字)

□「コンピューターは必要か?」(800字)

□「21世紀のアイドルに必要な条件は何か」(800字)

□「日本語の乱れについて」(800字)

□「クチコミとマスコミ」(400字)

□「あなたがアメリカの大統領だったら、今、何をするか」(400字)

□「『どうして人を殺してはいけないか』という問いに対する、あなたの答え」(800字)

PART 3

エントリーシートは「作文」と連動させて突破する

エントリーシート（出版社作成の、独自の書式の履歴書。
この PART では一般の履歴書も含む）は、
作文と同じく自己 PR の文書である。
作文の書き方のコツをつかんだ君なら、
エントリーシートの記入は楽勝だ。
この PART で、エントリーシートの重要項目をおさえ、
作文と連動させながら、
採用担当者の心をゆさぶるコツをつかんでほしい。

PART **3** エントリーシートは「作文」と連動させて突破する

1 エントリーシートと履歴書

　エントリーシートとは、出版社側が作成した独自の書式の履歴書のことをいう。出版業界では、ほぼ毎年定期採用を行う出版社だけがエントリーシートを作成しているので、中堅・専門小出版社や編集プロダクションの求人に応募する場合は市販の履歴書を使うことになる。もちろん規模の小さい会社でもエントリーシートを作成している場合はある。応募の仕方はその都度確認することが大事だ。
　エントリーシートがある場合にはそれに記入して送付すればいい。ところが、市販の履歴書の場合はどうしたらよいか。
　履歴書は、作文と同じく自分のPRをするものだ。できるだけ**書き込むスペースの多いものを選ぶことが肝要**だ。現在市販されているものでは、見本（80ページ）にあるように、コクヨの「シン－1N」（ほかに同社の「シン－2N」か「シン－3」）を勧めたい。
　もちろん大学が作成している履歴書を使ってもかまわない。ただしその履歴書に「志望動機」の欄があることを確認してから使用しよう。時に大学作成の履歴書には「志望動機」を書く欄のないものがある。「志望動機」を書けない履歴書を提出しても、なぜその出版社に応募したのかを伝えられないから効果がない。
　さて、履歴書の書き方のポイントを示した（80～81ページ）。ひと通り目を通してほしい。
　82～87ページに、実際に配布された出版社と編集プロダクション4社分のエントリーシートの実例と書き方のポイントを記した。出版業界各社のエントリーシートにはどんな項目があるか、自分ならどんなことを書くかを想像しながら読んでほしい。

自己分析なんて必要ない！

　エントリーシートや履歴書（以下、この二つをまとめて「エントリーシート」と呼ぶ）を書く際の心構えを述べたい。

　エントリーシートは、先に述べたとおり作文と同じく自己PRの文書である。ただし、作文とは「合否」の判断のされ方が少し違う。一つのまとまった文章である作文はトータルで「合否」が判断される。対してエントリーシートは、経歴や資格、性格など本人のさまざまな属性が描かれている。したがって、**エントリーシートに書かれた項目の一つだけでもとびきりよければ書類選考は突破できる**。他の部分がつまらなくても1カ所光る記述があれば、採点担当者は「これを書いた君に会ってみたい」と思うものなのだ。だから、エントリーシートの場合は、全体をきっちり書き込むに越したことはないが、必ずしもすべての項目で自分を強くアピールできていなくてもよい。ただし逆に、たった一つの項目で悪印象を与えて「不合格」になることもあるので注意したい。

　さて、これまで合格作文を読んで作文の書き方のコツをつかんだ君なら、エントリーシートの記入は楽勝だ。**エントリーシートの重要項目は「自己PR（もしくは自分の性格〈長所、短所〉）」「学生時代に力を入れたこと」「志望動機」の三つ。**いくつかの作文を書いてさえいれば、基本的にはすでに書いた作文を圧縮し加工して「自己PR」「学生時代に力を入れたこと」「志望動機」の欄に記入すればよい。

　この20年ほど、エントリーシートを書くために「まず、自分の過去を思い出して徹底的に自分に起きた出来事を書き込んでいく『自己分析』をしなくてはならない」といわれ続けてきているが、私は「特に自己分析は必要ない」といいたい。**自分の人生の中の、ほんのいくつかの自己PRネタさえ持っていれば、就職活動は乗り切れる**。これまで練習で作文を書いていれば、すでにネタ探しは終わっているはずだ。子どもの頃から現在に至るまでのあらゆる思い出を掘り起こすような、時間のかかる自己分析をわざわざしなくてもいい。むしろ、「出版社に入ってからやりたい企画」を考えよう。

コクヨ製（シン-1N）の履歴書見本

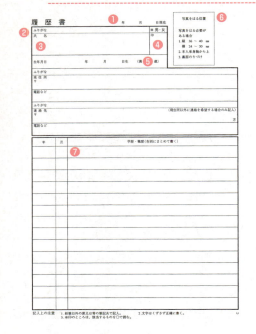
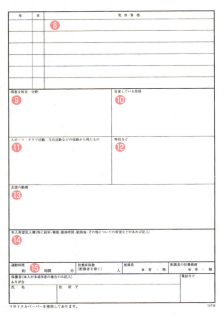

📕 履歴書の書き方のポイント

❶ 日付は提出日を書く。

❷ 「ふりがな」とあればひらがなで、「フリガナ」とあればカタカナで書く。

❸ 名字と名前の間は少しあける。どこまでが名字か、はっきりわかるようにしたい。

❹ 印は、初めに押しておく（書き終わってから押して、失敗したら、全部もう一度書き直さなくてはならない）。かすれないように、まっすぐに押す。

❺ 提出日の満年齢を書く。

❻ できれば写真館で撮ってもらおう（スピード写真は避けたい）。正面を向き、胸から上を写した写真を、まっすぐに、しっかりと

のりづけすること。

❼ 1行目に「学歴」と書く。中学校卒業以降について書く。学校名は、「高校」「短大」などと省略せず、「高等学校」「短期大学」として、正式名称を書くこと。学部・学科名も正式名称を書く。

学歴の次は、1行あけて、「職歴」と書く。アルバイトは職歴には入らない。正式に働いたことのない人は「(職歴)なし」とする。最後には「以上」と記す。

❽ 「資格」は、今後の仕事に役立てられると思うものを書くこと。「英検3級、4級」くらいの資格なら、書かないほうがよい。

❾ 学問上で得意分野がない場合、学問以外の「科目」や「分野」をつくってよい。「古典芸能」「料理」など、なんでもいい。ユニークなものを考えよう。とにかく、「なし」と書くのは避ける。

❿ 「自覚している性格」とあれば、長所のみ記せばよい。あえて短所は書かなくていい。

⓫ なければ「ボランティア」「アルバイト」について書いてもよい。自分のPRになっていれば、項目タイトルから少しくらいずれていてもかまわない。

⓬ 箇条書きで多くの特技を挙げるよりは、一つ二つのことを実例を挙げて書いたほうがよい。

⓭ その企業だけにしか通用しない志望動機を書いてほしい。履歴書は、この項目以外は、他社志望の履歴書でも使い回せる。

⓮ 何を書いてもよい。「入社後やってみたい仕事(企画)」「学生時代に力を注いだこと」「自己PR」などを書くとよい。その場合は、タイトルをつけること。

⓯ 入社後に引っ越す予定があっても、現住所からの通勤時間を書くこと。

エントリーシートの実例と書き方のポイント

　ここでは、実際に配布された出版業界4社分のエントリーシートを紹介し、主な項目の書き方のポイントをコメントする。

A社のエントリーシート

□学部、学科・専攻（大学名記入不要）□職歴・アルバイト歴□卒業論文・研究、力を入れた科目□大学でのクラブ、サークル等

ポイント　アルバイト、クラブ、サークル等について、いずれも「なし」では、「社会との接点を持ちたがらない人」という印象を与えかねない。できるかぎり"活動的な私"を表明してほしい。

□第1志望と第2志望の部門・職種を選び、あなたがその部門・職種を選んだ理由を説明してください。
　第1志望の部門・職種／理由第2志望の部門・職種／理由

ポイント　第1、第2と、二つ志望理由を書かなくてはならないから、同じような志望理由にしないための工夫が必要だ。第1志望の部門・職種を「週刊誌」、第2志望の部門・職種を「コミック誌」としたとしよう。その場合、第1志望の理由を、たとえば「週刊誌は社会的意義があるから志望する」とした場合、第二志望の理由は「幼い頃からコミック誌に親しんできたから編集を志望する」など、違った側面からの志望理由を書こう。また、このA社のエントリーシートの場合には、自分が「会社に入ってやりたいこと（＝企画）」を書く項目がない。したがって、この「志望理由」欄に、志望理由だけではなく、できるだけ多くの企画を書き添えておくことをお勧めしたい。

□小社発行の雑誌・書籍に対する意見・感想をお書きください。

ポイント　批評的に書いて、編集者に向いている人と思わせたい。

□下のスペースを使って自由に、自己PRをしてください。

ポイント　「下のスペース」とは、3.3cm×18cmのスペース。それほど広くないが、文字だけでなく、イラストなども描くことが可能。ただし、基本的には、「追加の企画」を書くことをお勧めする。企画を書いて自分をPRしよう。

□大学時代にのめり込んだことを、エピソードを盛り込みながらご紹介ください。

ポイント 88〜90ページを参照のこと。

□あなたの人生に影響を与えた本2冊の作品名と著者名、その本を他人に紹介する推薦文をお書きください。

ポイント 二つとも同じジャンルの本を書くと、幅の狭い人と思われる可能性があるので、異なるジャンルの本にしたい。推薦文は、そのジャンルをまったく知らない人にもわかるように、読みたくなるように、丁寧に書こう。

□注目する人物2人とインタビューで聞いてみたいことをお書きください。

ポイント 誰もが知っている有名人を書いた場合、よほどシャープな質問を考えないと自分のPRにならない。無名な人を書けば、質問がシャープでなくても、独自性は出せる。

□あなたの「デジタル力」「体力」を10点満点で自己採点し、理由を教えてください。

ポイント すべてを10点とすれば、自己顕示欲の強すぎる人と思われかねないから注意。

□あなたは10年後、どんな出版人になっていたいですか？
□小社での「新雑誌」企画を考えてください。（タイトル・ジャンル及び内容）

ポイント 284〜285ページを参照のこと。

□出版業界以外に志望する進路があればお書きください。また、そこで成し遂げたいことも教えてください。
□〈課題作文〉（560字以上600字以内。縦書き）
テーマ「伏線回収」

ポイント PART 2を参照のこと。

B社のエントリーシート（Webエントリー）

□児童書専門出版社である当社を志望した理由は何ですか。（400字）
□自分にキャッチフレーズをつけ、自己PRを書いて下さい。（200字）
□学生時代の体験をもとに、社会人になって大切にしていきたいと思っていることをお書き下さい。（400字）
□小社発行の下記の作品について自由に述べて下さい。（800字）
『かちかちやま』小澤俊夫再話／赤羽末吉画 1988年刊

C社のエントリーシート

□第1志望、第2志望を記す。
□C社を志望するにあたっての決意を書いてください。（2行）

> **ポイント** 〝自分の意欲を、短い言葉でズバリ表現できること〟が求められている。キャッチコピーをつくるセンスも問われていると考えたい。編集者は、短くてインパクトのある文章（雑誌記事のタイトル、小見出し、写真のキャプション、書籍の帯コピー、宣伝用紹介文など）が書けなくてはならないのだ。

□あなたがC社に入社して「絶対にやりたい企画」をできる限り具体的に書いてください。

> **ポイント** C社の場合、志望分野を選んだ理由は書く必要がない。したがって、ここでは、第1志望、第2志望ともに、できるだけたくさんの企画を具体的に書いて自分をアピールしたい。
> まず、雑誌編集志望の場合なら具体的な雑誌名を挙げよう（できれば複数の雑誌名を挙げたい）。書籍志望の場合は複数の興味あるジャンルを挙げたい。
> そして、雑誌志望者なら、ある雑誌（具体名を出す。できれば複数の雑誌名）の現状を示し、未来のその雑誌像を語る。その上で、それぞれの雑誌に必要な新しい企画を並べればよい（242〜243ページ参照）。書籍志望者は、244〜245ページを参照してほしい。
> A社と同様、C社のエントリーシートでも、この企画を書かせる項目が最重要だ。出版社側からすれば、「大学時代に何をしているかは問題ではなく（大学の成績が悪い、アルバイトやサークル活動ばかりしていた、いや、ぼーっと時間を過ごしてしまったなどということはどうでもいいのだ。むしろ〝無駄〟な時間こそ、改めて振り返れば意味があると考えるのが出版人）、会社に入ってどんな仕事をしてくれるか」すなわち、「どんな企画があるか」だけに興味があるということである。

□あなたがC社に、他の会社（出版業界以外の会社も含む）よりも魅力を感じ

る部分はどこですか。そう考える理由も書いてください。

ポイント ここはずばり志望動機を書く欄だ。出版物を複数、具体的に挙げて自分ならではの視点で褒めることで志望動機としたい。気をつけなければならないのは、とりあげる出版物を一ジャンル（たとえばコミック）だけにしないことだ。ここは、総合出版社である。一つのジャンルしか好きでない人は幅の狭い人と思われ、採用されにくい。少なくとも C 社で刊行している二つのジャンルの出版物が好きであることを伝えたい。

□第一、第二志望分野以外に C 社の仕事で興味のある分野を書いてください。
□好きな本（雑誌、コミックも可）のベスト 3 を書いてください。

ポイント A 社の「あなたの人生に影響を与えた本 2 冊の作品名と著者名、その本を他人に紹介する推薦文をお書きください」と同じと考えよう。
ただし、ここでやってはいけないことは、三つとも C 社の出版物（本・コミック・雑誌）を書くことである。「C 社が好きだ、その情熱を伝えたいから」好きな本を三つともその会社の出版物にする学生は多いが、それは間違いだ。三つとも C 社の出版物を書けば、"新しい風"を C 社に送り込んでくれる人とは思わせにくい。それだけでなく、自分の狭さを、逆に、ここでも示してしまうことにもなりかねない。したがって、一つは C 社の出版物を書くとしても、あとの二つは、「この大学生、変わったものを読んでいるな」と思わせるような、C 社にはない要素を含む出版物を持ってきたい。

□あなたの大学時代にふさわしいタイトルとそのあらすじを書いてください。

ポイント タイトルの付け方が重要。ここも、キャッチコピーをつくるセンスが問われている。内容については、88〜90 ページを参照のこと。

□社会人になることの不安と、それを克服するための方法を書いてください。
□働く上で一番大事にしたいと思うことを理由とともに書いてください。

ポイント 上記 2 項目については、社会人にインタビューしてみよう。

□以下の項目は簡潔に書いてください。（各1行）
　①いままで経験したアルバイト
　②所属しているまたは大学時代所属していた部活動・サークルと、そこでのあなたの役割
　③あなたの語学力

④好きなテレビ番組、映画

⑤宴会時のとっておきのネタ、一発芸、カラオケの十八番など

⑥面接でこれだけは絶対にきいてほしいこと

> **ポイント** ③は、「ボディーランゲージ」と書いたり〝日本語力〟について書く人が少なくないが、はぐらかしているように思われかねないので避けたほうがよい。⑤に書いたネタは、面接で「ここでやってみて」といわれたら、「えー」などとためらわず、即座に「はい！」と勢いよく立ち上がり、やってほしい。

□一枚の写真と説明文で「自分」を表現してください。フキダシをつけてあなたの「決めゼリフ」を入れてください。

> **ポイント** C社の場合、「添付作文」の代わりとしてこの項目がある。

　最後に、実際に配布された編集プロダクションのエントリーシートを紹介しよう。

D社（編集プロダクション）のエントリーシート

□1・あなたにとっての、漫画、漫画媒体（紙・電子）、漫画家のベスト3をそれぞれ書いてください。

漫画　　　　　　　　　漫画媒体（紙・電子）　　　漫画家

①＿＿＿＿＿＿　　①＿＿＿＿＿＿　　①＿＿＿＿＿＿

②＿＿＿＿＿＿　　②＿＿＿＿＿＿　　②＿＿＿＿＿＿

③＿＿＿＿＿＿　　③＿＿＿＿＿＿　　③＿＿＿＿＿＿

【漫画】上で挙げた漫画の中から一つ選び（①～③の番号に○をする）、印象的なエピソード、好きなセリフを挙げてください。

【漫画媒体】上で挙げた漫画媒体（紙・電子）の中から一つ選び（①～③の番号に○をする）、その漫画媒体で新連載を起こすなら、どんなジャンルの、どんなアイデアの漫画ですか？

【漫画家】上で挙げた作家名の中から一つ選び（①～③の番号に○をする）、その作家に次回作を依頼するとしたら、どんな漫画を描いてほしいですか？

□ 2・あなたにとっての書籍、映画・ドラマ、〇〇のベスト3をそれぞれ書いてください。（[〇〇〇〇] は、あなた自身で自由に設定してください。
例「音楽」「スポーツ」「偉人」「食べ物」「名言」etc.)

書籍　　　　　　　　　映画・ドラマ　　　　　[　　　　　　　　]
①＿＿＿＿＿＿＿　　　①＿＿＿＿＿＿＿　　　①＿＿＿＿＿＿＿
②＿＿＿＿＿＿＿　　　②＿＿＿＿＿＿＿　　　②＿＿＿＿＿＿＿
③＿＿＿＿＿＿＿　　　③＿＿＿＿＿＿＿　　　③＿＿＿＿＿＿＿

【書籍】上で挙げた書籍の中から一つ選び（①〜③の番号に〇をする）、人に教えたくなるようなおすすめポイントを挙げてください。

【映画・ドラマ】上で挙げた映画・ドラマの中から一つ選び（①〜③の番号に〇をする）、人に教えたくなるようなおすすめポイントを挙げてください。

□ 3・最近のニュースで特に印象に残ったものを一つ、あなたの心情と合わせて書いてください。

□ 4・あなたが今、SNSで発信したいもの・ことは何ですか？

□ 5・あなたが今、最もおもしろいと思う動画コンテンツは何ですか？

□ 6・あなたが日常生活の中で、最近、喜びを感じた体験を、そのときの出来事や心情などを交えて書いてください。

□ 7・あなたが日常生活の中で、最近怒りを感じた体験を、そのときの出来事や心情などを交えて書いてください。

ポイント　96ページを参照のこと。

□ 8・あなたが今までに限界を感じたことは何ですか？　またそれをどう対処しましたか？

□ 9・あなたが漫画編集者になって漫画を作るとします。そのタイトルを教えてください。また、その漫画につけるハッシュタグを3つ教えてください。

□ 10・あなた自身を表すキャッチフレーズ・コピーを書いてください。

　編集プロダクションも、大手出版社（A社、C社）と同じようなエントリーシートが配布されていることを知ってほしい。

PART 3
エントリーシートは「作文」と連動させて突破する

PART **3** エントリーシートは「作文」と連動させて突破する

2 自己PR・学生時代・志望動機

　さあ、具体的に、「自己PR（自分の性格について）」「学生時代に力を入れたこと」「志望動機」の３大重要項目を書いていこう。

　「自己PR」と「学生時代に力を入れたこと」については、単純にこれまで書いた作文を短縮すればよい。書くスペースは各社まちまちだから、その都度エピソードを増やしたり減らしたりしよう。ポイントは、自分の経験を含ませることだ。自分の経験を書かないとオリジナリティーと説得力が出てこない。

　例文を示す。元の作文をどう加工してあるのかじっくり研究してほしい。

 自己PR（自分の性格について）

 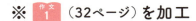

　大学２年の春、祖母の介護で病院に滞在した。最初は看護師の後を追いかけ、何かできることはないかと探したが、私のすべきことは看護師の代わりではないと気づく。花粉の関係で草花が置けず殺風景な病室を見て、私にもできることがあるとひらめいた。祖母や同室の患者の求めに応じて、カラフルな絵を描いて病室に飾り、喜んでもらうことができた。これを契機としていつも「自分の持ち分でできることは何か」を考えるようになった。臨機応変に行動できる性格。

※ 作文3 （38ページ）を加工

　ころんでもタダでは起きない性格である。学生時代は、電話オペレーターのアルバイトをしてきた。仕事を始めて2年が経ち自信がついた頃事件は起きた。応対したお婆さんから「他の人に代わって！」と言われたのだ。社員とお婆さんの話から私は「機械のように冷たい応対」だったと知り愕然。仕事が早いだけではダメで、「心」こそが大事だった。ここで初心にかえることの大切さを思い知る。今年、社内の応対コンクールの支部代表に選ばれるまで成長できた。

学生時代に力を入れたこと

※ 作文6 （48ページ）を加工

　アルバイト。社会を知りたいと思い20余種の仕事をした。印象に残っている出来事がある。大学1年の夏、宝石展示会場で老夫婦と出会った。老婦人の指にあったビーズで出来た指輪は、東日本大震災に遭った際、援助品の中に「頑張って」という言葉とともにあったものだという。高価な宝石を見た後「今日使うはずのお金は寄付に使いたい」と書いたアンケートに心を打たれた。世の中には、あらゆるところに「輝き」があると思う。アルバイトが私の社会勉強だった。

※ 作文7 （50ページ）を加工

　昨年フィリピンでボランティアをした。その時、売春をしている女性たちの保護施設を訪ねた。「売春をして恥ずかしくないか」と

問う私に、ある一人の女性が「貧困の現状と仕事の内容を子どもに話している。仕事として理解してもらい感謝されている」と言い、驚いた。売春を認めるわけではないが、世の中には私の力だけではどうしようもない問題があることが認識できた。これをきっかけとして、まず世界を知り、見ることを心がけた。これまで17カ国を歩いた。

 を加工

電話オペレーターのアルバイトに力を入れた。仕事を始めて2年が経ち自信がついた頃事件は起きた。応対したお婆さんから「他の人に代わって！」と言われたのだ。社員とお婆さんの話から、私は「機械のように冷たい応対」だったと知り愕然。仕事が早いだけではダメで、「心」こそが大事だった。初心にかえることの大切さを思い知り、謙虚さと粘り強さを両方持てるよう努力してきた。そして今年、社内の応対コンクールの支部代表に選ばれるまで成長できた。

応募する際に、エントリーシートと作文を同時に提出する出版社の場合には、注意したい。作文に使ったネタを、エントリーシートの「自己PR」「学生時代に力を入れたこと」に使い回すことは、できれば避けたい。エントリーシートの各項目は、提出作文とは違ったネタで埋めよう。

 志望動機

出版社を志望する学生のほとんどが、「志望動機」欄には「本や雑誌が好きだから志望する」と書く。自分ならではの志望動機をど

うつくるかが問題である。

　そのコツは次のとおりだき。

❶書籍や雑誌が好きで、なおかつその出版社でなくてはならない理由を書く。その出版社が第一志望であることを伝えなければ、最終的には入社できない。

　どうしてこの出版社を志望したかの書き方は、刊行物を挙げて具体的によい点を示すのがいい。「良書が多く、社会に貢献している」「幅広い出版物がある」など、あいまいでイメージのよさを持ち上げて攻めても説得力はない。

❷その出版社でやりたい仕事を書く。

　「志望動機」欄では、ほとんどの志望者が出版物や会社自体の姿勢をほめる。「志望動機」の項目はホメ言葉のオンパレードだ。ここでオリジナリティーを出すためには、自分が会社に入ってからつくりたい書籍や雑誌の企画を書くことだ。スペースには限りがあるかもしれないが、できるだけ書いておこう。

以下の例文を読んでほしい。

小学館志望

　小学生時代は『小学〇年生』シリーズ、中学生時代は、『少年サンデー』、高校に入ると『週刊ポスト』、大学では『SAPIO』。私の周りにはいつも小学館の雑誌がありました。あらゆる年齢の人に対して、いつも情報を提供し、いっしょに人生を考えていこうとする貴社の姿勢に、出版というものの持つ大きな夢を感じてきました。私は大学で環境問題と法律を学び、フィールドワークをしてきました。少数派の意見を大切にしてきた『SAPIO』をいずれ再創刊し、たとえば欧州のエコロジカルな実践の紹介と日本の試みをレポートするなど、本当によい環境とは何かを追求していきたいと思います。また、さまざまな国家賠償裁判をとりあげ、「日本の少数派」について考えていくなどの企画をつくっていきたいです。もちろん

『週刊ポスト』の編集にも興味があります。

> **コメント** 大手出版社の場合は、多くの年齢層に向けた書籍、雑誌を刊行しているので、「その出版社の刊行物で育った」という書き方ができる。

例文7　東京書籍志望

　高校生時代に教科書を失くし、貴社を訪れたことがあります。そこで、教育出版に興味があるという話をしましたところ、わざわざ編集部に招き入れてくださり、教科書編集の苦労話をしてくださったことが、今も忘れられません。子供が少なくなってきたと言われる今こそ、教科書出版の重要性が問われていると思います。小中高の全教科にわたって教科書を発行する貴社は、本当に子供たちの未来を考えているのだと思います。大学時代は、子供たちに紙芝居を見せるサークルで活動し、子供の非行云々の問題は、大人の問題であると感じてきました。子供の心がわかる教科書編集者になりたいと思います。

> **コメント** その出版社で働く人との接触があった場合には、「彼らから影響を受けた」という書き方ができる。

例文8　柴田書店志望

　私が好きな雑誌は、単に消費したらおしまいのものではなく、読者自身がその雑誌の中に入り込んで遊べるものです。くいしんぼうの私ですが、高級グルメ雑誌も、インスタントな食材を主に使う雑

誌も興味を感じませんでした。そんな中で御社の『カフェ・スイーツ』は、私を台所に向かわせ、カフェに足を運ばせてくれています。また、かつて御社の一階のロビーでは、食に関する本を展示していたとうかがいました。専門出版社が一般読者に本をオープンにしていたことは、食文化に寄与していきたいという御社の姿勢と意欲を感じます。『カフェ・スイーツ』という場で、栄養学を学んできた力を少しでも役立てられればと思っています。

コメント その出版社の姿勢を具体的な事例（この場合、ロビーに蔵書が展示してあったエピソード）で評価する書き方ができる。

例文 9 ㈱金曜日志望

　学生時代に、『雑語通信』という学内ミニコミ誌をつくってきました。学費値上げの問題や、大学移転、新館増設に関する使途不明金問題、差別落書き事件について自分なりに調べてきました。大学内の問題に限って取材した理由は、今の自分の持ち場で行動することを信条としてきたからです。『週刊金曜日』誌を知ったのは、中学生時代のことです。兄が定期購読していたこの雑誌をいつの間にか横取りして読んでいました。戦争ができる国づくりに抗し、権力を撃つ姿勢に共感しています。広告収入に依存しない雑誌づくりにも魅力を感じます。社会に出たら、今度は社会全体をフィールドとして、地を這っていきたいと考えています。

コメント 自分の興味関心がその出版社の刊行物と同じ方向にある場合、これまで自分がしてきたことを具体的に述べて「志望動機」とする書き方がある。

3 出版社ならではのエントリーシート攻略法

エントリーシートに書く項目で、出版社側が重視する欄について述べたい。

書籍について

すべての出版社で重視されるのが「どんな書籍を読んできたか」である。近年のエントリーシートでは、次のような項目になっている。

- □「あなたが今まで読んできたなかで、印象に残った本について書いてください（15冊）」
- □「面白かった本3冊の作品名と著者、その理由」
- □「最近読んだ本を3冊あげ、その中でいちばんおもしろかったものについて、その理由を簡潔に説明してください」
- □「最近読んだ本とその感想」
- □「最近読んで感銘を受けた本」

もちろん書籍編集者を志望する学生は、多くの書籍を読んでいるからこの欄を埋めるのは朝飯前だろう。ところが、雑誌編集志望の学生で、書籍をあまり読んでこなかった人は少なくない。近年、大手出版社が15冊の本の感想・短評を書かせる項目を設けたが、とまどった学生が多かった。たとえ雑誌編集を志望するとしても、この本に影響を受けた、感動した、役に立ったといえる書籍を用意しておこう。

雑誌について

　雑誌を主に刊行している出版社のエントリーシートには次のような項目がある。
　□「あなたの愛読誌履歴について書いてください」
　□「あなたのよく読む雑誌を3誌挙げ、その雑誌が好きな理由を各誌3つずつ書いてください」

　書籍編集を第一に志望するとしても、雑誌も出している出版社を受ける場合には、エントリーシートに書けるくらいの数の雑誌は読み込んでおきたい。エントリーシートで目立とうとして、読んでもいない雑誌を書いて、面接で突っ込まれて沈没した人も少なくないから注意しよう。

 出版社への批判について

　出版社への意見、感想、批判を求める項目も多い。以下のような例がある。
　□「当社の最近の出版物や企業活動について意見・感想・批判を書いてください」
　□「小社発行の出版物等に対する意見・感想」
　□「当社の最近の出版活動について意見・感想を書いてください」
　□「当社の好ましいところ、好ましくないところを自由に記してください」

　意見や感想については、「志望動機」と聞かれていることは同じだから、自分なりのホメポイントを見つけてほめればよい。その際、書籍や雑誌名、記事名を具体的に記して論じよう。雑誌ならば「『週刊金曜日』（2022年7月22日〈1386号〉）の記事『安倍晋三暗殺事件の意味』（内田樹）は……」というようにするのが好ましい。

　「出版社に対する批判」を記す項目は注意しよう。完膚なきまでに批判すると、本当に「この人ウチに来たいのかな」と思われてしまう。

PART **3** エントリーシートは「作文」と連動させて突破する

4 自爆してはいけない

　エントリーシートに書いたたった一つの項目が原因で書類選考で落とされる場合がある。これは自爆である。
　たとえば、「当社に対する批判」という項目で、かつて「御社にはよい出版物もあるが、品のない本も多く出し、特に写真週刊誌の中には人権無視がはなはだしくて読むに耐えないものがある」と書いた人がいる。
　ダメなところをダメというのは悪いことではない。しかし、この書き方ではあまりに荒っぽい。批判するなら具体的に書きたい。当然、この部分があったがゆえに書類選考は通らなかった。
　「当社に対する批判」の項目以外に、いくつか気をつけたい欄がある。過去にあった項目を例に出して解説していこう。

□「今いちばん腹をたてていること（人）は？　その理由も書いてください」
　この項目に以前「先日、中央線の中で出会った女子高生三人組。三人とも茶髪で、優先席に座っているお婆さんを立たせて、自分たちが座った大バカ者。許せない」と書いた学生がいた。
　確かに腹がたったことはわかるが、この書き方は乱暴だ。書いた本人に尋ねてみると、この事件をただ傍観していただけだという。それでは自分のPRにならない。

□「入社してもやりたくない仕事とその理由」
　この項目に「営業」「経理」と書く学生が多い。
　かりにそう書いて書類選考を通ったとしても、最終面接で「営業

や経理はいやだ」というと、基本的には内定は獲得できないので注意しよう。確かに編集の仕事をしたいことは理解するが、まだ仕事を始めてもいないうちから編集しかやりたくないというのはどうか。

　出版社は新卒学生を一社員として採用するのであって、基本的には編集専門職人を採るとは考えていない。採用側は、営業や経理を毛嫌いするようでは、同じ会社の仲間として一緒に仕事をしたいとは思わない。

　この欄は「御社の仕事で私の好きな出版に関係のない仕事はない。すべての仕事をひと通りは経験したい」くらいに書いてみたいし、そういう気持ちで出版社と向き合ってほしい。

□「あなたの『夢』を具体的に教えてください」

　何を書いてもいいが、「作家になる」というのは勧めない。

　書類選考を通っても、最終面接で「いずれは会社をやめて作家になります」といえばまず内定は出ないと考えよう。出版社は「作家になりたい君をサポートするために当社が存在するのではない」と考える。「出版社を踏み台にする」と公言する人物を入社させるわけにはいかない。

　この項目に「いずれ作家になる」と書いたことが原因で書類が通らなかった実例もあるので注意しよう。

□「趣味」

　近年この項目に「人間観察」「散歩」と書く人がものすごく多い。オリジナルな趣味を書きたい。

　注意したいのは「立ち読み」である。書籍や雑誌は本来買って読むものだ。もちろん、出版社に勤めている人で立ち読みをしたことのない人はいないだろう。しかし、出版社に入社を志望するエントリーシートの「趣味」の欄に、わざわざ「立ち読み」と書くのはどうかと思う。

　また、本好きをPRしようとして「電車の中で、隣の人の読んで

いる文庫本のタイトルを当てるのが趣味」と書く人をしばしば見受けるが、感心しない。

□「他社の受験先と現在の状況」
　自分が受けたいと思って各出版社にエントリーしているのだから、この欄はもちろん正直に書いてよい。ただし、全部を書く必要はない。

　落とされた出版社名を書いて「どうして、あの出版社で落とされたと思うの」と面接で聞かれて不愉快な思いをした学生は多いからだ。また「大手出版社ばかり狙ってるんだ」と皮肉ともとれるようなことをいわれた学生もいる。

　かりに君がとても優秀で出版社入社への自信があるとしよう。大手出版社にいくつもエントリーしていると書けば、「こんなに優秀な人材は、早く確保しなきゃ」と考えて早めに内定を出す出版社があるかもしれない。

　が、そういう会社は現実にはほとんどない。出版社はそれぞれよい意味で高いプライドを持っている。本気で来たいと思わない人には来てほしくないから、早めに内定は出さない。どんなに小さな出版社でも、「大手出版社の内定を蹴ってでもウチに来たい人はいる」と考えている。

　したがってこの項目は、自分の書きたい会社だけを書けばよい。聞かれたからといって、自分が受けている会社をすべて答える必要は一切ない。

　大手・中堅出版社に出すエントリーシートの場合には、その会社よりも規模の小さい会社か専門出版社にエントリーしていることだけを書く。専門出版社の場合には、同じ分野の専門出版社だけを書くという方法がある。

＊

　エントリーシートに必ず書かなくてはならない「企画」については、後述（PART 8）する。

PART 4

三題噺（さんだいばなし）を攻略する

このPARTでは、クリエイティブ試験の代表格である三題噺の書き方を説明する。三題噺とは落語に由来するもので、与えられた三つの言葉を使ってストーリーをつくり、最後にオチ（タネ明かし、どんでん返し）をつける文である。合格例文をよく読んで、オチのつけ方を研究してもらいたい。

PART **4** 三題噺を攻略する

1 クリエイティブ試験とは何か

　PART 4〜6 では、近年、雑誌を発行する出版社で多く出されているクリエイティブ試験の対策について述べる。

　クリエイティブ試験は、**「三題噺」**（さんだいばなし）をはじめとして、**「キセル文」****「ショートストーリー」** などの長文作成試験と、**「寸評」****「創作四字熟語」****「身上相談」****「言い訳文」** などの短文作成試験に分けられる。

　クリエイティブ試験とはどんなものかを示す、短文作成試験の二つの合格例文を挙げよう。どちらも大手出版社のエントリーシートにあった項目である。

□「当社を受験する今の心境を『五・七・五』で詠むと？」

　卒業式　もしかしたらば　失業式

　今日だけは　必ず動けよ　JR

　どんな人？　あの本つくる　人たちは

□「新しい四文字熟語をつくり、その意味を説明してください」

　一緒光環：ウィズ（with）コロナ時代！

　非行物体：ドローン（Drone）！　でしょう。

　一食即発：簡単にいうと、サツマイモです。

　蛍光十五：安売りで蛍光灯 15 本ゲット！　転じて「備えあれば憂いなし」の意。

　暗闇男女：不倫カップル。「彼らはクラヤミナンニョらしいぞ」と使う。

　完全超悪：はっきり言えば、原発を容認してきた日本の大人たち！

100

就職勝動：迷いもあるが、やっぱり勝つためには動かなくてはならぬ。

　それぞれに工夫のある解答だ。これは、エントリーシートに書く課題だから家でたっぷり時間をかけてじっくり考えて書けばよい。

　しかし、本番でいきなりこれらの試験が出されたらどうだろう。なかなか書けるものではない。逆にいえば、本番で上のような答えを書ける人は、発想力があるし機転がきく人だといえる。そう、クリエイティブ試験は、**志望者の「発想力」と「機転がきく人かどうか」をみるテスト**なのだ。

　雑誌を刊行する出版社でクリエイティブ試験は多く出されるが、では、どうして雑誌編集者に「発想力」と「機転」が大切なのか。

　雑誌づくりは時間との闘いだ。定められた時間の中で、まず企画や構成を考え、取材先やライター、カメラマンを決める。次にアポをとって取材に行き、数々のトラブルをものともせずにページを仕上げなくてはならない。とっさの判断ができ、前に進める力がなければ、雑誌編集者は務まらない。当然、機転がきくこと、発想力が豊かなことが求められてくる。

　反対に、書籍しか刊行していない出版社では、ほとんどクリエイティブ試験は出されない。書籍編集者に一番大切なのは、ストレートな企画を持っていること（＝どんな作家にどんな本を書いてもらいたいかが言えること）である。発想力と機転がきくかどうかをみるクリエイティブ試験よりも、いわゆる「自分の人生を描いた作文」と「やりたい仕事」（＝企画）が重視される。

　誤解をおそれずいえば、書籍編集者としては、「幅の広いオタク」で、一人の著者ととことん付き合える「じっくり型」の人間が一般的には求められている。「幅の広いオタク」で「じっくり型」人間は、比較的クリエイティブ試験が苦手な傾向にある。書籍出版社がクリエイティブ試験を課すと、自分たちの求める人材がかえって振り落とされることから、クリエイティブ試験は行われない。

PART

4

三題噺を攻略する

2 三題噺は、クリエイティブ試験の王様

PART **4** 三題噺を攻略する

　クリエイティブ試験の代表格である三題噺の書き方を説明していく。三題噺という言葉に、今はまだあまり馴染みがないかもしれないが、恐れることはない。ゆっくり取り組んでいこう。

　「三題噺（さんだいばなし）」 とは、簡単にいえば**「与えられた三つの言葉を使ってストーリーをつくり、最後にオチ（＝意外な結末）をつける文」**である。これを心に留めて、次の二つの合格例文を読んでほしい。

 三題噺 1 　「米大統領選、笑止千万、年金」

　ピチャーン。
　地下深く掘られた穴の底、水滴の落ちる音が響く。人が住むことを前提として掘られた地下室には、今も何人かが集まり、話をしているようだ。
　「この世を浄化するのだ！」
　リーダーらしき男が叫ぶ。周囲の者も真剣な顔でうなずく。
　物騒なことを会議しているこの組織は、自分たちの手で地球上に理想郷をつくりあげることを目的とした秘密結社である。
　その歴史は古く、結成は150年前にさかのぼる。今の結社の中枢を占める者たちは3世代目であるが、中年以上の者が目立つ。年月を経て組織にも厭戦気分が広がり、後継者育成に熱を入れなかったため、世代交代に失敗したのである。
　そんな彼らを本気にさせたのは不景気な世の中である。

102

地上では生活のために普通の社会人として暮らしている彼らだ
が、中高年が多い彼らの中にはリストラされた者も多かった。政治
を見ても腐っているようにしか思えないし、ニュースも気が滅入る
ものばかり。

　世紀末的様相を見せる世に嫌気のさした彼らの頭に浮かんだのは
「この世を浄化せよ！」という結社のスローガンだった。

　彼らはまず米大統領選に注目。

　選挙後アメリカに潜入し、指一本で世界を破滅に追い込むことが
できる男を狙った。大統領を洗脳し、核ミサイルのボタンを押させ
たのである。

　「我が国に喧嘩を売るとは、笑止千万！」

　攻撃を受けたもう一方の大国も核で報復し、世界は核の嵐につつ
まれた。

　数カ月後、生きる者のいない地上へ、地下の核シェルターから結
社の者たちが出てきた。浄化されきった世界を見渡し一人の者が叫
ぶ。

　「これで腐った、気の滅入る世は浄化され、あらゆる権力は滅び
た。我々を縛るものは何もない！」。

　ある男が応えて言う。「我々の宿願は果たされた。これからは年
金でももらってのんびり余生を過ごしたい……って、誰が年金を
払ってくれるんだ？」。

コメント　三題噺ではSF物を書く人が多いが、その中でも秀逸な例文
だ。現代社会批判もきかせていてニヤリとさせる。オチがしっ
かり決まっている。

103

「Jリーグ、一日千秋、大地震」

　私はこの仕事が好きだ。誇りすら持っている。この店は私がいるから繁盛しているといっても過言ではないかもしれない。
　私がこの店で働き始めたのは、ちょうど2年前。店がオープンした時からだ。その時から私は持ち前の笑顔を活かしてこの仕事に励んできた。笑顔は私の武器。どんなに嫌なお客様でも、常に笑顔は絶やさない。そうするとお客様もいつの間にか心地よくなってしまうみたい。そんな魔性の力が、どうやら私には備わっているのよ。それを利用してしまう私は、悪女なのかもしれない。
　いつの頃からか私は、この店の看板娘と言われるようになった。みんなのアイドルなの。特に子供には人気。
　「一緒にJリーグ見に行ってくれなきゃヤダ」なんて駄々こねられたこともある。
　最近では、私の胸を触る子もいるのよ。頭にきちゃう。でも子供ってかわいいから、ついつい笑って許しちゃう。
　自慢じゃないけど、私目当てのお客様も結構多いわ。帰り際、私を見て微笑まれることなんてしょっちゅう。私もつい微笑み返す。
　こんな私だから、狂わせた男は数知れないわ。
　最近は、店長も私を狙っているみたいなの。先日もサラリーマンに「君に一日会わないと、ずっと会ってないような気になるよ。こういうのを一日千秋っていうのかな」なんて言われたことがあったの。私は笑って適当にあしらっていたわ。そしたら店長、怪訝な顔で彼を睨んでいるの。嫉妬してるのね、きっと。絶対私にほれているわよ、店長。
　私はこれからも、この店で働いていくつもり。もちろんこの笑顔を武器にして。
　自信はあるわ。先日なんて大地震がきて私の頭は吹っ飛んだわ。それでもこの笑顔は絶やさなかった。生きていくわ、これからも。老若男女のアイドルとして。店の看板娘、ペコちゃんとして。

> **コメント** 独り言なのに飽きさせない話の運びが見事。最後までわからないオチに感心できる。

　初めて三題噺を読んだ人は少しびっくりしたかもしれない。三題噺は、自分の人生を語る「作文」とは全く違うものだということがわかるだろう。例文のような文章が本番で書ければ合格できる。このレベルの三題噺も練習すれば必ず書けるようになるから、あわてずに取り組もう。

　さて、この本では、エントリーシートを書く前に作文を書くことを勧めた。同様に、さまざまなクリエイティブ試験にトライする前に三題噺を練習したい。三題噺が書けるようになれば、どんなクリエイティブ試験も大抵クリアできるようになる。三題噺こそクリエイティブ試験の基本であり、王様なのだ。

PART 4 三題噺を攻略する

3 三題噺の基本とは

　これまで三題噺は、小学館、講談社、集英社、主婦と生活社、ハースト婦人画報社、学研プラス、KADOKAWA、白泉社、世界文化ホールディングス、プレジデント社、中央公論新社、東洋経済新報社、扶桑社、南江堂、マガジンハウスなどで出題されてきた。先にも述べたが、おもに雑誌の刊行を中心とした出版活動をする会社である。

　三題噺は、具体的には**「次の三つの言葉を使って80字以内の文章をつくりなさい。自己責任、小説、箱」**という形で出題される。過去にどんなタイトルが出されたかは、PART 4の例文の題と75ページを参照してほしい。

　詳しく「三題噺」を定義すれば、「**出題された三つの言葉を一度は使って、制限時間・制限字数以内で一つの物語をつくるもの**」である。その際、「**三つの言葉を必ず一度は使わなくてはならない**」し、また「**文章の最後に『オチ』**（＝意外な結末）**がなくてはならない**」。したがって、三つの言葉を使ってオチさえつけた文章であれば、書き方は自由だ。手紙文、会話ばかりの文、独り言の文など、なんでもいい。

　内容については、「作文」と同じように実話や実体験でもよいが、**通常、三題噺ではフィクションを書く**。関連の薄い三つの言葉をつなげて、オチをつけるノンフィクションを書くのはかなり難しいと思う。

　さっそく書く練習を始めてほしい。タイトルの三つの言葉は自分で考えるもよし、過去問題や本書の合格例文のタイトルを使うもよしだ。

まず、二つの言葉を貫く物語を考える。次にオチを決める。実際に書き始めて、途中で残りの一つの言葉をむりやり挿入し、書き終える。三つの言葉を貫く物語を考えるのは大変だから、二つの言葉を使って物語をつくろうというわけだ。もちろん、君が三つの言葉を見て面白い物語が思い浮かぶようであれば問題ない。

　初めのうちは、なかなかオリジナルな物語やよいオチのアイディアが思い浮かばないかもしれない。作文と同じように、まずは合格例文を読むといい。

　それでも難しければ、オチのある短編小説やSFショートショート、おとぎ噺、小咄、落語などを参考にしたい。机の前に座ってウンウン唸ってみても焦りはつのるばかり、いろんなものを読んでいこう。実際の経験をヒントとして三題噺を書くなら、自分や他人がとびきりドジをした話や恋愛の失敗談などは参考になるだろう。

　続けて合格例文を示す。

「営業マン、大同小異、ニュートリノ」

　夏が来た。ふっふ、夏は俺の季節だ。夏は肌の露出が多くなる。最高だ。まあ、俺は世に言うストーカーだ。それは女に限らないぜ。男だって魅力的であれば追いかける。俺を引きつけさえすればいい。男だろうが、女だろうがそんなこたあ関係ねえ。本人が気づかずに俺が接触することが肝心だ。気づかれずに近づいていくときのスリル、なんとも言えないものがあるんだ。

　でもみんな大同小異ストーカーさ。何かを追い求めている。対象が自分を好きになってくれと熱望しているんだ。

　ただ、その対象が違うだけさ。会社の営業マンは顧客だろうし、受験生は合格だろう。科学者なんてものはストーカーの際たるもんなんじゃないか。ニュートリノの秘密を探るってんで、とんでもなくでかい装置を作ったりするんだからね。ほら、この前だって遺跡から富本銭が発見されたなんて騒いでいただろう。最古の貨幣で和

同開珎より古い、なんてね。より古い貨幣を追い求めるあくなき情熱は、ストーカーそのものじゃないか。それを学問というベールでカモフラージュしているだけよ。

　まあ人のことはどうでもいいがな。要は自分だ。自分の欲望さえ満たしてくれりゃいいわけだ。特に俺の場合はもはやストーカー行為がなきゃ生きてゆけなくなってしまった。ある意味それは生命活動と言っていい。一人でやるとは限らない。複数で襲う場合も当然ある。気をつけなきゃいけないのが音だ。相手に気づかれては目的達成が難しくなる。

　おっ、あの女を見ろ。キャミソールを着てるあの女だ。あのたわわに実った胸元は柔らかそうだ。想像しなくてもわかる。よし近づいてやれ。

　俺はゆっくりと近づいていった。そしてその胸元に触れた瞬間だった。

　「バチッ」

　「ったく、うるせー蚊だな」

> **コメント**
> 大変によく書けている。まったく無駄がない。中盤のストーカー話は読ませる。「ストーカー行為がなきゃ生きてゆけなくなってしまった」という伏線が見事だ。

三題噺 4 「新型コロナウイルス、遊園地、忖度」

　半年ぶりに自動車の運転をした。70歳を過ぎてからは、あまり自動車に乗らなくなった。60歳前までは、両親が共働きで、ほとんど一人で家にいた孫のことを忖度して、「寂しいだろう」と自動車で遊園地によく連れて行ったな、と一人思い出していた。

　ゴールド免許を持っていたが、やはりしばらく自動車に乗ってい

なかったせいか、今日はやけにクラクションを鳴らされる。さっきなんて反対方向から来た自動車が、激しいパッシングと大げさなほどの大きな音でクラクションを鳴らしてきて、バイデン大統領が新型コロナウイルス対策について語っていたラジオがまったく聞こえなかった。久しぶりだから、いつも以上に安全運転しているはずなのに。

　久しぶりの運転に、今日はさらに一人きりでのドライブだ。そのせいか、おばあさんからとても心配された。「何かあったらすぐに連絡してね」「時々どこかでちゃんと休むのよ、絶対」と異常なほど心配してきた。

　そんなことを考えているうちに、私は海が見える国道まで来ていたようだ。すると突然電話がかかってきた。誰かと思うとおばあさんからだった。きっと心配して掛けてきたのだろうと電話に出た。

　「おじいさん、今どこにいるの？　海の近くの国道で逆走している車が一台いるってニュースになってるから気を付けてね」と言われる。

　確かに逆走は危ない。先日見たニュースでも死亡事故が起こったとか。そして、先ほどからヘリコプターのような音がたくさんする。報道関係者たちだろうか。

　「おばあさん、大変だよ。逆走している車は一台じゃなくて何百台もいるよ」。

コメント
　鋭い読者には、オチがばれてしまうかもしない。それにもかかわらず、ラストの文章はよい。

　なお、三題噺の採点法は、○か×かだけ。オチが決まっていて面白ければ合格、全体として面白くなければ不合格である。
　はっきりいえば、オチがなくても、物語自体がとてつもなく面白ければ合格は可能だ。

PART
4
三題噺を攻略する

109

PART **4** 三題噺を攻略する

4 オチをつけるコツ

　三題噺で難しいのは、オチだ。三題噺とはそもそも落語に由来するもので、「客席から三つのお題を頂戴し、即興で噺をつくり、最後に三つの言葉のうちの一つを使ってオチをつける」ものだ。**就職試験における三題噺では、三つの言葉のうちの一つを使ってオチをつける必要はない。**とにかくオチがついていればいいのだ。

　落語のオチには 10 以上の種類があるといわれているが、この本ではわかりやすいよう二つに絞る。**就職用三題噺のオチ**（＝驚きのエンディング）**では、「タネ明かし」か「どんでん返し」のパターンを体得するといい。**

　「タネ明かし」とは、「読み手は、人間の話かと思って読んできた。しかし最後のところで不二家のペコちゃんや蚊の話だった」という「タネ明かし」の構成。

　「どんでん返し」とは、「ストーリーで読み手をひっぱってくる。後半になって、結末をいろいろ予想させておいて、一気に予想を裏切る」という「どんでん返し」の構成。

　それぞれのオチのついた合格例文を示す。

「Ｊリーグ、一日千秋、大地震」（タネ明かし型のオチ）

　カーテンとカーテンの間を抜け、朝日が真っ直ぐな一本の直線をつくる。きらきらまぶしい光が顔にあたり、僕は寝返りをうった。大きく伸びをしてみる。白いシーツの上、伸ばした両手と一緒にシーツは伸び、緊張を解くとつられてクシャッとなった。横では彼

女がスースーと一定のリズムで寝息をたてている。

「おはよう」そっと彼女の耳元でささやく。くすぐったそうに彼女は体をよじった。その姿がなんともいじらしい。

壁に目を向けるとＪリーグのサッカー選手たちのポスターがはられている。彼女はサッカーが大好きなのだ。しかし応援するジュビロ磐田がＪ２落ちしてしまい、少し落ち込みぎみだった彼女。また、東日本であった大地震の報道をきき、心優しい彼女は東日本に住む人々に心を痛めた。焼肉酒家えびす事件の時、従業員だった人々を心配し、官僚や政治家のふがいなさに怒っていた。いつもあらゆることに一所懸命な女性なのだ。

そんな彼女だからこそ、僕は好きなのだと思う。

しかし、今こうして彼女と穏やかに過ごす時間は、暗い社会とは別の世界にある。

ふと彼女の方に視線を戻すと、大きな黒い瞳をパチリと開け僕を見ていた。目が合うとうれしそうな顔をする。

「おはよう、気持ちのいい朝ね」

僕はうなずいた。彼女が僕の手を握ってくる。僕が握り返すと満面の笑みを見せた。

ああ、なんて君は可愛らしいんだ。手を握っただけでもそんなに顔をほころばせて。君がいないとき、僕は君を一日千秋の思いで待つ。僕が落ち込んでいると君も悲しげな顔をしてくれる。そして僕を抱きしめてくれるんだ。

ああ、愛しい人。

彼女がカーテンをひく。部屋全体に光が。「うーんまぶしいよ」。僕のもう片側で寝ていた男が目をさました。ちっ、もう目がさめたのか。

「おはよう、ソウタ君。パパですよ」

コメント 恋人同士の話かと思いきや、なんと母親と息子だったとは面白い。これがタネ明かし型のオチの典型だ。

三題噺 6 「空弁、人事不省、箱」（どんでん返し型のオチ）

〝話には聞くが珍しいモノ博物館〟。

昇平がこの看板を見つけたのは、いつもと違う散歩コースを探していた時だった。これは何だろうという不安もあったが、何より好奇心がそれを上回った。彼は「気合だー！」と心の中で唱えてその建物の中におそるおそる入った。

「こら！　ぶつかるんじゃねえよ！」「す、すいません」

昇平は人を掻き分けながら進んだ。予想外の混雑ぶりだったのだ。人の多さに感心していると、一人の老人が近づいてきた。

「すみません、お客様は当博物館へは初めてで？　私、案内係の山田と申します」。

とにかく昇平は彼についていくことにした。場内は相変わらず人で溢れている。

「あれをご覧下さい」。老人が指をさしたのは、どこかのデパートで売られているであろう単なる菓子折りだった。

「あれのどこが珍しいのですか？」「箱を開けて中身を見てください」。

老人に促され箱を開けた。中身も特に変わった物はない。中に入っている菓子を手に取ったその時だった。なんと下からぎっしり詰まった札束が出てきたのだ。

「驚いたでしょう。これはとある会社の社長が政治家に渡した物です。話には聞きますが、見たことありますか？」「いや、見たことないです」。

老人はなんだか嬉しそうだった。次に彼が指さしたのはショーケースの中に入った20代後半と思われる女性だった。

「あれは、空港で空弁を売るアルバイトをしていた者です」

「それの何が珍しいのですか？」

「彼女はなんとパイロットと結婚したんですよ。いいですか、パイロットと結婚するスチュワーデスはいくらでもいます。しかし、

112

単なる空港関係者ではそうそうありえません。えっとドラマであった木村拓哉と柴咲コウの……」

「『GOOD LUCK』ですね。確かに実際に見たことないです」

その後も新聞の切り抜きで作られた脅迫状やら、角に頭をぶつけて死んだ人もいるという豆腐など、いくらか眉唾物の品々も見せられた。ただ、老人のフルネームが山田太郎であることを聞いて驚いた。確かに見たことない。そうして全てを見終わった。

「それでは入場料30円をお願いします」。昇平は体中のポケットを探した。

「あれ、財布がない。どこかで落としたのかな……」。

「いやいや最初にあなたとぶつかった男がいたでしょう？　彼も展示物の一人です。ぶつかった一瞬でスリを働いてトンズラする男です」「み、見たことないです……」

そう呟いた途端、昇平は失神してしまった。

「ショックのあまり人事不省に陥る男か。これも見たことないな。彼にも明日からこの博物館で働いてもらおう」

コメント

これがどんでん返し型のオチの典型である。

113

PART **4** 三題噺を攻略する

5 三題噺も予定稿で突破

　同じタイトルで書いた二つの合格例文を示す。前者はタネ明かし型のオチ、後者はどんでん返し型のオチだ。

「オヤジ、メダル、ソナタ」（タネ明かし型のオチ）

「こんなもん、持ってたってなぁ……」
　俺は陽の光に反射したそれを見て大きくため息をついた。丸くて銀色に光るそれは俺の勲章、俺の人生の全てだった。
「こんなジャングルに迷い込めばメダルの価値なんてあったもんじゃねぇよ」
「な……何言ってるんすかオヤジ」
「よせよ……オヤジだなんて。老けたみたいだ」
「違う」と良太は顔をゆがませた。
　けれど面倒だから聞こえぬフリをした。良太は俺に憧れているのだそうだ。ヤクザみたいにオヤジと俺を呼ぶ。俺のことなど何も知らないくせに、ただこのメダルを見ては目を輝かせている。
「オヤジの努力してきた証であって、ただの順位を表すものじゃないんす、そのメダルは。だからこんなジャングルで迷ったってそのメダルの価値は変わらない‼」
「うるせーな。どうせジャングルに迷うなら女と一緒だったら良かったのにな」
「『冬のソナタ』っすかオヤジ‼　こんなジャングルの中で女と二人っきり。あのドラマみたいなロマンティックな愛を……」

「うるせーな……」。良太は年の割に幼くていけねえな、そう思いながらまたため息をついた。

そういえば、幸子は元気か、康夫の奴はどうしているんだろう、久しく会っていない者たちを想っては気分が沈んでいった。気に入っていたメダルをガチャガチャさわっていても気分は優れなかった。今、寂しさに覆われていた。年をとったというのはこういうことなのか。

「あっ、いたいたユウちゃーん!!」

突如、ジャングルの中に響き渡る女の声。幸子だ。幸子の声、それに康夫の声もする。

「馬鹿!! 迷子になるな!! 本当にダメね……」

「でもオヤジはメダル持ってて凄いんだぜ。こんなジャングルに迷い込んでもその……」

「オヤジじゃないでしょ、お兄さんでしょ。ゲームのメダル持ってスーパーで迷ってる小学生なんてすごくなんかないのよ」

導入をもう少しわかりやすくしたいところだが、サービス精神旺盛であることは示せた作品。

三題噺 8 「オヤジ、メダル、ソナタ」（どんでん返し型のオチ）

〈30年後の未来〉。30年後の今日、私は50歳になり、25歳の時に結婚した黒木瞳似で美人の妻と銀婚式の準備をしている。人生で一度しか経験できない貴重な式だから盛大にやりたい、と提案したのは妻だった。話し合いの結果、お互いを結びつけるきっかけとなったドラマ「冬のソナタ」の名シーンを再現したミニドラマを、私が主人公のペ・ヨンジュン、妻がヒロインのチェ・ジウになり、周りを沸かせようと考えた。

早速、リハーサルをすることになったのだが、何事も派手好きな妻は「やるなら衣装とか景色とかも忠実に再現したい」。おいおい、なにもそこまでやらなくても、と内心思いながらも妻に尻にしかれている私は、その提案を了承した。

　まずは長女の由香里。オリンピックのマラソンで4位になった自慢の娘だ。「はぁい、お父さん？　準備？　手伝う。手伝う」。

　次女の咲子。パリコレモデルだ。「えっ？　すぐ終わる？　じゃあ、行くよ」。

　最後に三女の久美子。歌手で去年紅白に出場した。「何？　オヤジ？　いいよ。でも高いよ」。

　三人とも個性はばらばらだが、それぞれ金メダル級の活躍をしている自慢の娘たちだ。娘たちが手伝ってくれることになり、家族が久し振りに全員集まる前に、妻とカフェで食事をとった。

　帰りには十年ぶりに手をつないだ。あぁ、なんて幸せ者なんだ、と思いながら私は夕日を見ていた。

　ってどんな妄想だよ。30年後の未来？　そんなものあり得ないんだよ。だって明日になれば巨大惑星が地球に衝突しているんだぜ。

コメント　とにもかくにも、どんでん返し型のオチがつけられた。

　ここでは、のオチは、評価されにくいものだということを知っておいてほしい。「前半・中盤に愉快な物語を展開させ、最後（オチ）の部分で、実は地球が壊れるので、すべての意味がなくなる」または、「前半・中盤に（例えば）自分が殺されそうになる恐ろしい話を展開させ、最後（オチ）の部分で、実は夢だったので助かった、ほっとした」という構成は、誰にでもつくれてしまう安易な方法だからだ。

　この章の最後にもう一つ合格例文を読んでほしい。

三題噺 9 「コーラス、人生、カップ」（どんでん返し型のオチ）

　ヤバイ。俺は今、人生最大の問題を抱えている。日本の財政再建など今の俺には全くどうでもいい話だ。非常に危険な問題なのだが、これだけは誰にもいえない問題なのである。

　俺は会社から帰っている途中である。一刻も早く自宅に帰らなければならない。俺は健康のため、自宅から会社までの３キロを徒歩で通っていた。そんな健康のことを気遣っていた自分が憎い。他に方法がなかったので走って帰ることにした。いつも通っている道が、いつもより長く感じられる。走っても走っても、家に近付いている気配がしない。

　途中、川べりで聖歌隊のコーラスが聞こえたが、そんなものに耳を傾けている場合ではない。

　自宅までの道のりは、郊外にあるせいで、ほとんど灯りがないのである。夜道は危険だがなりふり構わず走った。

　今日一日の自分が憎い。会社へ出勤し会議の準備。休むまもなく会議が始まる。昼過ぎに最近買った新しいコーヒーカップでコーヒーを飲む。徹夜が続いていたので何杯もお代わりした。コーヒーをいれてくれた新入社員も、かなり驚いていた。それから夜までコーヒーカップを片手に書類の整理をしていた。

　もうすぐ家に着く！　かなり長い道のりだった気がする。３キロも走ったおかげで、もう全身汗だくだ。シャワーを浴びてすっきりしたい。しかし、シャワーを浴びるよりも大変重要なことがある。

　自宅に着いた！　俺はすぐにトイレへと向かった。もうかなり限界に達していた。トイレのノブに手をかけたとき、一瞬気が緩んだ。

　間に合った！

　しかし、ドアが開かない。次の瞬間、声が聞こえた。「入ってますよー」。

PART **4** 三題噺を攻略する

117

コメント スピード感あふれる文章で、最後まで一気に読ませる。

たとえば、本番で「健康、財政再建、コーヒー」という三題噺のタイトルが示されたとしよう。または、「会議、シャワー、危険」というタイトルでもいい。どちらのタイトルが出されても、**三題噺9** をそのまま書いて合格できることはわかると思う。

三題噺も実は作文と同じように予定稿戦術が使える。あらかじめいくつかの三題噺を用意しておけば、本番であわてることはない。自分の予定稿をアレンジすればいいだけだ。

三題噺の合格例文を読むと、「これは天才が書いたもので、私にはできない」と落ち込む人が多いが、心配はいらない。何も用意をせずにその場でオチのある物語がつくれる人は、ほとんどいない。

予定稿をつくる際には、あれこれ考えすぎず自分の得意なパターンで書くことを勧めたい。たとえば、SF風の話をつくるのが好きならば **三題噺1** のように書く。またタネ明かし型を狙うなら **三題噺2** **三題噺3** **三題噺4** **三題噺5** **三題噺7** を参考にして予定稿をつくるといい。

*

最後に、「オチのある予定稿」の究極のつくり方をお知らせしたい。

それは、作家・星新一（ほし・しんいち、1926〜97）の小説を参考にすることだ。彼は、短くてオチある小説（SFショートショート〈掌編小説〉）を数多く書いた。『ボッコちゃん』（短編50編収録）、『ようこそ地球さん』（42編）、『ボンボンと悪夢』（36編）（いずれも新潮文庫）など手軽に入手できる文庫本をひもといてほしい。

オチのつけ方、物語の構成の仕方が、学べる（盗める）はずだ。

この本の中で、タネ明かし型の例は **三題噺2** **三題噺3** **三題噺4** **三題噺5** **三題噺7**、どんでん返し型の例は **三題噺1** **三題噺6** **三題噺8** **三題噺9** である。

PART 5

キセル文・ショートストーリー
（クリエイティブ長文対策講座）

このPARTは、前PARTの三題噺に続いて、
クリエイティブ長文試験のキセル文、
ショートストーリーの書き方を説明する。
キセル文とは、
はじめと終わりの文章が示され、
中間の文章を自由に作成するもの。
ショートストーリーとは、
不可思議な絵や写真が示され、
ストーリーをつくるものである。

PART **5** キセル文・ショートストーリー（クリエイティブ長文対策講座）

1 キセル文って何？

「キセル文」という、クリエイティブ長文試験がある。

たとえば「『ついに開催が決まった』から始まり、『まったく憶えがないのです。』で終わる文章をつくってください〈800字、60分〉」という形で問題が示される（大手出版社の過去問題）。キセル文という言葉は、「【煙管乗（きせるのり）】乗降車駅付近だけの乗車券を持って、乗車区間の途中をただにする不正行為」（『広辞苑』）に由来している。はじめと終わりの文章が示され、中間の文章を自由に作成するというものだ。

合格キセル文を読んでいこう。

「広く世界に分布している──いやだ」

「広く世界に分布している、新種の奇病のニュース、おまえ聞いた？」

「確か、『尻とり病』とかっていうやつだっけ」

「けっこう日本でも蔓延しているらしい。会話が相手の最後の音を引き継ぐことでしか成立しない、そういう病気なんだって」

「てっきり、学生が流行らせたイタズラだとばっかり思っていたよ」

「世の中はこの奇病のニュースでもちきりだぜ。原因不明の難病、なんでも現代病の一種らしくて、エリートサラリーマンがどんどん冒されているんだ」

「だけど、その『尻とり病』っていう病気は、やっぱりあの言葉

120

遊びの尻とりと同じなんだろう？」
「うむ。感染者は相手の言葉の最後の音を自分の言葉の最初に無意識にもってきてしまう。永遠にそういう会話を続ける、永遠にだぜ」
「ぞっとするな。で、最後に『ん』がきたらどうなるんだい？」
「言ってしまったら、最後。つまり、それは……死」
「死にまで至るのか？　これが本当の言葉の暴力だな。ボキャブラリーの豊富なやつが生き残る、って感じか」
「賢い人間だけが生き残る怖い話だよ、まったく」
「くるしみながら死ぬなんて、オレはまっぴら」
「楽な死に方があればな。でも……何かさっきから、オレたちの会話、おかしくない？」
「言われてみれば、会話が妙に制限されたような感じがするかも」
「も、もしかしたら、オレたち、感染したんじゃないか？」
「かもしれん」
「……」
「ん！　しまった！　く、くるしい！　いやだ！」

> **コメント**　大変によくできたキセル文だ。読んでいくうちに文章全体の構造のタネが明かされる仕掛けには感心する。ここまでのキセル文はなかなか書けるものではない。

　キセル文は、実際に練習すればわかるが、三題噺ほどは難しくない。いくつかの愉快な文章を用意しておけば対応できる。
　同じタイトルで書いた二つの合格キセル文を読み比べてほしい。

キセル文2　「終わりよければすべてよし――帰ってきた」

「終わりよければすべてよしって言うだろ」。

そう言って彼は立ちつくした。何をどうしたらよし、となるんだろう。今までのことをきれいさっぱり消し去ることができたからだろうか。

　私は彼にずっと尽くしてきた。生まれて初めて運命の人に出会ったと思った。あの教室での出会い。当時その学校は新設校で、全てが新しく輝き、希望に満ちあふれていた。私たちはそんな場所で始まった。今でもあの頃のことを覚えている。初めて彼が触れてくれた時のこと、ぎゅっとしてくれたこと、いつまでも忘れられないんだろうなあ。

　それからというもの、私は彼のために一所懸命だった。毎日身を粉にして尽くしていた。彼の親が厳しいのか、休みの日に会うことはできず、日曜は一人でため息をついたっけ。あの頃が懐かしい。そうそう、授業中なのに彼が突然立ち上がって、私に触ろうとしたこともあった。あの時は先生、カンカンに怒ってたな。「勝手な行動はするな！」って。反発心が強くて先生といつも衝突していた彼は、学校にこないこともしばしばで心配していたけれど、私には見守ることしかできなかった。

　学年が上がり、クラス替えで離れてしまわないか不安だったけど、クラスに彼が現れた時「ああ、運命ってあるんだ」って本気で思った。

　新設校にも設備が整った頃、ライバルが現れたの。彼は彼女にも優しくしはじめたわ。彼女にも優しく触れるのを見た時、もうダメだと思った。私は今まで通り尽くすことなんてできず、涙の日々を送った。

　3月12日、卒業式。もう会えなくなってしまうのかな、そう思った矢先、彼は私を手にとっておもむろに言った。

　「思えば毎日真っ白になるまでよく働いていたな。使ったのは俺だけど。でも水吸っちゃったし、もう寿命かなこの黒板消し。でも、俺は……留年だよ」。

　え！　私、まだ働くわ！　彼は帰ってきた。

> **コメント** 構成がしっかりしている。オチに至る伏線の敷き方が見事だ。シャープな頭の持ち主であることを PR できている。

キセル文3 「終わりよければすべてよし──帰ってきた」

「終わりよければすべてよしさ。大学なんか行きたくないよな。バイトしてお金をためて遊び回るんだ。卒業さえできれば、出席なんかしなくてもいいと思うね」

「だけど、山元教授の奴、いつも出席とるし、休講にもしないんだよな」

これは慶応大学の学生同士の会話である。大学は勉強するための場所と思っているのは教授方だけで、当の学生たちの考えはこんなものだ。この会話の話題となった山元教授は熱心で、一度も休講にしたことはなかった。彼は自分の授業は面白く、1 回でも休んだら学生に悪いと思い込んでいたのだ。その学生たちは、彼とはまったく反対の意見をもっていたのだが。

そんな山元教授であるが、急用が入りどうしても授業ができない日がついに訪れた。どんなに早く用事を済ませても、ちょうど授業が終わるか終わらないかの時間にしか戻れない計算となる。困った彼は、授業の内容をテープにとり、それを教務課の職員に頼んで、その教室のみに放送で流してもらうことにした。もちろんそのことは、お詫びとともにあらかじめ学生たちに伝えておいたのは言うまでもない。

当日、山元教授の用事は当初の予定よりも少し早く終わった。彼は考えた。

〈急いで帰れば、テープの内容の補足ぐらいはできるかもしれないな。なんとしても学生たちのために早く戻らなくては〉

彼は駅まで全速力で走った。駅の階段を駆けおり、電車のドアが閉まるギリギリのところで急行電車に飛び乗ることができた。電車

が最寄り駅に着き、ドアが開くと同時に彼は飛び出した。人をつきとばしながら走り、大学に着くと息を切らせながら階段を駆けのぼり、教室の前に着いた。

〈話し声一つ聞こえないぞ。どうやら熱心に聞いているようだ。感心したぞ〉

彼はゆっくりとドアを開けた。そして驚いた。学生は一人もおらず、学生たちの机の上ではICレコーダーが回っていたからである。

数分後、学生たちが教室に帰ってきた。

> **コメント**
> 内容がやや現実離れしているために、かえって愉快な話に仕上げられた。サービス精神が旺盛な人という印象を与える。よく考えて構成されたオチだ。

はタネ明かし型のオチ、はどんでん返し型のオチになっていることがわかるだろう。キセル文は、全体が面白ければ合格できる。が、読み手の読後感をよくするためには、できればオチがあったほうがよい。

キセル文の変形として「終わりのない物語」というクリエイティブ試験がある。はじめと終わりに同じ言葉が示され、キセル文と同様に中間の文章を考えるというものだ。実例を読んでほしい。

キセル文4 「幸せをつかんだ——幸せをつかんだ」

幸せをつかんだはずの結婚だった。幸男はいまどき珍しい1000円亭主である。

その朝、幸男は妻に弁当をつくってもらえなかった。前の晩につまらないことで喧嘩してしまったのだ。妻は台所で後片づけをしていて、口をきこうともしない。

駅へ向かう途中、財布にいつもの1000円が入っていないことに

気づいた。1000円の代わりに500円硬貨が入っている。

――ちっ。あいつわざわざ500円硬貨を入れるなんて。今日は500円亭主か。

電車の中でも、幸男は妻に腹が立ってしょうがなかった。好き好んで、1000円亭主をやっているわけではない。家のローン、子供の教育費……、少しでも家計を助けるためと、1000円で我慢しているのに。

運の悪いことにそういう時にかぎって、取引先はやってくる。仕方がない。幸男は取引先の業者を連れて、喫茶店へ向かった。

コーヒー二つで480円。もうあと20円しかない。今日は昼飯抜きか……。もうここまでくると、怒りというよりも、悲しくなってくる。幸男はトボトボと会社へ戻った。

同僚はあらかた食事に出てしまった。幸男はせめて一服しようと、カバンをさぐった。

ふと、見慣れた包みがあるのに気づく。

――弁当だ！

幸男は慌てて包みを取り出した。が、それは異様に軽い。

中身が入っていないのだ。あいつ、わざと空の弁当箱を持たせたのか。腹が立って仕方がない。幸男はそれをつかんで投げつけようとした。弁当箱をつかむと、カタカタと音がする。不思議に思って中を開けてみると、中にはティッシュに包まれた500円玉と手紙。

――腹の虫がおさまらないので弁当はつくりません。愛しているのでお昼代いれておきます。

幸男は思った。

おれはやはり幸せをつかんだ。

コメント 読みやすくわかりやすい内容で好ましい。どんでん返し型のさわやかなオチだ。

PART 5　キセル文・ショートストーリー（クリエイティブ長文対策講座）

2 ショートストーリーをつくろう

　ちょいと不可思議な絵や写真が示されショートストーリーをつくる試験は、大手出版社をはじめとしてこれまでしばしば行われてきた。
　たとえば「『荒縄の結び目をアップにした写真』または『旅支度をした外国人の少年がホームに立っており、背景にトンネルがある写真』のどちらか一つを選び、ショートストーリーをつくる〈800字、60分〉」（大手出版社の過去問題）というものだ。
　さて、この手の問題はどう解くかを考えてみたい。

> ❶他の人が書きそうな物語をまず想像することが大切だ。本番で変わった絵や写真を示されると、早く書かなくてはならないという焦りから、すぐに思いついた物語で書く人が多い。とっさに思いつく話は、皆似たりよったり。同じような物語が大量生産される。
> ❷次に、他の人たちが書きそうもない視角からの物語とはどういうものがありうるかを考える。そして、書く。この場合もできればオチが必要だ。オチがないと読み手に強い印象は残しにくい。

　ただし、試験会場で❶→❷のようにスムーズに書ける人はあまりいないと思う。その場合にはやはり、これまで練習した三題噺やキセル文などのオチのついている愉快な話を加工して使おう。この方法を使って現実に多数の学生が大手出版社に入社している。練習では、ちょっと変わった絵や写真を使って書くとよい。

128 ページの絵を見て、実際にショートストーリーを書いてみよう。

ショート ストーリー 1

「ママぁ〜、ホントにこんな格好で大丈夫なの？　みんなが変な目で見てるよ。ぼくなんだか恥ずかしいよぉ」

「まぁ坊や、何を言ってるんざますの。これが陸の上ではお洒落でございますのよ。ワタクシに似て何て素敵なのかしら！」

「……」

「これからはグローバル化の時代ざます。魚も陸に上がって活躍しなければなりませんのよ。こんな暗い海の中では、ワタクシ達の魅力が理解されないざましょ？」

「うん。僕も陸に上がりたいもん。ママの言う通りにするよ」こんな魚の親子の会話が、水深30メートルの世界で交わされていた。

三日前、昼食のために母魚はエサを求めて海中をさまよっていた。すると潮に流され、普段は危険なので近づかない漁港へとたどり着いてしまった。

と、そこで目にしたのは、カラフルな服に身を包んで、なんとも気持ちよさそうに海の上を泳ぐ魚たちの姿であった。

海の世界で自分がいちばん美しいと信じていた母魚にはショックな光景。

「キィー！　あんなにおしゃれな魚がいたなんて。これは負けていられないざますわ」

母魚は家に帰ると、使えそうなものを探し始めた。海にはありとあらゆるものが揃っていた。体にペイントするための色とりどりの海草、人間が落としていったゴミや、沈没した船にはネクタイもあった。

「さぁ、これで完璧ざます。後はもう少し上の方で泳いでいれば、ワタクシ達の美しい姿を見た人間がスカウトにくるはずですわ。坊

や、スターへの道はあと少しざぁま～す！」

　二日後、慣れない沖を意気揚々と泳ぐ親子は、まんまと人間に釣り上げられてしまった。

　薄れゆく意識の中で、母親はライバル視していた魚たちを再び目にした。空の上を風に乗ってのびのびと泳ぐ鯉のぼりの姿を……。

コメント

この問題では、二匹の魚の会話体の文章が最も多くなる。自分ならどうオリジナリティーを出していくかを考える必要がある。 **ショートストーリー 1** は、会話体を使って書いたショートストーリーの中では秀逸。どんでん返し型の意外なオチだ。続いての二つのショートストーリーは、それぞれ自分なりの視点でこの問題に取り組んだことがわかる。一つの絵を使って、これだけ違った方向から物語ができることを学んでほしい。

ショートストーリー 2

　「母さん、僕は一所懸命頑張っています。立派になったその時に、僕は故郷の海に戻ります」

　俺は母への手紙を書きながら涙した。

　思い返せば、ここまでいろいろなことがあった。俺が小学生の頃に、父さんが人間に釣られてしまってから、母さんは女手一つで俺を育ててくれた。そんな母さんを楽にしてやろうと、プロを目指し水泳に打ち込んだ。しかし、若気の至りのケンカで右ヒレを骨折、水泳を断念せざるを得なかった。水泳を失った空白感と母さんへの申し訳なさで、俺は故郷の海を飛び出した。

　いちばん最初に行った北海道沖では、俺は土木作業の仕事に就いたんだ。水泳しか知らなかった俺だけど、とにかくがむしゃらに働いた。現場の責任者も任されるほどにもなった。

しかし、幸せは続かなかった。たまに痛む右ヒレ、そのために俺は仕事ができなくなる日があった。下の方にいた時には許されたが、責任者の俺はそれが許されなかった。そんな周りの冷たい目に耐えられず、俺は仕事を辞めた。仕事も金もなくなり、寝床もなくなった俺に北海道の海は冷たすぎた。俺は北海道を出て南へと向かった。

　仙台、千葉、静岡の海を転々としたが、どこか馴染めなかった。

　そして、ここ大阪まで流れてきた。心の沈んでいた俺に、なぜかこの大阪独特の明るさが、居心地がよかった。この町にいると、気分が明るくなる。さらに運命的な出会いをすることになった。行きつけの居酒屋の常連の魚二郎だ。

　「俺と漫才しようや。君と俺の凸凹コンビ、きっとうけるで」。そのひと声で俺は芸人になった。

　まだ今は俺たちが町で漫才をしても、小魚たちは立ち止まってはくれない。でもいつか、母さんを楽にしてやる。

　俺たち「巡回魚」は、コンビ名のように全国をまわって活躍するんだ。

コメント　独り言風だが、前半から読み手を一所懸命楽しませようとしているところが伝わってくる。サービス精神が旺盛でよい。

ショートストーリー 3

　「なあに、コレ」

　そう言った彼女の口調はどこか不審げで、少なくとも「まあ嬉しい」なんて弾んだものではなかった。そうだろうとも。なかば予想していた反応に最後の期待をも砕かれた僕は、愛想笑いを浮かべ、ソレを彼女の前に押しやった。

「だから……コスタリカの土産。旅行先の」

「うん。それはわかる……けどね」

　僕に合わせて愛想笑いを返しながら、おずおずと彼女はソレを手に取った。

　実際、ソレは変な代物だった。こうして今、東京の喫茶店の灯の下で見ると、その安っぽさは際立ってしまっていた。ちょうど缶ビールの 500ml 缶ぐらいの透明なビンに、素朴なタッチで描かれた大小二匹の鯨。そしてその前に黄色や青のプラスチック製の玩具の魚が皆一様にポカンと口を開け水に浮かんでいる。置物以外の用途はどうやっても考えられないソレを手の中に収め、彼女はどうしてよいのかわからないといった顔だ。

　僕だってどうしてよいのか、さっぱりわからない。

　「コレ、フシギ。フタリ、シアワセスル」という現地のカタコトの日本語に乗せられた自分が恨めしい。何も、付き合い始めて一カ月目の彼女に渡すモンじゃないよな。バイトの仲間内では〝ヘンなモノ好き〟で通っている彼女。確かに、色白、ヒ弱、運動ダメ、勉強ダメ、弱気な僕の彼女になった時点でヘンなモノ好きなわけだ。しかしさすがの彼女もソレにはひくよなあ。

　そう、僕が肩を落としかけた所に「でも、いーや。ありがとね」。思いのほか明るい彼女の声がかかる。顔を上げると、意外にも彼女はニッコリ笑っていた。

　「これで言いやすくなったなあ。私ね、前から思ってたの。ヒロアキって、女の子の格好したら、宝塚のカンジでいーなあって」。彼女の指は、大きな鯨の長いマツ毛を指していた。それって、僕に……。

コメント　この絵が、土産の置物の一部だという着想がすごい。オチがしっかり決まっているとはいえないが、他の人にはなかなか真似のできないこのアイディアは参考になる。

PART **5** キセル文・ショートストーリー（クリエイティブ長文対策講座）

３ これが私の発明品

　発想力、文章構成力をみるのに最適のクリエイティブ長文試験がこれだ。「**私の発明品と、その取扱い説明文を書いてください（800字、60分）**」という問題である。自分ならではの予定稿を一つは準備しておきたい。

商品名：ニギッ手、計っ手

　「大丈夫？　ジャパニーズ・サラリーマンの皆さん！」
　毎日毎日満員電車に揺られ、もう死にそうな顔で吊革につかまっている彼らを見てそう思ったことはありませんか。妙に顔色の悪いおじさんや、太っているせいでしょうか、やけに息の荒いおじさんなど……。彼らの健康管理はホントに大丈夫なの？　そんなジャパ・サラの皆さんを気遣う気持ちから生まれたのがこの商品！　ハイパー吊革「ニギッ手、計っ手」。
　従来の電車の吊革に体温計と体脂肪計の機能をプラスしたこの商品。使い方はいたってシンプル。電車の吊革をギュッと握れば、握った部分のセンサーがピピッと反応して一瞬でその人の体温と体脂肪率が表示されるのです。
　「ヤベー……オレ今日なんか熱っぽい」って時ないですか。でも体温計なんか普段持ち歩いてないし。心配ご無用！　「ニギッ手、計っ手」が電車で手軽にあなたの体温計ります。
　電車に乗っていて「最近太ってきたなあ。悪いコレステロールたまってんじゃないの」ってふと思うことありませんか。大丈夫！

「ニギッ手、計っ手」が電車に乗りながらあなたの体脂肪率計ります。

「24時間戦えますか」こんなキャッチ・コピー、昔ありましたね。どうぞ戦ってください。でもその前に健康管理。

使用上の注意。この商品はあなたの体温と体脂肪率は計りますが、あなたの戦闘能力は計れません。熱があっても体脂肪が付きすぎていても、その日会社に出て戦うかどうかは、あなたの意志で決定してください。

な、なんと！ 電車の吊革にぶらさがるだけで体重が計れる「ニギッ手、計っ手・2」。さらに、吊革と握力計が夢のドッキング、握れば握力が計れる「ニギッ手、計っ手・3」。近日発売予定。

乞うご期待！

ジャパ・サラの皆さん、これで少しは満員電車も楽しくなるはずですよ。

――貴社の朝夕通勤ラッシュ時に御使用の車両への据え付けをご検討くださいますよう伏してお願い申し上げます――

コメント とにかくアイディアが面白く、語り口も愉快。締めくくりの文章があってよい。

発明文 2

商品名：どこまででもドア

今回私はある素晴らしい商品を発明しました。その名は「どこまででもドア」と言います。この名前を聞くと、ドラえもんの「どこでもドア」と同じではないかと勘違いしてしまうかもしれませんが、それは大きな間違いです。近年「どこでもドア」が各家庭に一つ、いや一人一台普及している世の中になり、外国へ行くにも、スーパーに行くのにもこのドア一つでエネルギーを消費せず、短時間で移動できるようになりました。また車というものがなくなり、

排気ガスによる大気汚染も大幅に減少しました。

しかし現状はどうでしょうか。「どこでもドア」の普及により、今までは必要だった交通費はかからなくなり、それらが食費にまわり、また人々は歩く必要がなくなったので、「肥満、運動不足」という社会問題が発生しています。私はその社会的な問題を解消すべく「どこでもドア」の弱点を補った「どこまででもドア」をこのたび発明したわけです。

この商品の特長としては「どこでもドア」が扉一つ開けるだけで好きな所に行くことができるのに対し、こちらの商品は開けても開けても次々とドアが続くということです。このため利用者はドアを続々と進むことによる歩行運動とドアを開けることによる腕と手の運動でダイエットに役立ちます。

皆さんもこの「どこまででもドア」によってダイエットを実感できることでしょう。

〈取扱い説明〉

• ドアを開けると次のドアが出てくるので次々に進んでください。なお進みすぎると元の場所に戻るのが大変になるので進みすぎには注意しましょう。

• 本商品と「どこでもドア」の両方を持っている方なら、時間移動とダイエットの両方ができるため便利ですが、重いです。

•「本商品など使わないでも外を歩けばいいではないか」といった苦情、質問、本商品の返品依頼は受けかねます。

コメント

SF仕立てにして鋭く現代日本社会を風刺しながら、とぼけた味わいのある発明品を提示できている。このアンバランスさがよい。

最後に、近年各出版社の本番の試験で出された、さまざまなクリエイティブ問題のタイトルを、75〜76ページに掲げた。参考にしてほしい。

134

PART 6

寸評・CM依頼・身上相談
(クリエイティブ短文対策講座)

このPARTでは、寸評・創作四字熟語・フキダシ問題・
自己紹介・他己紹介・CM依頼文・言い訳文・
無人島問題・身上相談など、さまざまな
クリエイティブ短文試験を紹介し、
それぞれの解答例とコツを述べる。
できれば、解答例を読む前に、
自分ならどう答えるかを考えてほしい。
そのほうが力がつく。

PART **6** 寸評・CM依頼・身上相談（クリエイティブ短文対策講座）

1 寸評・人物寸評問題を解く

「以下の語句を辞書的説明ではなく自分なりの視点で説明してください。『総選挙』『不倫』（各100字以内）」

これは、出版業界の本番の試験で課された「寸評」過去問題例である。次のように書けば合格できる。例文をじっくり読んでほしい。

総選挙

(a) センターを決めるもの。だけど、国民は自分で国のセンターは決められない。
(b) アイドルの名前も覚えられないのに、男のじじいの名前なんて、もっとムリ。
(c) 中身より知名度！　見た目！　まるでアイドル界。
(d) 投票するのに有料のものと無料のものがある。あなたはどちらで投票する？
(e) 日本のエライおじさんたちが、自分を見つめ直し、社交的になるイベント。

不倫

(a) 【不倫】特に男女関係で人の道に背くこと。（『大辞泉』）／雑誌の

136

売上を最も向上させる重要な要素（『週刊文春』）
(b)　正しいことかも……。
(c)　芸能人つぶし。
(d)　この世からなくなったら、ゴシップ誌は潰れる。
(e)　「文化」と言っておけば、丸く収まるもの。
(f)　セックスレスに潤いを！
(g)　おばちゃんたちの大好物。

　設問にあるとおり「辞書的説明ではなく自分なりの視点で説明」とはどういうことか。例文を読めばわかるとおり、機知に富んだ風刺をきかせた文章になっていればよい。
　書き方のコツは、全体を二つの文で構成することだ。初めにその語句を自分なりの仕方で説明し、次の文でオチをつける。寸評1・寸評2の(a)はどちらもこの構成になっていることを確認したい。どんな書き方をしてもよいが、この二文構成がもっとも簡単。寸評を書く際には、朝日新聞の「かたえくぼ」欄、毎日新聞の「ふんすい塔」欄などの投稿風刺文が参考になる。以下、おさえておきたい寸評問題のタイトルと例文を示す。いろいろな書き方があることを学んでほしい。

マナー

(a)　「おい、ここは電車の中だぞ」。優先席に悠然とした態度で腰掛け、電話の着信音のような耳をつんざくような声でしゃべる女子高生をマナーモードにしてやりたい。そんな私の着信音が電車内に響き渡った。反省。
(b)　先日、中年女性に席をゆずる子供を横目でみました。すばらしい！　でもね、女性は若く見られたいんだよ。だから私はどきません。これが私のマナーです。

いじめ

(a) 受験に就職、若い世代を悩ませる競争。彼らはいつも何かに追われたように生活をしている。これでは、ストレスで爆発してしまう。そんなストレスの発散の場なのかも。まず彼らを苦しめる競争といういじめをなくさねば。
(b) 歳をとればとるほど、陰惨になるもの。でも歳をとればとるほど、神経も図太くなるから、世の中うまくできている。
(c) 「なんでいじめられっ子は、いじめる奴を殺さないで、自殺するんだろう?」「死んでからも、いじめられるのが嫌なんだよ。」

> コメント 「マナー」「いじめ」「ルール」など、社会生活上派生する問題についての言葉は、ためしに一度自分なりの答えを導き出しておくとよい。

日本国憲法

(a) ※これはイメージです。
(b) 僕は平和主義者、なのに最近首相にチクチクされてる…。
(c) 利用規約みたいなもの。誰も全部は読んでいない。
(d) 例えるなら走行距離15万キロを超えた車。その心は、替える（変える）、替えない（変えない）で大もめ。

> コメント 自衛隊、死刑制度など国論を二分する用語も要チェック。

遺伝子組み換え食品

(a) 何が悪いかわからないけれど、とりあえず買わないでおきましょう、という奥様方増加。じゃあいったい何のために開発したの？ という科学者達増加中？

(b) 「みなさーん。組み換え食品食べますかー？」「いやでーす」「どうしてですかー」「何か怪しいからでーす」「では、それが安く大量に出回って、定着したら？」「もちろん食べまーす」。こんなもんだよな、国民意識って。

消費税

(a) （＋税）を見た時の絶望感。
(b) 「あげるぞ！ あげるからな！」え？ フリ？
(c) 瀕死です。「百均」っていうことば。
(d) はい、あげて。はい、止めないで、やっぱり上げる。旗揚げゲーム。

スマホ

(a) みんなの視線を釘付けにする、現代のトップスター！
(b) これに頼りすぎているあなた、「ゆううつ」「ばら」を漢字で書けますか？
(c) やばい！ 怖い人と肩がぶつかった！ ……よかった、歩きスマホで気づいていない。
(d) 手から離れてくれません！

寸評 9　ウクライナ侵略

(a)　国を守るために国民の命を差し出す、本末転倒。
(b)　ウィルスも怖いけど、一番怖いのは人だな。
(c)　私の家の夕食が質素になった要因。
(d)　はあ？　きっかけは何だっけ？
(e)　政治家の争いに市民を巻き込むな！
(f)　自分の為に人を殺せば、普通ならば……。

寸評 10　てまえどり

(a)　てまえどりの前に買いすぎ注意。
(b)　もういっそのこと、期限見せないでください。
(c)　母「ホコリがついてるんだから、奥から取りなさい（怒）」
(d)　冷凍食品は許して。
(e)　指紋の溜まり場。

寸評 11　ソロキャンプ

(a)　ソロキャンプ？　やっと時代が僕に追いついたな。
(b)　友達がいないわけじゃないよ。ソーシャルディスタンスをとって、密をさけているだけさ。
(c)　海外じゃ自殺行為（日本が平和なだけ）。
(d)　避"病"地とはまさにこのこと。
(e)　ソロが集まり結局「密」に。
(f)　かっこいい言い訳。

寸評 12　忖度（そんたく）

(a) 一番忖度してほしいのは体重計。
(b) 忖度、それは法をも超える。
(c) 今の社会でなくてはならないもの。たとえるならスマホ。
(d) 日本独自の諸刃の剣。
(e) 友達作りで欠かせない物。

寸評 13　バイトテロ

(a) ブラックバイトに対して行動を起こすヒーロー。
(b) 採用担当が引いてしまったジョーカーカード。
(c) 若者たちによる「経営者狩り（ヘッドハンティング）」。
(d) 高校生、大学生を中心としたもので、バイトしているところでふざけて動画をとり、SNSにあげたりする行為。ゾンビのように広く感染していき、その行為をする高校生が多くなっている。もはや「バイオテロ」。
(e) 手っ取り早く自分が有名になれる行為。

寸評 14　18歳選挙権

(a) 水道からコーラの夢がかなうかもしれない。
(b) 選挙される側だった女子高生たちがオジサマ選びを強要される猥褻な行為のこと。
(c) 政治家を選ぶ権利だよ！　アイドルを選ぶものではないから、CDは買わなくていいんだよ！

寸評 15 政治家

(a) 長年仕事を続けていると、どんどん顔色が悪くなっていく苦労職。

(b) 記憶がすぐになくなる人たち。

(c) 「この人、大丈夫？」「選んでみないとわからないんだよ」

(d) 国会で眠るのがお仕事。

(e) 問題は、うやむやにしておけばOK。当選できます。

寸評 16 新型コロナウイルス

(a) 今回の件で、引きこもり生活を送っている人たちの凄さが分かった。

(b) イベントを吸い込み続けるブラックホール。

(c) 若者びいきウイルス。

(d) 「新しい生活様式に気づかせてくれてありがとう」

(e) おまえが自粛しろ。

寸評 17 自己責任

(a) 自己責任 掲げる社会は 無責任

(b) この言葉が出たらやらない。

(c) 人を助けることがめんどくさいときに使う言葉。

(d) 自分で責任とるから！　だから好きにやらせてくれー。

(e) 自分の行動には自分に責任があること。イスラム国で殺されたのは自己責任ではないよね。

寸評 18　防衛費増額

(a)　国の未来をつくる子供より、国を守る機械が大事。
(b)　お願いです。そのお金で奨学金を無償にしてください。
(c)　憲法九条への宣戦布告。

寸評 19　マスク

(a)　パンツより大事な布。
(b)　「風邪ひいたの？」と聞けなくなった生活用品。
(c)　込みでおしゃれ。
(d)　昔はつけたくない、今ははずしたくない。

寸評 20　推し活

(a)　「セイカツ」と読みます。
(b)　傍から見たら宗教。
(c)　心は潤沢、財布は枯渇。
(d)　ストーカー予備軍。

コメント　時事問題用語や、昨今話題のテーマもおさえておきたい。

　寸評問題の中に、時の話題の人物の短評を書かせることがよくある。これを「人物寸評」問題と呼ぶ。これも昔から行われてきている基本的なクリエイティブ短文試験だ。好例文を示す。

岸田文雄

(a) 「SPを全員漁師にするか検討します」
(b) 段田安則？ 阪田マサノブ？ 俳優さん？
(c) 半年に14回散髪。何があったのだろうか。
(d) 「検討します」を言い続けた結果、暗殺されかけた男。
(e) 久しぶりに覚えやすい漢字。
(f) 東大に3回落ちても首相になれる！
(g) 決めたがりません。撃たれるまでは。

 ## 大谷翔平

(a) 一つの事を極められない存在。
(b) グローブとバットの両方と結婚した人。
(c) 野球人生二周目。
(d) もはやマンガの主人公。
(e) 野球にドハマリした〝宇宙人〟。
(f) 神のいたずら。

 ## ドラえもん

(a) 人間をダメにするタイプのロボ。
(b) 人気者だけど、似てるって言われると嬉しくない。
(c) のび太の私利私欲のために利用される万能奴隷。
(d) 座ったら伸びる足。
(e) 全能の神、コロナの薬出してくれ!! たのむ…。

ウラジーミル・プーチン

(a) ほぼ木下ほうか。
(b) 実行力は世界一。
(c) 勝てば官軍、いやどっちにしろ賊軍。
(d) 人の心？　母体に忘れてきました。
(e) 世界一人を殺した柔道家。
(f) 「何が何でも、戦争だけはしちゃいけない」（黒澤明）

金正恩

(a) ≒ウラジーミル・プーチン　気が合いそう！（気のせい）
(b) 「欲しいものですか？」「叱ってくれる人が欲しいですね。」
(c) 耳たぶの形が前と違う。ズバリあなたは何人目？
(d) 主な仕事は手を振ることと、拍手をすること。
(e) ロケットを花火と勘違いしている人。

　人物寸評は、ただの人物説明をしているだけでは、批評したことにならないので注意したい。これも寸評同様の書き方をしよう。
　基本的には二部構成とするといい。前半に、その人の特徴をとらえ話題にしたい出来事などを挙げ、自分らしい人物紹介をする。後半に、その人物を皮肉ってみる、最後にオチをつける。
　なお**人物寸評は、基本的にはホメない**。ホメて読み手をうならせる文章を書くのはかなり難しいと考えよう。厳しく批評、批判してほしい。ただし、ホメ殺しの構成は使える。
　人物寸評問題で出そうな人は、世界の権力者、時の首相、話題の芸能人やスポーツ選手である。今年は誰がでそうなのかを予想して練習しておきたい。

PART 6 　寸評・CM依頼・身上相談（クリエイティブ短文対策講座）

2 創作四字熟語をつくる

　既存の四字熟語をアレンジして、新しい四字熟語をつくらせるクリエイティブ短文試験がある。過去問題と解答例を紹介しよう。

【問題】
　次に示す８つの単語について、[例題]のように、それぞれ一つずつ新しい四字熟語をつくってください。ただし、既存の四字熟語をアレンジすること。また、創作した四字熟語の解説を、50文字以内で書いてください（全８問、制限時間25分）。

[例題] サッカー日本代表
　〈創作四字熟語〉 青色深刻　〈既存の四字熟語〉[青色申告]
　解説：日本サッカーの先行きが、とても不安であること。

---

❶ マナー　　❷ 自己責任　　❸ ウクライナ侵略　　❹ いじめ
❺ 世界平和　❻ 憲法改正　　❼ あおり運転　　　　❽ 不倫

【解答例】
❶ マナー
　□全員教師（反面教師）：良い人も悪い人からも勉強になる。
　□化粧堂々（威風堂々）：「電車内で変身して何がわるい!!」？
❷ 自己責任
　□公然無視（公平無私）：誰も助けてくれないこと。自分で始末！
　□全面楚歌（四面楚歌）：すべてにおいて敵しかいない。

❸ウクライナ侵略

　　□万国胸痛（万国共通）世界がみんな、悲しんでいる。

　　□怒怒哀哀（喜怒哀楽）怒りと悲しみしかない。

❹いじめ

　　□一旦離脱（幽体離脱）：つらかったら逃げてもいいんだよ。

❺世界平和

　　□大体無敵（大胆不敵）：そう、敵がいなくなれば平和達成！

　　□全核打尽（一網打尽）：核兵器を持たないことが平和への第一歩。

❻憲法改正

　　□禁九事態（緊急事態）：九条が消されようとしている！

❼あおり運転

　　□車外不出（門外不出）：車の外に絶対出てはいけません。

❽不倫

　　□二者択二（二者択一）：選べないから両方。

　　□隠蔽無理（厚顔無恥）：絶対にばれる行為。

● ポイントは三つ

---

❶とにかく、一読して面白くわかりやすいことが大切である。
四字熟語の創作では、凝りすぎるとわかりにくくなりがち
で、読み手に理解してもらいにくくなる。

❷既存の四字熟語が変わっているとインパクトが出しやすい。
しかし、難しすぎる既存の四字熟語を使うと、面白さが出に
くくなりがちだ。

❸この問題に限っていえば、およそ３分間に一つの割合で四
字熟語をつくらなくてはならないが、あせらないこと。一つ
でもとびきり面白ければ、合格は可能だ。

　創作四字熟語は、出版社の試験ではよく出される。流行語や話題
の人物についても、新しい四字熟語で表現・解説できるよう練習を
しておいてほしい。

PART **6** 寸評・ＣＭ依頼・身上相談（クリエイティブ短文対策講座）

147

PART **6** 寸評・CM依頼・身上相談（クリエイティブ短文対策講座）

3 創作漢字をつくる

　漢字の「偏（へん）」に既存の漢字などを添えて、新しい漢字をつくらせるクリエイティブ短文試験もある。過去問題と解答例を紹介しよう。

【問題】
　次の10個の漢字の「偏（へん）」に、適当な漢字を付けて新しい漢字の意味や読み方を書いてください。

> ①さんずいへん　②にんべん　③きへん　④かねへん
> ⑤てへん　⑥おんなへん　⑦しょくへん（食）
> ⑧ころもへん　⑨いとへん　⑩ごんべん

【解答例】
①さんずいへん
　□さんずいへん＋家＝サザエさん
　□さんずいへん＋恥＝おねしょ
②にんべん
　□にんべん＋鳥＝臆病者
　□にんべん＋食＝自己暗示（人という字を食べる）
③きへん
　□きへん＋秋＝紅葉
④かねへん
　□かねへん＋欲＝私？

148

❺てへん
　□てへん＋合＝お仏壇のはせがわ
　□てへん＋丸＝ OK！
❻おんなへん
　□おんなへん＋男＝人（ひと）
　□おんなへん＋喰＝チャラ男
❼しょくへん
　□しょくへん＋帰＝おふくろの味
　□しょくへん＋制＝ダイエット
❽ころもへん
　□ころもへん＋赤＝還暦
　□ころもへん＋無＝変態
❾いとへん
　□いとへん＋鍋＝マロニーちゃん
❿ごんべん
　□ごんべん＋忘＝マニュフェスト
　□ごんべん＋災＝大炎上

●ポイントは三つ

❶「創作四字熟語」と同様に、一読してわかりやすくて面白く
　なくてはならない。
❷今の世の中の出来事や人物に絡められれば、現在としっかり
　と切り結んでいる自分を PR しやすい。時事的な問題を扱う
　のがお勧め。
❸本番で 10 個出されたら、とにかく10 個書き終えることが
　大切。ただし、一つでもものすごく面白い作品ができれば、
　それだけで合格は可能だ。

　出版社の試験では、これまで、創作新漢字の問題は繰り返し出題
されてきている。一度は練習しておこう。

PART **6** 寸評・CM依頼・身上相談（クリエイティブ短文対策講座）

4 フキダシ問題を考える

　一つの絵が提示されて、「フキダシ」を考えるクリエイティブ短文試験もある。愉快な発想ができるかどうかが試される。
　「つぶやき篇」と「対話篇」を紹介しよう。

● 問題（150字以内）

次の絵の「フキダシ」に言葉を入れてください。

フキダシ文 1

⒜ 「そのまま真っ直ぐ上だぞ。って、オイ！　熱いだろバカ！　気をつけろよ」「だって見えないんだから仕方ないだろ。大体、二人羽織やりたいって言ったのお前だろ」「お前と組まなきゃよかったよ！」

⒝ ダメだ。どんなにおいしいスープを作ろうと努力しても、スープに映る自分の顔が美しすぎて、集中できない。オレって罪な奴。フッ。

⒞ 指輪、どこ行っちゃったんだよ。ここに落ちてねえかな。なくすとカミさんに、めちゃくちゃ怒られるんだよな。

⒟ おっ！　なんだこれは……。あああ、せっかく作ったカレーにカエルが飛び込んじまった。開店まで10分しかないのにどうしよう。作り直す時間もないぞ。うーん……。しめた！　誰も見ていない。今のうちにこいつを捨ててしまえばわからないだろう。今日はカエルのだしのカレーでいこう。

⒠ このダシ、ふき（蕗）からとったんだよね。これが本当の「フキダシ」。

⒡ また何かもめているな。子供の受験で殺人。こっちでは離婚問題。あら、紛争も。みんな宇宙がすべて私の手にかかっているなんてことも知らないで。地球か。宇宙にもどすべきか、食べてしまうか。仲良くするなら、もどしてやってもいいぞ。

　この問題では、大多数の人が、味見をしている料理人のつぶやきを書く。その方向で書くのなら、よっぽど愉快な言葉を考えないと目立てない。この人物を、料理人でないとする書き方をすれば、それだけで他の人から一歩抜きん出ることができる。二人羽織（a）、ナルシスト（b）、ダジャレ（e）、神の目（f）、どれも解答のパターンとして使える。自分の得意なジャンルを確立しておくことがお勧めだ。

● 問題（A、B合計で200字以内）

次の絵の「フキダシ」に言葉を入れてください。

フキダシ文 2

(a) A：「このツボはどうだい？」B：「気持ちはいいけど、左半身が固まって動かなくなっちまったぞ？ は、はやく治してくれ〜」

(b) A：「なんだコノヤロー、猪木だぞコノヤロー」B：「やめなさい、似てないんだから」

(c) A：「右、右、左……。これってなかなか難しいな。あっ、間違えた。でもオレのステップはかっこいいだろ。みんなこっち見てるぞ。もっとはりきっちゃおう。えいやっ、ふう」B：「おい

おい、お前、リズム感なさすぎ。こんなに下手だと、一緒にいる
オレの方が恥ずかしい。お前には、『ダンス・ダンス・レボ
リューション』は向いてないよ。もう、いいかげんに帰ろうよ。
何度やっても10秒ともたないんだから。まったく……」

(d) A:「ジャーンケーン、グー。チキショー負けた」B:「ジャー
ンケーン、パー。よっしゃ、勝った。約束通り罰ゲーム。お前は
坊主頭の刑じゃ。……あれお前すでに……。ていうか俺も……俺
たちいったいなんのために……」

(e) A:「いいか。俺がジャンプしたら、おまえは俺の手を引っ張
り、さらにジャンプしろ。これを続ければ」B:「空が飛べる
んだね、兄ちゃん！」

(f) A:「グサッ」B:「いててて……ナ、ナイフが骨の髄に……」（で
も、絵ぇ見てる人には、わからないネ）

(g) A:「うーん。キリがない。こうなったらジャンケンで勝負だ。
ジャン、ケン、ポン」B:「お前バカだなー。後出しで負けるか、
ふつう」

(h) A:「なあ、お前最近いい事あった？」B:「あるわけないよ。
さっきも犬にションベンかけられてさ。俺たち『幸福を呼ぶ人形
セット』なんて嘘だぜ。どうりで売れないわけだよな……」A:
「……」

　一見して何が起きているのかわからない絵や写真に言葉をつけ
る、**この手の「フキダシ」問題は、いわば前章で学んだ「ショート
ストーリーをつくろう」の入門編**だ。

　他の人だったらどう書くか、それを想像した上で、自分ならでは
の視点を考えることが大切だ。練習しておきたい。ナンセンス(e)、
見えないところを書く(f)、タネ明かし(h)などの手法は参考になる。

PART **6** 寸評・CM依頼・身上相談（クリエイティブ短文対策講座）

5 自己紹介・他己紹介をしてみる

　クリエイティブ短文試験では、**「ある有名人になりきって、自分を宣伝してください」**、または**「ある有名人になりきって、他の有名人を宣伝してください」**という問題も出される。前者を「なりかわり自己紹介文」と呼び、後者を「なりかわり他己紹介文」と呼ぶ。これらも出版社の入社試験でよく出されてきている問題だ。
　さて、例文を読んでいこう。

●問題（400字以内）

> **ある有名人になりきって、自分を宣伝してください。**

自己紹介文 **1**

　どーもー。出川哲朗ですー。ちょっとやめてよー、いきなり自己紹介しろなんていうなよー。ガチで自己紹介すんの？　え！　リアルガチ？　やばいよ、やばいよ、緊張してきちゃったよー。オーマイガ、オーマイガー。何話していいか分からないよ。そもそもなんでこんな自己紹介なんかするんだよ。Whyだよ、ほんとに…。ベリーベリー意味わかんないよ、この企画。スタッフの頭やばいよ。え？　終わり？　よかったよかった。ベリーベリーサンキューね。

154

自己紹介文 2

　はい、どうも。マツコ・デラックスです。で、今日何をすればいいわけ？　自己紹介？　い・や・よ。今さら自己紹介だなんて、ねー。知りたいなら自分で調べればいいじゃないの！　今、検索すれば、何でも出てくる時代よ？　え？　何よ？　いいからやれっての？　あんたちょっと生意気よ、ちょっとこっちきなさいよ。

自己紹介文 3

　こんにちは！　第29代、内閣総理大臣の犬養毅です。今日は自己紹介をするということなんですけれども、何から話しましょうか。では、私の最近ハマっている食べ物から紹介していきますね。私の最近ハマっている食べ物は、パクチーです。えっ？　良さがまったくわからない？　あっ、待て！　話せばわかる。

自己紹介文 4

　だれだオマエ？　自己紹介？　バカヤロー、コノヤロー。お前オレを知らねえのか。ビートたけしだぞ。オレは芸能界で大御所3人のうちの一人だぞ。あと二人はだれだっけ？　知るかバカヤロー。コノヤロー。こっちは映画監督だってやってるんだぞ。二人と一緒にすんなバカヤロー。

> **コメント**　語り口を有名人に似せることがコツ。また、オチをしっかりつけることも大切だ。

● 問題（400 字以内）

> **ある有名人になりきって、他の有名人を宣伝してください。**

他己紹介文 1

　ボク、ドラえもん〜！　今日は友達のミニオンたちをしょうかいするよ。言葉がわからないって？　そしたらいい道具があるんだ。「ほんやくこんにゃく〜」。これは、このこんにゃくを食べると相手の言葉が分かるようになるんだ。ふむなになに、バナナが食べたい？　ええ〜、バナナなんてここには…ああ、待って〜！　おいていかないで〜!!

他己紹介文 2

　皆さんこんにちは。福沢諭吉と申します。長年にわたり私を愛し、喉から手が出るほど私を求めること大変うれしく思います。しかし、もうお別れのようです。聖徳太子様から受けた大役を全うし、後任の渋沢栄一君へと世代交代させていただきます。これを機に大河ドラマの主役も務めた渋沢君を深く学び、良い所を吸収し人生の役に立てて下さい。また「今日も生涯の一日なり」として、勉学や勤勉に努めてください。ではまた会うときに。

他己紹介文 3

こんにちはなっしー！ みんなの人気者、ふなっしーなっしー！ 今日はお友達を紹介するなっしー！ 仲良しのねば〜る君なしよー！ ねば〜る君は嬉しいときに全身を使って伸びるなっしー。それから茨城県の「非公式」のゆるキャラで、ふなっしーと同じく「おしゃべり」できるなっしー。語尾にはふなっしーの「〇〇なっしー」みたいに「〇〇ねばー」と言うなっしー。見た目も茶色いふなっしーみたいな感じで……ってもろパクられてるなっしー！！！

他己紹介文 4

どーも、川平慈英です。くーっ。今日は友達を紹介しましょう！ 織田さん！ そーなんです！ 織田裕二さんなんです！ ねーっ。どうです、この顔の濃さ！ ボクもびっくりです。いつも、世界陸上での司会。なんっとも迫力ありますねー！ 「地球に生まれてよかったー」なんて大きいこと言えません！ じゃあ最後に川平風アレンジの彼のCMのセリフ行きましょう。行きますよ。キターッ！

コメント 二人の組み合わせの意外さと、全体としてのオチがほしい。紹介している側が、いかにもいいそう（でいわなそう）な話がつくれると好ましい。語り口にも工夫が必要である。

PART **6** 寸評・CM依頼・身上相談（クリエイティブ短文対策講座）

157

PART 6　寸評・CM依頼・身上相談（クリエイティブ短文対策講座）

6 CM依頼文を攻略する

　有名人を使うクリエイティブ短文試験には、他に「CM依頼文」がある。次のような問題である。例文も示そう。

● 問題（200字以内）

> 有名人に自社の商品CMへの出演依頼の手紙を書いてください。

CM依頼文 1

　ごきげんよう伊藤淳史さま。本日は我が社のバナナのCM「モテる男はバナナを食べる」に出演して頂きたく、手紙を差し上げました。普通の好青年から「電車男」のオタク役までこなされる伊藤さまの知名度は、高尾山よりも高いと存じております。CMの中で伊藤さまには動物園にあるチンパンジーの檻に入っていただきます。そしてバナナを頬張る伊藤さまは、メスのチンパンジーから求愛を受けるという内容です。演技派の伊藤さまですが今回ばかりはあまり構えないでください。ありのままの伊藤さまで十分ですので。

CM依頼文 2

　小栗旬様、はじめまして。若者による野菜摂取量が低減している今、農協では旬様にPRをお願いしようと考えております。簡単です、その時期の旬である野菜を持って「今が旬で食べ頃！　旬を食べて綺麗になろう！」と言っていただくだけです。肉食系女子が増えている今、勘違いをして興奮した若者は旬な野菜に釘付けになります。あ、特に「旬を食べて」というセリフを強調するようお願いいたします。

CM依頼文 3

　藤原竜也さま　いつもテレビで拝見させていただいております。こちらは夫婦間の問題を相談する電話相談室です。今回、藤原竜也さまに、我が社のCMに出ていただきたく、お手紙を差し上げました。CMの内容といたしましては、険悪な空気の夫婦の間で、「家庭の空気がキンキンに冷えてやがるよ〜」と叫んでいただくだけでございます。ぜひとも、ご検討くださいませ。

CM依頼文 4

　渡辺直美様、はじめまして。本日は我が社の太っても着られるワンピースのCM（ポチャワンピー）の出演をお願い申し上げます。ポッチャリ代表の渡辺さまが着ておられるのをCMで見ていただけますれば、日本のポッチャリのみなさまも着ていただけると思っていただけ、人気になるかと存じます。まことに恐縮に存じますが、渡辺

さまの場合、少し痩せていただいてからの出演をお願いします。

CM 依頼文 5

　マツコ・デラックスさま　はじめまして。このたび我が社の「ワンダーコア」の CM にあなたさまに是非とも出ていただきたく、ご連絡させていただいております。内容は簡単です。「私、マツコ・デラックスからマツコ・スタンダードに改名します！」と言ったあとに、何パターンかワンダーコアに座る映像を撮らせていただくだけです。これまでの宇梶剛士さんより、剛力彩芽さんよりもインパクトのある CM になることは間違いなしです。どうかご検討のほど、よろしくお願いいたします。伏してお願い申し上げます。

CM 依頼文 6

　拝啓　笑い飯さま　このたびは当社の「カップそば年越しバージョン」CM に出ていただきたいと思います。なぜならば、お二人は「年末限定タレント」だからです。M-1 グランプリに出ては年明けとともにテレビから消え、また年末に不死鳥のごとく蘇るお二人は、年越しそばのイメージにぴったりです。セリフは「年末だけは思い出して！　年越しそばで、笑いメシ！」でいかがでしょう。お返事お待ちいたしております。敬具

CM依頼文 7

　冥王星さま　ご無沙汰しております。貴殿が太陽系の惑星から外されて幾年、あなたの存在は忘れ去られてしまいました。さぞかしつらい思いをしておられることと存じます。私は、これはいじめだと思います。いじめは無くさなければなりません。どうか、苦しい経験をバネに「いじめ撲滅キャンペーン」のCMにご出演され、イメージキャラクターとなっていただけませんか。

CM依頼文 8

　前略　明石家さんま様　昨今もかわらずのご活躍の程拝見いたしております。さて、今回は自社の新作 DVD の CM に出演して頂きたくお手紙お送りいたしました。この DVD の内容は極秘でして、キャッチフレーズは「さんまも黙るメランコリック」と致しまして、あれだけ喋り倒しておられるさんまさんが黙り込む映像は、多大な価値と影響力があると思い、今回の運びとなりました。ご検討の程お願いいたします。草々

コメント

　この問題の解き方のコツは、まず、自社商品と有名人との組み合わせの妙味を示すことが第一。次に、CM の中味までつっこんで書く。CM の中で話してもらいたい言葉、やってもらいたいしぐさを書ければリアリティーが出せる。もちろん、例文にあるように商品自体は架空のものでかまわない。

161

PART **6** 寸評・CM依頼・身上相談（クリエイティブ短文対策講座）

7 言い訳文・無人島問題・手紙文をつくる

　クリエイティブ短文試験では、とっさの判断ができるかどうか、すなわち機転のきく人かどうかをストレートに問う問題がしばしば出される。

　たとえば、**「原稿の締め切りに遅れたときの言い訳を書かせる問題」「無人島に持っていくとすれば何がいいかを答えさせる問題」「親から10万円を借りる手紙を書く問題」**などである。これらは「危機回避能力」をみる問題である。例文を示していく。

●問題（400字以内）

> あなたがどこかから原稿を依頼されたとします。締め切りに遅れて原稿を送る時の、担当者宛ての手紙（FAX）を書いてください。

言い訳文 1

　遅れましたが原稿をお送りします。申し訳ございません。締め切り前に出来上がってはいたんですがね。実はウチのネコのモモがこれではダメだと言うんです。今回の原稿はモモを題材にしたんですが、もっとカッコよく書けと怒られまして。ただし書き直しただけあって、よく仕上がっているとは思います。これじゃだめ？　許してくれない？　許して、ごめん。

162

コメント 「誰かのせいにする」というパターンの中では、比較的よく書けている。

言い訳文 2

　今回はどうにか間に合いました。晴れ晴れした気分で旅行に行けます。三日程田舎でのんびりしてきます。その間は連絡がとれませんがあしからず。あ、もう電車の時間だ、行かなくっちゃ。担当者様 12月1日

（ここに原稿を入れる）

　ああ、何てことでしょう。今旅行から帰ってきたら FAX が紙づまりしているじゃないですか。出発の時間が迫っていたので、原稿をセットしてスタートボタンを押して、すぐに家を出ちゃったんですよ。まさか紙づまりで送信できていないなんて……。とにかく今すぐ送ります。本当にすみません。何しろお宅の会社から借りたばかりの FAX でしょう。でも時々紙づまりするんです。電機屋さんに見てもらったら「こんな古いのじゃ、紙づまりも仕方ないよ」って言われたんですけどね。印刷に間に合うと良いのですが……。12月4日

コメント よく考えた言い訳文である。構成に工夫ありだ。

言い訳文 3

　原稿、送るのが遅れてしまいました。すみません。昨日から、家の FAX が、ずっと使えなかったのです。朝から晩まで、一時の休

163

みもなく、FAX が送られてくるのです。曲のリクエストだったり、「今の考え賛成です」とか「今日、声かれてるけど、頑張って」なんてのが送られてくるんです。どうやらあるラジオ局の人が、FAX を間違えて、私の番号を言ったみたいなんです。今、やっと、使えるようになったところです。

コメント うまい屁理屈を思いついた。ストレートに描けていてよい。

言い訳文4

　依頼されていた原稿が遅れてしまったことをお詫び申し上げます。しかし私は『生きる勇気がわいてくる 10 のジョーク』というこの本の原稿が遅れてしまったことを少しも後悔していません。といいますのも昨日原稿を届けようと歩いていたところ、ビルの屋上から飛び降りようとしている男を見かけました。何人かの人がそれを止めようとしていました。そこで私は思いつき、自分の考えたジョークを叫んでみました。すると男は私の方を振り返り、もっと叫ぶようにと言いました。しかしこの通りでネタを全部バラしてしまえば、皆この本を買わないだろうと危惧し、私はそれを断りました。更に男は、「原稿をくれたら自殺は止める。著作権は必ず守る」と言ったので、私はエレベーターに乗り、男に原稿を手渡し、男の命は助かりました。このような次第で原稿が遅れてしまったのです。どうかご考慮いただけますようお願いいたします。

コメント なかなかここまでは思いつかない、すばらしい言い訳だ。

言い訳文 5

　期限が過ぎてしまって、申し訳ありません。やむにやまれぬ事情があったのです。あなただけには話しておかないと、納得してもらえないと思ったので、お話しします。でも、実はコレ、本当は誰にも言ってはいけないことなので、くれぐれも、ご内密に。実は私、某組長の隠し子なんです。父は婿養子で、これがバレると、組長引退ですから、気をつけて。仕返しは恐いですよ。父の組と対立する組が、このことを嗅ぎつけて、私をネタに父にゆさぶりをかけようとしたらしいんです。あわてた父が、私を軟禁、外との連絡も一切取らせてくれなくて。原稿はできているのに、送れなかったんです。父も必死で相手を突き止め、このことを知っている人間すべてを海外の奥地に送ったらしいんです。それで私も解放され、原稿も送れたんです。このことを漏らしたら、あなたも海外追放、もしくは殺されるかも。気をつけて。絶対に他人に言わないでくださいね。

コメント

　「脅し」のパターンの中では、比較的よく書けている。クリエイティブ試験では、非現実的な話を書いても面白ければよい。

言い訳文 6

　遅くなって大変申し訳ございません。今月の原稿をメールいたします。当初の予定では、今月の「特ダネ噂情報」のコーナーで「デヴィ夫人が身につけているゴージャスなドレスや宝石は全部質屋で購入している？」というネタでいくはずだったのですが、朝、徹夜

明けでメールを送ろうとしたらワイドショーを見てびっくり。これでは噂でも何でもない事実となってしまったので、全てを書き直したら、締め切りに間に合わなかったという次第です。こちら側でネタの入れ替えを判断いたしましたが、何分「事実を伝える」というのは、東スポさんの報道精神（＝エンターテインメント精神）に反するような気がしたものですから。

コメント ひとひねりしたことがよく伝わってくる。

● 問題（400字以内）

無人島にたった一つだけ持っていけるとしたら、あなたなら何を持っていきますか。また、その理由は？

無人島 例文 1

　無人島に持っていくもの。それはドラえもんしかない。大丈夫、あと10年もすると、ドラえもんは製造されているのだから、問題はない。ドラえもんは便利なのだ。食べ物も衣類も寝る所も用意してくれる。もちろん、遊ぶ物もだ。しゃべり相手にもなってくれるし、喧嘩の相手もしてくれる。そうそう、どこでもドアで無人島以外にも遊びにいけるのだ。無人島以外？　ドラえもんがいるなら、そんな所にいる必要もないではないか。結局のところ、物質的世界から抜け出せない甘い自分だったということだ。問題点はある。無人島にはネズミがいる。必ずいる。ドラえもんはネズミが嫌いだ。ドラえもんは、無人島に住むことができない。

> **コメント** ドラえもんを書く人は、大変多い。その中では最もよく書けたものの一つだ。オチがいい。

無人島 例文 2

　亀を持っていく。亀のゆったりした姿が、無人島にあっている。動きが遅いから逃げられることもない。動物に襲われても甲羅があるから大丈夫。いなくならないよきパートナーだ。成長すれば、浦島太郎ばりに背に乗って脱出可能だ。運がよければ、龍宮城に行けるかも……。亀が潜り出し、ヤッター、と思っていると、溺死してしまった。でも、龍宮城はある意味天国だから予定通りだったか。

> **コメント** 「ありきたりなもの（＝亀）を持っていく」パターンの中ではよく書けている。オチに工夫あり。

無人島 例文 3

　無人島に、ものすごく豪華な棺桶を持っていく。海に浮かべれば魚釣りのためにもってこいの船になる。雨が降った日はひっくり返して雨をしのぐのもいい。蚊が気になって眠れない夜にも中に入れば蚊帳の代わりになってくれて、ぐっすり眠れる。海岸に置いて水を溜めれば、目の前に海が広がる豪華な露天風呂になる。自分で釣ったり採ってきた魚やきのこは、中にしまって蓋を閉めておけば、寝ている間に他の動物に持っていかれる心配もない。そして、もしかしたら有名人になれるかもしれない。自分が生きることに限界を感じたら、洞窟の奥で棺桶の中で死ぬ。いつか、その棺桶を発

PART 6 寸評・CM依頼・身上相談（クリエイティブ短文対策講座）

見した人々は、その豪華さ故に、自分を「どこかの国の偉い王様に違いない」と言ってくれるかも。

コメント 一つの模範解答である。「棺桶」ではなく、「ものすごく豪華な棺桶」というところに書き手のセンスが見える。

この無人島問題をやってもらうと、全体の約半分が大まじめにスマートフォン、ノートパソコン、本や雑誌と書く。これでは、内容をよっぽど工夫しないと目立たない。

また、全体の１割が人間を連れていく（書き手が男性なら「女性を連れていく」）と書く。なかでは子供をつくり子孫を増やして繁栄させるというオチがほとんどだ。

やや工夫のある解答に「ドラえもん」があるが、これを挙げる人は全体の約２割を占め、少なくない。「ドラえもん」と書くと、願い事がなんでもかなってしまうので、話の展開としては面白くなりにくい。

同じように「コンビニを一軒丸ごと持っていく」と書いた人もいるが、面白くするにはさらにひとひねりが必要となる。

さて、この問題の解き方のヒントである。

❶通常では考えられないようなものを持っていくことに、無理やり決めてしまう。

❷その使い方を数種類考える。できるだけ屁理屈をこねるのがコツだ。ありきたりな使い方では面白くない。

前掲の例文は、持っていくもの自体がややおとなしい。壊れた傘、半分に切った空き缶、東京タワー、火星などなんでもいい。とにかく他の人が考えそうにもない物をまず持っていくと決めて、あとの使い方は非現実で結構、デッチあげればいいのだ。

●問題（400字以内）

親から10万円を借りる手紙を書いてください。

手紙文 1

　お宅の娘を預かっている。心配する事はない、ピンピンしている。娘の命が惜しければ、今月中に10万円用意しろ。たった10万円だ、安いモンだろ、お宅らにとっちゃ。警察に言ったら娘の命の保障はない。また連絡する。と、いう訳で父上様、母上様、10万円貸して頂けませんか。親不幸な娘をお許しください。

コメント
　「脅し」のパターンの中では、比較的ストレートに描けていてよい。「誘拐された話」で書く人は多いので注意。

手紙文 2　（2枚の便せんと封筒を用意）

　お父さん。桜ももうすぐ咲きますね。元気ですか？　玲子はすこし元気がありません。今月の仕送りのことですが……、どうしても5万円必要なの。急いでいるから、理由は後で詳しく話します。もうしわけないけれどよろしくお願いします。P.S. お母さんには内緒ね。
　お母さん。桜ももうすぐ咲きますね。元気ですか？　玲子はすこし元気がありません。今月の仕送りのことですが……、どうしても5万円必要なの。急いでいるから、理由は後で詳しく話します。もうしわけないけれどよろしくお願いします。P.S. お父さんには内緒ね。

PART 6

寸評・CM依頼・身上相談（クリエイティブ短文対策講座）

169

> **コメント** 発想力あり。

手紙文 3

　おとっつぁんおかっつぁんへ元気だか？　オラが東京さ来てがら
もう半年になるけんども、まだ、おっかねー。きのう都から電報き
て、東京には「年越し税」っつーのがあるらしぐで、20歳以上は
10万円払うんだ。東京さ金かかるどごだって聞いてたけんども本
当だなー。オラはやく帰りてえだよ。そういうことだもんでたのん
だで。ひろしより

> **コメント** とぼけているところがすばらしい。

手紙文 4

　母上様元気ですか？　東京に来てからもう3カ月経って、だい
ぶこっちの生活にも慣れてきたよ。大学の授業もすごいためになる
し、サークルに入って友達もたくさんできた。サークルはマジック
研究会っていうのに入ったんだ。いろんなマジックとかみんなで考
えて、発表会とかするやつ。そうそう、来月末にさ、その発表会が
あって、僕はお金が消えたり、違う種類になったりするマジックを
やることになったんだ。1万円札5枚を束ねて、手の中で数えてい
るうちに5000円札10枚になるっていうやつなんだけどね。まあ、
それでやっぱりちゃんと透かしが入ってて本物を使わなきゃいけな
くてさ、でも10万円なんて大金持ってないじゃん。だからさ、今
月末に一時的に10万円余計に送ってほしいんだけど。もちろん、

170

発表会が終わったらすぐに返せるから安心してよ。急で本当に悪いんだけどなんとかお願い。じゃあね。

> **コメント** よく考えついた。ここまで考えられる人はそうはいない、お見事。

手紙文 5

　寒さも厳しくなってきましたが、お元気でしょうか。私は元気です。お母さん。お母さんがコードを足にひっかけて消してしまったドラクエの冒険の書、覚えていますか？　賞味期限の切れた牛乳を知らずに飲ませて、酸っぱいよって言ったら舌の肥えた子だって叱られたけど、次の日ひどい下痢で遠足に行けなかったな……。縁日でとってきて大切にしてた金魚、ネコが食べたって言ってたけど、お母さんが水かえる時流しに流しちゃったの知ってるんだ。掃除の時に私の日記盗み読みして夜お父さんに報告してたの聞こえてるっつーの。私のすごい高い美容液が妙に減りが早い理由も知ってるよ。ときどき夕飯を冷凍食品でごまかしてるけど、私はお父さんほど味覚オンチじゃないの。別に特に用はないんだけど、ちょっと今月10万円いるんだ。特に用はないんだけどね。

> **コメント** 〝脅し〟のパターンの中では、秀作だ。切れ者という印象を与えて、よい。

PART **6** 寸評・CM依頼・身上相談（クリエイティブ短文対策講座）

8 身上相談にのる

　さて、このPARTの最後に、古典的なクリエイティブ短文試験を紹介しよう。それは、明治時代から雑誌や新聞紙上で人気を博してきた「身上相談」の問題である。問題と例文を読んでほしい。

●問題（400字以内）

> Q：高校1年生の女子です。親からひと月におこづかいとして1万円をもらっています。しかし、付き合いが多くてとても足りません。どうしたらいいでしょうか。

身上相談 **1**

A：甘えんな。てゆーか、もらいすぎです。ひと月1万円って……。最近の高校生は、こんなもんなんですか。とりあえず、バイトを始めなさい。高校生だと職種は限られてしまうけど、何とか探してください。私の経験上、バイトはバイト情報誌で探すより、自分の足で探した方がいい。面接に行く前に、その店とか会社の雰囲気を見られる訳だからね。やばそうだったらパスすればいい。あとは年上の大学生か社会人と付き合いなさい。タメの子と付き合っても、たいしたデートもできない上に、割勘になっちゃうだろうし。大学生や社会人なら、相手に「彼女は女子高生」ていう粋なステータスを与えられる上に、デート代は向こう持ち。利害一致。まとめると、年上の男がいっぱいいそうな所でバイトしろ、ということです。

> **コメント**
> 身上相談の場合、ついついまじめに答えてしまう人が多い。
> アルバイトを勧める解答は全体の8割を占める。その中で、
> この解答はかなりよく書けている。

身上相談2

A：売春？　収入いいけどこれはまずいっしょ。うーんそうだなあ。
「父春」はどう？　これは超簡単でしかも家でできるんだ。そして
そして一番の売りは、一石二鳥ってとこかな。方法はというと、と
にかく学校であったことや何かをお父さんと話す。どこの父親も、
「娘は目の中に入れても痛くない」って言われてるくらいかわいい
らしいから。話をするだけでおこづかいアップなんてこともあるか
もよ。次の方法は、お酒をどんどん飲ませて気分よくさせ、おこづ
かいアップを約束させる。（注!!　健康を害する程の量は避けてネ。最近よく
ある保険金〇〇だけはナシよ）。まあどちらの方法にせよ、娘と接するこ
と自体が父親にとってうれしいことなんだから、ぜひやってみて
よ。こづかいアップと父娘愛どっちも獲得できるなんてとってもお
得だよね。そんなあたしなんて父と会話して……ないか。あっ、ヤ
バイ。

> **コメント**
> とてもオリジナリティーがある。オチてはいるがオチ自体は
> もう一歩と思う。

PART **6**

寸評・CM依頼・身上相談（クリエイティブ短文対策講座）

173

身上相談 3

A：答は簡単、ひと言でOKです。「子供できちゃった」。これだけです。あなたは付き合い多いので、いろんな人脈があるはずです。ひとグループ1回こっきりですので、時期をみはからって適度に使い分けましょう。

> **コメント**
> ストレートでシャープな答えになっている。

身上相談 4

A：まず合コンをたくさんすることから始めてみてよ。相手は医学部や有名私立の大学生。そしてその中で一番お金を持っていそうな男に向かってこう言うんだ。「世界でたった一人の人に巡り会えた気がする」。次はそいつの隣に座ってわざと手に熱いコーヒーをこぼす。その火傷が治る頃には相手はもう君に夢中さ。これを何人かに実行した後、全員に同じ指輪をプレゼントしてもらう。そのうち一つだけを残して、あとは質屋に売り飛ばす。お金は入るし、プレゼントは常に身につけられる。これで完璧。

> **コメント**
> 「同じ指輪をプレゼントしてもらう」というアイディアが秀逸。こういう悪知恵を書くのもいい。

PART

7

難関の雑学・教養・時事問題を突破する

このPARTでは、適性、語学、専門常識、
雑学試験といった筆記試験対策（作文等を除く）を
紹介する。後半に、
これまでほとんどオープンに
されてこなかった
出版業界各社の過去問題を
掲載したので、
ぜひチャレンジしてほしい。

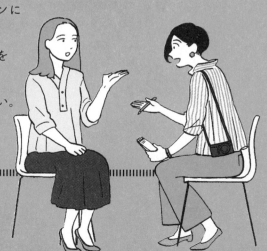

出版社における筆記試験とは何か

　作文、三題噺、クリエイティブ試験以外の出版業界各社の筆記試験には、次のようなものがある。

- ●「適性」試験───SPI、クレペリン検査
- ●語学試験────英語ほか
- ●専門常識試験──専門知識問題、編集者としてのセンスを問う問題
- ●雑学試験────時事問題、教養問題、一般常識問題、雑学問題

　以上を詳しく解説し、対策法も記していきたい。

　その前に、出版社における筆記試験（作文、三題噺、クリエイティブ試験を除く）とは何かについて考えてみよう。

　わかりやすい例を挙げる。

　物理学雑誌を発行するある出版社では、この雑誌編集者の応募資格として、「大学院で物理学の修士課程を修めた者以上であること」をうたっている。海外の物理学最先端の情報を選択し、学者に翻訳させて掲載する。国内の物理学の現状を鳥瞰して報告する。また、優秀な人材を発掘して論文を書かせる。物理学の未来を切り開くための特集企画を毎号立てる。こういう雑誌だ。物理学の素養が必要なことはもちろんだが、加えて好奇心が旺盛で物理学の未来を見通そうとしていて、かつ編集者としてのセンスがなければ仕事が勤まらないことがわかるだろう。大学院物理修士課程以上の応募資格も納得できると思う。

　さてこの場合、具体的には次のような筆記試験が行われる。

❶物理学の基礎を問う問題。
❷海外の最新物理学情報の英文を読み、日本語の要約文にまとめる。

❸物理学に関する日本語の長文を読み、この雑誌にふさわしい全体のタイトルをつける。また、適当なところで段落分けを指示し、それぞれに小見出しをつける。
❹次号の特集企画名を記した上で、具体的に執筆させたい著者と内容をこの雑誌の目次を参考にして書く。

　以上ができれば、面接に進めると考えていい。もし、物理学の専門雑誌をやりたければ、こういう問題が出ることを覚えておいてほしい。
　ではどうしてこういう試験があるのかを説明しよう。❶～❹の試験には、それぞれ出題意図がある。

❶→物理学のベースができているかをみる。
❷→英語力はあるか、文章をまとめる能力はあるかをみる。
❸→他人の文章を読者にわかりやすくうまく伝えることができるかをみる。
❹→本当にこの雑誌をつくるつもりがあるかをみる。

　もうわかると思うが、専門雑誌を刊行する出版社を受けるのなら、また、大手出版社の特定雑誌の求人に応募するなら、どこも上のような試験が出ることを覚悟しておこう。
　はっきりいってしまえば、少々一般的な教養（最近の社会的な事件や国際問題など）に乏しくても、❶～❹ができればよいのだ。自社刊行物をつくるための必要最低限の知識を持つ人物を選抜するために、各出版社は独自の筆記試験を行っていることを、ここではおさえておきたい。
　全般的に優れている人間を探しているのではなく、その出版社で役立つ人物を探す。これが出版社が筆記試験を行う理由である。
　では、各論に入ろう。

PART
7
難関の雑学・教養・時事問題を突破する

177

PART 7　難関の雑学・教養・時事問題を突破する

1 「適性」試験は楽勝

　「適性」試験と呼ばれるものには、「SPI」や「内田クレペリン検査」などがある。

SPIとクレペリン検査とは？

　「SPI」は、「Synthetic（総合的な）Personality（個性・性格）Inventory（評価）」の略語で、1974年にリクルートの人事測定事業部が開発した試験である。内容は**中学レベルの国語、数学、理科の基礎学力を測る能力検査と、性格検査**の二つに分かれる。

　「**内田クレペリン検査**」は、ドイツの精神医学者エミール・クレペリン（1856〜1926）の研究に着想を得て、日本の心理学者・内田勇三郎（1894〜1966）が開発、発展させた性格検査である。**二つの一桁の数字を足して、その一桁目だけを記述するごく簡単なテスト。これを連続的に行わせてその結果によって性格を判断する**というものだ。集中力や、持続力などが測れるといわれている。

　以上の「適性」検査のうち問題になるのは、SPIの能力検査だ。能力検査の理数系の問題は、難しくても高校1〜2年レベルだから大学生ならまず解ける。しかし、一度書店の就職本コーナーでSPIの問題集をちらりと覗いてほしい。もし難しいと感じたら、君は中学、高校で習ったことを忘れている。さっそく対策が必要だ。

おすすめSPI対策本はこれだ！

　SPI対策本ですすめたいのは、『これが本当のSPI3だ！』（SPIノートの会編著　講談社）と『SPI3の教科書　これさえあれば。』（TAC出版）である。SPIを課す会社をいくつか受けると、前に受けた会社と

まったく同じSPI問題にあたることがあるはずだ。それほど多くの種類のSPIが毎年つくられているわけではないことがわかる。

なお、近年はSPIの対策本が増えたためにSPI以外の適性試験を課す出版社もある。それについても「SPIノートの会」の著者名で出されている本で対策できる。「SPIノートの会」は、ホームページ（採用テストの革命集団SPIノートの会就活速報！）も開設している（https://www.spinote.jp）。

SPI対策はやらなくてもよい？？

そもそもこれらの適性試験を行うのは、出版業界では多数の応募者が殺到するいわゆる大手出版社に限られるといっていい。それも、ただ**人数の「絞りこみ」に使うだけ**だ。大手出版社を志望するのならば、少なくともSPIの問題集には、ひと通り目を通しておいたほうがいい。そうすれば落とされることはない。

現実には、大多数の出版社はSPIもクレペリン検査も行わない。なぜなら、採用者側が「SPIやクレペリン検査なんかで自分を評価されてたまるか」と考えているからである。

毎年「SPIなんかを選考に使う出版社は、会社の姿勢として許しがたいから、受験しない」という学生に出会うが、それは一つの見識だ。自分の見識をしっかりと持つ学生を私は大いに応援したい。基礎学力がなくても、SPIで「適性」と判断されなくても、優秀な編集者はそれこそゴマンといる。

PART
7

難関の雑学・教養・時事問題を突破する

2 語学をどうするか

　翻訳書を出す出版社もあれば、出さない出版社もある。各出版社の「語学との関わり」はさまざま。したがって語学の必要性も会社ごとに違ってくる。

　たとえば、児童書の福音館書店は、かつて2カ国の外国語ができることが求められた。またKADOKAWAはTOEIC®550点、TOEFL®450点、英検2級以上が応募条件だったこともある。大学書林などの語学出版社、文英堂などの語学教科書出版社、他に語学教材出版社をめざす場合も、当該の語学が得意であって当たり前だ。

　これらはわかりやすい例だが、他に出版関連会社であるタトル・モリエイジェンシーや日本ユニ・エージェンシーなどの翻訳エージェント（著作権仲介業務）会社を志望するのなら、英語をはじめとする諸外国語の読み書きに堪能でなければならないことはいうまでもない。

語学力はどのくらい必要か？

　では、一般的な雑誌出版社や書籍出版社ではどのくらいの英語力が必要なのかを述べる。それぞれの編集の仕事から考えていきたい。

　雑誌編集者ならば、時に海外取材もありうる。日常会話程度はできたほうがいい。

　書籍編集者の場合、翻訳書を編集する編集者ならば、ペーパーバックの小説を自力で読める程度の力がないと、どんな洋書を翻訳すればいいのかの目利きができないし、翻訳家が訳してきた原稿を直すこともできないことになる。

逆に翻訳書をつくらない編集者は、はっきりいえばまったく語学力を必要としない。日本語の書籍だけをつくっている編集者はとても多い。君が書籍の編集を志望していて、これから日本語の本だけをつくっていくつもりならば、基本的には語学力は必要ない。出版社を志望するにあたって語学の勉強をあらためてしなくてもよい。

出版業界の語学試験とは

　さて、これまで大手出版社の英語の筆記試験ではどういう問題が出されてきたか。ズバリ英検2〜準2級程度の問題が多い。この程度の力があれば、大手出版社に必要とされる英語力はクリアできているといえる。しばしば時事問題に関する長文が出されるから、新聞社受験用の英語の過去問題集に目を通したり、英字新聞に親しむようにしておこう。長文試験といっても、大意がとれれば答えられる問題ばかりだから、日頃から日本語の日刊新聞をよく読んでいれば内容の把握は簡単にできるので心配はいらない。

　翻訳書などを出す書籍の出版社（早川書房ほか）ではどのような問題が出されるのか。

　たとえば、あるペーパーバックの内容の要約英文が示され、これに対して、

❶日本語のタイトル（書名）を自分ならどうつけるかを答えさせる。

❷本になったときの、帯のキャッチコピー（ごく短い宣伝文）を書かせる。

❸新聞広告や、図書目録に使うための日本語の要約文（一般的な宣伝文）を書かせる。

　以上のような試験だ。要するに、ただ英語力をみるだけでなく、編集者として本がつくれるかどうかのセンスをみていると考えたい。

PART

7

難関の雑学・教養・時事問題を突破する

181

PART **7** 難関の雑学・教養・時事問題を突破する

③ 専門常識試験について

　それぞれの出版社には、得意なジャンルがある。何が得意なのか
は図書目録を見れば一目瞭然だ。書籍を中心とする中堅出版社や、
専門小出版社の場合は、各々の出版傾向の分野に関する専門常識試
験が出されることになる。

　たとえば、教育書の出版社ならば、世界の教育史、代表的な教育
思想や教育思想家について、日本の教育関連法、学校制度などを問
う問題がベースとなる。次いで現在の子どもをめぐる問題（いじめ、
少年法など）、それに関する話題の本や著者を知っているかどうかが
問われる。それだけではなく、これから本をつくっていくのだから
「教育の未来」についての問題も出される。新しい教育実践の試み
についてや、家庭・地域「共育」、また、大人自身の教育、定年退
職後の生きがいを見つける教育まで範囲は広がっていく。

　児童書を出している出版社であれば、現在売れている児童書につ
いてタイトルや著者名を問う問題は必ずといっていいほど出る。あ
とは国内外を問わず児童書の名作を問う問題。たとえば、名作の主
人公の名前を問う問題もある。ほかには、教育書の出版社と同じよ
うに、子どもをめぐる現在に関連する問題が多くなる。今子どもの
間ではやっているもの、子どもに関する統計などだ。

　出版社の試験の答え方は、記述式もあれば選択式の場合もある。
志望者が多いと予想する出版社ほど、採点を容易にするために選択
式にする傾向がある。

　どの出版社も、やさしい問題からかなり難しい問題までが出題さ
れる。当然全部はできなくていい。これまで私が知る限り、出版社
が独自につくった問題がすべてできたという学生は聞いたことがな

い。つくっている出版社の人間は、その分野を広く浅く見渡すプロフェッショナルだ。彼らが精一杯幅広くつくる問題の全部を解けるはずはないのだ。少なくともその分野に興味があるのなら平均点以上は取れるはず。焦って勉強することもない。

コツは〝広く浅く〟である。そのジャンルの歴史、現在話題になっていること、それらについての関連本を知っていることが大切だ。学者になるのではないから、深く理解している必要はない。

編集者に必要なセンスを問う問題もしばしば出される。

先に物理学雑誌の入社試験の例を記したが、それと同様のものだ。日本語の長文が示されて、それを自分なりに段落分けし、小見出しをつけたり、全体のタイトルをつけたりする試験がある。

また、これはクリエイティブ短文試験の範疇に入るが、たとえば「現在の日本国首相に本を書かせるとする。そのタイトルと帯の文章を書いてください」というような問題もある。

漢字の問題については、出版社の入社試験はかなり難しい。読み方、書き取り、他に、四字熟語、ことわざ、故事成語、名句名言なども、試験会場で初めて知ったというものが出てくる。

ぜひとも本書の姉妹編である拙著『これが出る！ マスコミ漢字攻略バイブル』（早稲田経営出版）にチャレンジしてほしい。この本は、この25年余にわたりマスコミ各社で出題された「漢字」試験を3万問集めたデータベースをもとにしている。その中からこれから出そうな問題を1万問セレクトした。すべての問題が○×の二択式で、さらに、ページごとに問いと答えを配してすぐに解答がわかるようにしてある。

『これが出る！ マスコミ漢字攻略バイブル』にも記したが、出版社の漢字問題では、ごくまれに、その時々の「有名人（政治家・スポーツ選手・芸能人など）」の名前を示し、読み方を記述させたり、フルネームを漢字で書かせるという問題が出されることがある。この一年間に活躍した「有名人」を、軽くチェックしておきたい。

PART **7** 難関の雑学・教養・時事問題を突破する

4 出版社の一般教養問題を予想する

　マスコミ受験の中では、講談社、小学館、集英社をはじめとする大手出版社の一般教養問題試験が最も難しいといわれてきた。試験問題は公開されていないし、「タレント優香の本名は何か」「ドラえもんの誕生日はいつか」などというマニアックな問題が出されたという噂が、毎年飛び交うからである。タレントの本名を問う問題や、有名キャラクターの誕生日を問う問題は、噂ではなく実際に出題されてきた。しかし、出版社の過去30年間の一般教養問題を、入社試験を受けた大学生諸君からの情報提供に基づいて、詳細に調べてみると、実は、毎年同じような問題が出されていることがわかる。

　ここでは、これまであまり明らかにされてこなかった出版社の一般教養試験の過去問題を徹底的に分析し、出題傾向を提示する。この項をじっくり読んで、出版社の入社試験の際に出題される問題を予想し、対策を立ててほしい。

　まず、出版社の一般教養試験の形式としては、およそ4〜5択問題と記述式に分かれる。内容については、大きくいえば次の4つのジャンルから出されていると考えていい。

❶この一年間に起きた出来事
❷日本の国で社会人として生きる上で知っておきたい常識問題
❸本・雑誌、出版業界の話題、当社について
❹漢字問題

184

それぞれをさらに分類すると以下のようになる。

❶この一年間に起きた出来事

1　流行
├─〈1〉情報化社会
├─〈2〉ファッション・ブランド
├─〈3〉世相
├─〈4〉食べ物
├─〈5〉動物
├─〈6〉趣味

2　芸能・音楽
├─〈1〉歌手
├─〈2〉ヒット曲
├─〈3〉タレント・芸人
├─〈4〉テレビ番組
├─〈5〉その他

3　スポーツ
├─〈1〉オリンピック・ワールドカップ
├─〈2〉相撲
├─〈3〉プロ野球・大リーグ
├─〈4〉サッカー
├─〈5〉話題のスポーツ

4　映画
├─〈1〉賞と作品
├─〈2〉監督
├─〈3〉俳優
├─〈4〉その他

5　芸術

6　時事問題
├─〈1〉これから起こること
├─〈2〉国内政治

├─〈3〉国内問題
├─〈4〉国際社会
├─〈5〉世界遺産
├─〈6〉環境・科学
├─〈7〉経済
├─〈8〉人物

❷ **日本の国で社会人として生きる上で知っておきたい常識問題**

1　雑学・なぞなぞ

2　常識問題

3　日本国の基礎

❸ **本・雑誌、出版業界の話題、当社について**

1　本・雑誌
├─〈1〉芥川賞・直木賞
├─〈2〉ベストセラー
├─〈3〉作品・作者名
├─〈4〉雑誌
├─〈5〉古典の作品・作者名
├─〈6〉有名な作品の冒頭

2　出版業界の話題
├─〈1〉ノーベル文学賞ほか
├─〈2〉出版業界の基礎

3　当社について
├─〈1〉ホームページ・エントリーシート
├─〈2〉キャラクターほか

❹ **漢字問題**

　全体としては、「流行」「音楽」「映画」「スポーツ」「タレント・芸人」「テレビ番組」については、かなりマニアックな問題が出さ

れている。反面、「政治」「経済」「国際問題」などについては、新聞社の入社試験に比べると、ごく基本的なやさしい問題だといえる。また、出版社という性質上、当然のことながら「本・雑誌」「漢字問題」については、やや難易度の高い問題が出されてきた。

　ここからは、それぞれのジャンルについて説明していこう。ただし、具体的な問題については、以後の「5　出版業界の一般教養過去問題集」「6　よく出る漢字問題集」を参照してもらいたい。

❶「この一年間に起きた出来事」についての問題

1　流行

〈1〉情報化社会

　コンピュータ、インターネット、スマートフォン、仮想通貨（電子マネーや暗号通貨）、eスポーツなどに関連する問題が頻出している。新商品のみならず、新商品の広告のキャラクターなどもチェックが必要である。また、ゲームに関しては、オンラインゲーム、家庭用ゲーム、携帯ゲームにかかわらず、話題のゲームに関する出題は多い。新しいIT用語も要チェック。

〈2〉ファッション・ブランド

　流行のファッションの傾向についてはおさえておきたい。ファッション・ブランドについては、どこの国のブランドであるのか、デザイナーは誰かなどがよく出されている。最近の動向についてもチェックしておいてほしい。化粧品については、CMに使われる女優と商品との組み合わせを問う問題は頻出。高級車ブランドについても、どこの国のブランドかをおさえておきたい。

〈3〉世相

　毎年年末に発表される「今年の漢字」、また、「流行語大賞」は頻出。「流行語大賞」については、過去の大賞言葉を問う問題も出る。

　近年では、「サラリーマン川柳」の中からも、出題されるようになっている。

PART 7　難関の雑学・教養・時事問題を突破する

〈4〉食べ物

この一年間で話題となった食べ物はおさえておきたい。期間限定発売や、発売〇周年の商品も要チェックである。また、商品名（缶コーヒー、ビールなど）と会社名との組み合わせ、商品名とテレビ CM の俳優・キャラクターとの組み合わせを問う問題もよく出されている。

〈5〉動物

話題になったイヌ、ネコ、パンダ、アザラシやシロクマ、コマーシャルに出演しているタレント小動物など、**話題の動物に関する問題は頻出**。天然記念物、外来生物、絶滅危惧種については、動物に限らず植物もチェックしたい。

〈6〉趣味

新しく発売された自動車と会社名との組み合わせを問う問題は頻出。ほかに、話題の競走馬・騎手の名前や獲得した賞について、流行のギャンブルについて、パチンコ・パチスロについては機種名を問う問題まで出されている。将棋や囲碁についても、話題のプロ棋士はタイトル戦の戦績とともにおさえておきたい。

2 芸能・音楽

〈1〉歌手

レコード大賞など、**賞をとった歌手は要チェック**。新作 CD と歌手名との組み合わせ、話題のグループの人数を問う問題は毎年頻出。

〈2〉ヒット曲

話題になった曲だけでなく、**賞をとった曲はおさえたい**。

〈3〉タレント・芸人

タレント、芸人に関する出題は大変に多い。結婚した人、出産した人、離婚した人についてはもちろんのこと、タレントの出身地や本名、所属事務所名を問う問題、話題になったコメントと発言した芸能人との組み合わせを問う問題もよく出される。

近年は、**お笑い芸人に関する問題が多くなっている**。お笑い芸人

とギャグとの組み合わせ。コンビを組む芸能人の場合、片方を示して、相方の名前を答えさせる問題、メガネをかけていないコンビを選ばせる問題なども出されている。R−1グランプリ、M−1グランプリの優勝者については、過去にさかのぼって問われる場合もある。

〈4〉テレビ

テレビ番組、テレビCMについての問題も多い。

テレビドラマは要チェック。話題の番組と主役の俳優との組み合わせはもちろんのこと、原作者、脚本家、音楽担当者を問う問題も出されている。NHKの大河ドラマの主人公と原作者は、過去の作品も含めてよく出される。話題になったCMについては、商品名と会社名、商品名と出演俳優との組み合わせを問う問題が頻出している。老舗のキャラクターについても、いつでも出される可能性がある（キョロちゃん―森永製菓など）。

ついでにテレビ業界用語もおさえておきたい（ゴールデンタイム、プライムタイム、視聴率、F1層、F2層など）。

〈5〉その他

歌舞伎、能楽、狂言、落語、浪曲など、この一年間に話題となった古典芸能についても出されることは多い。

3 スポーツ

〈1〉オリンピック・ワールドカップ

オリンピック、ワールドカップについては、これから**開催される地名・国名を問う問題は頻出**。オリンピックについては過去の開催地を問う問題も少なくない。直近のオリンピック、ワールドカップについての成績や話題も問われることが多い。

〈2〉相撲

外国人力士の出身国、所属部屋、本名、番付、成績を問う問題が近年多くなっている。

〈3〉プロ野球・大リーグ

アメリカ大リーグのチーム名と所在地、日本人選手が所属する

チーム名を問う問題は毎年頻出。

　プロ野球については、昨年度のチームの成績、新人選手の所属チームと成績、監督名と所属チームの組み合わせを問う問題が多い。

　高校野球については、春夏甲子園大会の優勝校・準優勝校名、春の選抜大会の入場行進曲名を問う問題、熱戦を演じた投手・打者についてもよく出されている。

〈4〉サッカー

**　海外で活躍する日本人選手とチーム名と所在地・所在国を問う問題は頻出。**

　Jリーグについては、チーム名とスタジアム、所在地の組み合わせ、獲得タイトルを問う問題が出される。外国人、日本人を問わず、話題の選手・監督も要チェックである。

〈5〉話題のスポーツ

　箱根駅伝に関する問題は頻出。総合優勝のみならず往路・復路優勝もおさえたい。

　また、若い人が活躍するスポーツ（ゴルフ、テニス、フィギュアスケートなど）、話題のスポーツ（バドミントン、フェンシング、女子マラソンなど）、総合格闘技などもよく出されている。

4　映画

〈1〉賞と作品

　アメリカのアカデミー賞、ゴールデングローブ賞、日本のブルーリボン賞、キネマ旬報ベストテンで、年間賞をとった作品、また、カンヌ国際映画祭などで賞をとった作品に関する問題は頻出。エントリーされた作品のうち日本人が監督、主演、助演などで関わった作品も要チェックである。

　作品名と賞との組み合わせ、作品名と主演俳優名、監督名、音楽監督名などとの組み合わせを問う問題も多い。

〈2〉監督

　これから製作・公開される映画に着目したい。また、新海誠、宮

崎駿、北野武、三谷幸喜、河瀬直美、是枝裕和、黒沢清、濱口竜介らの作品についての問題も多い。

〈3〉俳優

　賞をとった作品のみならず、巷をにぎわせた男優・女優についての問題も少なくない。俳優のゴシップについての問題が出されることもある。

〈4〉その他

　話題となった映画の原作、原作者、モデルとなった地域などの問題も頻出。また、アニメに関する問題も多く出される。

　大手出版社では映画に関する問題は、比較的マニアックな設問が多い。

5　芸術

　この一年間のうちで話題になった美術館・博物館などの企画展に関する問題は頻出。現代アート作家の動向もチェックしたい。

6　時事問題

〈1〉これから起こること

　時事問題では、選挙やオリンピック、政令指定都市の指定など、これから先およそ一年以内に起こることに関する設問が多い。これは、毎年1月1日の日刊新聞に掲載される「今年の一年の予定」の特集ページをチェックすることが重要である。

　一年以上先のことでも確実性が高い事項についてはよく出される。近年の問題で例を出すと、たとえば、北海道新幹線の開業と見通しなどについては、5年続けて各社で出されてきた。

〈2〉国内政治

　日本国総理大臣、与党の三役の名前、野党の党首名はまずおさえたい。代々政治家をしている議員の、先代・先々代の議員名と業績も問われることがある。政治家については、その発言との組み合わせを問う問題もしばしば出される。話題の都道府県知事については、発言のみならず政策や行動も要チェックである。政党について

は、選挙時のスローガンも問題に出されることがある。

年金問題、少子高齢化問題、自衛隊問題、憲法改正問題、靖国問題などは、動向をおさえておきたい。

〈3〉国内問題

この一年間に起きた大きな事件・事故などをチェックしたい。これは、毎年12月30〜31日の日刊新聞「この一年の出来事」欄を読んで対策しよう。出生率も頻出である。

〈4〉国際社会

国連事務総長の名前、話題の政治家はフルネームで書かせることがある。NATO、EU、ASEAN、OPEC、BRICs、VISTA、6カ国協議など、各種グループに所属している国名はしばしば問われる。

欧文略字（TPP、CEO、FRB、UNHCR、WHO、IWCなど）は、日本名とその意味を問うほか、正式名称を欧文で書かせることもある。

ノーベル賞受賞者はフルネームと業績をチェックしたい。

〈5〉世界遺産

諸外国や日本の世界遺産のほか、世界遺産候補地も要チェックである。

〈6〉環境・科学

原子力発電所、新型コロナウイルス、iPS細胞、最高気温の記録、気象用語（線状降水帯、エルニーニョ現象、ラニーニャ現象、フェーン現象、熱帯夜、真夏日、真冬日）に関する問題が頻出している。国際宇宙ステーション、ナノテクノロジー、アスベスト、アンチエイジング、ロハス、マクロビオティック、重力波、民間宇宙飛行などについてもしばしば問われる。

〈7〉経済

経済専門の出版社以外では、それほど難しい問題は出されないと考えていい。一般教養試験全体に対する設問数も少なめである。この一年間に話題となった経済用語、経済関連の大きな事件を、先述の12月31日の日刊新聞「この一年の出来事」欄でチェックしたい。

〈8〉人物

この一年間に亡くなった人物については、その人の業績を問う問

題がよく出される。また、生誕〇〇年・没後〇〇年で話題になっている人物については、その人物についてだけでなく、その時代についての問題も出されることがある。

また、ある大手出版社では、50人の簡単な人物説明を書かせる問題を毎年出題しているが、それは、いわゆるこの一年間の話題の人物を追えば答えられる問題である。

❷日本の国で社会人として生きる上で知っておきたい常識問題

1 雑学・なぞなぞ

出版社で出される「常識問題」として特徴的なのが、この、いわゆる雑学である。

パスタの種類を問う問題、調味料を入れる順番を問う問題、メンチカツやカキフライの作り方を問う問題、童謡（「赤とんぼ」「せいくらべ」など）の最初の4小節の楽譜が提示されて、その曲名を答えさせる問題などさまざまである。

ほかに、次のような問題も出る。

「『38・2・22・42・36・2』を『さくら』と読むとき、『50・30・38・16・18・26・42・28・10』は何と読むか」という問題である。

解き方は次のとおりだ。この数字は、言葉をローマ字に分解した時のアルファベットの順番×2をあらわしている。「さくら」＝「SAKURA」＝「（19番目×2）・（1番目×2）・（11番目×2）・（21番目×2）・（18番目×2）・（1番目×2）」となる。したがって、「50・30・38・16・18・26・42・28・10」＝「（アルファベットで）25番目・15番目・19番目・8番目・9番目・13番目・21番目・14番目・5番目」＝「YOSHIMUNE」＝「吉宗」と読む。

さらに、以下のような「ダジャレなぞなぞ」まで出題した大手出版社もある。

● ドラえもん、ウルトラマン、仮面ライダー。よくメールに返事
をくれるのは。（解答例：仮面ライダー〈へんしーん＝返信〉）

PART
7

難関の雑学・教養・時事問題を突破する

193

●カレーにこだわる東欧の国は。（解答例：ルーマニア〈ルーのマニア〉）

●Ｂの書き方を教えている日本の観光地は？（解答例：琵琶湖〈Ｂはこー（書く）〉）

●うどんを抱きしめると違う食べ物になります、何でしょう。（解答例：牛丼〈ギューうどん〉）

●レオン君にニキータちゃんが「あいうえおお、さししすせそがみたい」とおねだり。何でしょう？（解答例：お芝居〈「お」と「し」が倍（ばい）ある〉）

●買うと必ず女の子がついてくる電化製品は？（解答例：除湿機〈女子（じょし）付き（つき）〉）

●おじいちゃんと一緒にやるスポーツは？（解答例：ソフトボール〈祖父（そふ）とボール〉）

●太郎君のお母さんが、３人の息子に１円、３円、５円をあげようとしている。１円は一郎に、３円は三郎に。さて５円は誰にあげるか。（解答例：太郎〈五郎と答えを誘う、ひっかけ問題〉）

　料理法あり、楽譜あり、なぞなぞありと、難しいと思うかもしれないが、これら出版社特有のひねった問題は、全体としての設問数はそう多くはないので、できなかったからといって気にする必要はない。次の常識問題でがっちり点数を稼ぎたい。

2　常識問題

　これは出版社に限らず、一般企業の筆記試験で出される問題のことである。

　地理的な問題でいえば、首都名、県庁所在地名、世界で一番大きな島や湖、世界で一番南にある海峡、日本で人が住んでいる最南の島、島と領有国、湖と所在地、川と所在地、都道府県の数、有名観光地と所在の都道府県、温泉と所在地、アメリカ合衆国の州の数、地図の種類などを問う問題、地図記号についての問題などである。

　ほかに「常識問題」で出される問題を列記しておく。

　音楽記号、天気記号、洗濯表示、星座の種類、発見や発明、元素

記号、作曲家と曲名、画家と題名、名言と発言者、名句と出典、映画監督と作品名、誕生石、特産品と所在地（うどん、駅弁など）、スポーツのルール、原材料（酒類の原料など）、季語と季節、ものの数え方、正しいマナー、敬語の正しい使い方、英語のことわざと、その日本語訳、日本三大〇〇等の「名数」の問題……。

　日本史・世界史の問題もしばしば出されるが、出版社の一般教養試験の場合、NHK の大河ドラマでやっている時代、美術館・博物館の企画展などで話題になった時代、先にも述べたが、生誕〇〇年・没後〇〇年にまつわる人物が生きていた時代など、"本年話題になっている過去の時代"の問題が多い。ちょうど 100 年前、50年前に起きたことは何か、という問題はよく出されるので調べておいてほしい。

3　日本国の基礎

　日本国憲法前文の穴埋め、憲法改正の手続き、天皇の国事行為など、憲法に関する問題。国会の名称、衆議院・参議院の定数と任期、選挙権・被選挙権などの参政権、衆議院の優越、国会議員の不逮捕特権、内閣総辞職、府省庁の数などの基本的な問題は、数は少ないが、毎年出されている。

❸本・雑誌、出版業界の話題、当社について

1　本・雑誌

〈1〉芥川賞・直木賞

　直近の芥川賞・直木賞受賞作は作品名・著者名は毎年必ず出る。さらにその作者の過去の作品などもおさえておきたい。

　他の文学賞受賞作と作家に関する問題もしばしば出されるので、次のような賞もおさえたい。文學界新人賞、群像新人文学賞、オール讀物新人賞、江戸川乱歩賞、太宰治賞、メフィスト賞、『このミステリーがすごい！』大賞、ポプラ社小説大賞などの新人作家を発掘するための賞。また、三島由紀夫賞、野間文芸新人賞、山本周五郎賞、谷崎潤一郎賞、読売文学賞、野間文芸賞、吉川英治文学賞、

日本推理作家協会賞、日本ミステリー文学大賞、日本 SF 大賞、本屋大賞などである。

〈2〉ベストセラー

年間売り上げベスト 1 の作品と作者名は必ずといっていいほど出される。ほかに、テレビ・ラジオなどで取り上げられて話題になった本はチェックが必要だ。

〈3〉作品・作者名

この一年間に話題になった書籍・コミック作品と作者名とを組み合わせる問題は頻出。書籍については、しばしば、本に付いているオビのキャッチコピーを読んで書名を当てさせる問題なども出されることがある。

過去一年間に亡くなった作家についての問題もよく出されている。また、映画化された本や作者についての問題も多い。センター入試の国語の問題に使用された作品や作者についての問題も出されることがある。

〈4〉雑誌

表紙モデル名と雑誌の組み合わせを問う問題、ファッション雑誌出身の芸能人に関する問題はよく出される。

〈5〉古典の作品・作者名

日本文学、世界文学、哲学書など、いわゆる古典の作品名と著者名の組み合わせの問題は頻出であるが、やさしい問題が多い。時に、本の新旧にかかわらず、文学作品の主人公を問う問題も出される。

『論語』『聖書』『平家物語』『百人一首』『徒然草』、江戸時代の文学、松尾芭蕉、与謝蕪村、小林一茶の俳句、杜甫の詩についての問題が多い傾向にある。

〈6〉有名な作品の冒頭

『方丈記』『吾輩は猫である』『城の崎にて』などの日本文学作品の冒頭から作品名を問う基本的な問題が中心だが、村上春樹の諸作品の冒頭をならべて作品名を問う問題が出されたこともある。しかし、問題数は多くはない。

2 出版業界の話題

〈1〉 ノーベル文学賞ほか

ノーベル文学賞受賞作と作家に関する問題は頻出。海外で話題の日本人作家についての問題もしばしば出される。

〈2〉 出版業界の基礎

出版業界全体の売上高、出版業界用語（落丁、奥付、ノンブルなど）を問う問題、印刷で使う4色とは何か、という問題も出されることがある。

3 当社について

〈1〉 ホームページ・エントリーシート

現在、多くの出版社がホームページを開設している。今年のキャッチフレーズや、求人欄などの文言が、試験に出されることがある。入社試験を受ける会社のホームページは見ておこう。新しく創刊される雑誌やシリーズ、企画は要チェックである。配布されるエントリーシートの募集要項の中の言葉が試験に出されることもある。募集要項もしっかりと読んでおこう。

〈2〉 キャラクターほか

その会社が大切にしているキャラクターに関する問題も少なくない。新作映画、イベント、新キャラクター商品の動向も追いかけておこう。

当社の雑誌に長期連載している漫画、エッセイ、コーナーなどについての問題も出されることがある。

❹漢字問題

漢字問題は、「書き取り」「読み取り」「反対語」「同音異義語」「四字熟語」「慣用句」「故事成語」「ことわざ」「月の異名」「十二支」「二十四節気」「雑節」「春の七草」「秋の七草」「年齢の名称」などが中心である。

PART 7　難関の雑学・教養・時事問題を突破する

5　出版業界の一般教養過去問題集

　では、実際に、出版業界（出版社・編集プロダクション）ではいったいどんな一般教養問題が出されているのか。
　ここでは、直近3年間（2024年度、2023年度、2022年度）に、出版業界各社（出版社・編集プロダクション）で出された一般教養問題を掲載した。じっくりと順番に読んでいこう。

過去問題はやってはいけない!?
　【流行】【芸能・音楽】【スポーツ】【映画】【時事問題】【本・雑誌】【出版業界の話題】を読む際に注意してほしいことがある。
　きっと、知らない用語や、記憶にない事件がたくさんあるだろう。しかし、まったく気にすることはない。君が入社試験を受ける時には、ここに出てくる問題は、およそ出ない。なぜなら、それらの用語や事件は、一昨年以前に起きた出来事だからだ。
　【流行】【芸能・音楽】【スポーツ】【映画】【時事問題】【本・雑誌】【出版業界の話題】の部分を読む際に大切なことは、自分が試験を受ける年度に、どのような問題が出るのかを想像・予想することなのだ。
　これからも出そうな〈キーワード〉には、下線を引いておいたので注意して読んでほしい。たとえば、**【本・雑誌】**の場合であれば、「芥川賞」「直木賞」という言葉には下線を引いたが、芥川賞・直木賞受賞作品自体には下線を引いていない。君がしなくてはならないのは、過去問題に載っている芥川賞・直木賞受賞作品名を覚えるのではなく、自分が試験を受ける直前に発表された芥川賞・直木賞受賞作品を知っておかなくてはならないということなのだ。

198

反対に、【常識問題】【漢字】部分は、毎年同じような問題が繰り返し出されている。しっかりと覚えてほしい。

問題を読んでいくと難しいと感じる部分もあるかもしれないが、そもそも入社試験では全問正解する必要はない。人間には得意不得意の分野があっていい。したがって、苦手な部分があるからといって、さほど神経質になることはない。日々起きる出来事に注意をはらうクセをつけるだけで、講談社、小学館、集英社、文藝春秋などの大手出版社の筆記試験は突破できる。一度にまとめて試験対策をしようとするからパニックになる。

多くの志望者は、「大手出版社の筆記試験は超難問だ」と恐れている割には、日頃から世の中に起きていることにバランスよく注意を払ってはいないように思われる。そもそも、「あらゆる試験は受験勉強の一夜漬け方式でなんとかなる」という悪しき勉強グセが染みついているのだ。決して少数にしか理解できない最先端の理論や数式が出ているわけではない。特別に難しい問題が出題されているわけではないことを理解してほしい。

大学のクイズ研究会に入ろう!?

最後に、出版業界各社の一般教養・雑学問題に対する究極の対策法を述べよう。
「出版社の一般教養・雑学試験対策はどうしたらいいでしょうか」という学生諸君からの質問にズバリ答えるとすれば、「各大学にあるクイズ研究会に入って自分を鍛えること」だ。出版業界各社が毎年行っている一般教養・雑学試験問題は、大学のクイズ研究会でやる、やさしいレベルの問題である。

さあ、過去問題にチャレンジだ、頑張ろう!

出版業界の一般教養過去問題集

2024 年度 ※下線は、これからも出そうなキーワード。解答は出題当時のもの

【流行】

〈情報化社会〉

□チャット GPT はどこの会社が作ったか。CEO は誰か。（オープン AI。CEO は、サム・アルトマン〈37 歳〉）

□チャット GPT の GPT とは何の略か。どういう意味か。（Generative Pre-trained Transformer の略。意味は、生成可能な事前学習済み変換器）

□アメリカのツイッター社は合併により、その名前が消えた。何という会社になったか。（X〈エックス〉社）

□2022 年 11 月に開園した「ジブリパーク」はどこにあるか。（愛知県長久手市）

□家庭用ロボット「BOCCO emo」（ユカイ工学株式会社開発）を使って一人暮らしの人の話し相手になるサービスは何か。（あのね。セコムとＤｅＮＡが始動）

□東海道新幹線の車内チャイムが 2023 年夏に変わる。誰の何という曲か。（UA〈ウーア〉の「会いにいこう」）

□世界最大手の中央処理装置（CPU、MPU）また半導体素子のメーカーインテルの創業者が 2023 年 3 月 24 日 94 歳で亡くなった。誰か。（ゴードン・ムーア）

□「超伝導」を使い複数の組み合わせを一度に計算する理化学研究所などが開発した次世代計算機は何か。（量子コンピューター）

□2024 年に東京医科歯科大学と東京工業大学が統合されるが新名称は何か。（東京科学大学）

〈ファッション・ブランド〉

□イタリアの高級ブランドが 2023 年 4 月 4 日東京駅前に 1 泊 25 万円からのホテルをオープンした。どこか。（ブルガリ。ホテルの名前はブルガリホテル東京）

〈世相〉

□2023年2月現在、同性婚を導入している国と地域はいくつか。
(34の国と地域)

□性別を気にせずに使えるトイレをなんというか。(オールジェンダートイレ)

□「ラン活が非常に激化している」と報道されているが、「ラン活」とは何か。(小学校に入学する子供のランドセル選びや購入するための活動を指す造語)

□2023年4月新宿・歌舞伎町にエンタメ施設が詰まった超高層ビルが完成したが、名前は何か。(東急歌舞伎町タワー)

□2023年1月「ニューヨーク・タイムズ」が発表した「2023年に行くべき52カ所」で、1位になったのはロンドン。2位はどこか。(岩手県盛岡市。ちなみに19位に福岡市)

□2023年1月1日時点で全国1788の地方議会のうち、女性議員ゼロの議会はおよそ何パーセントか。(14.3パーセント)

□2023年3月10日東京大学合格の全合格者に占める女性の割合が過去最高と発表された。何パーセントか。(22.7パーセント)

□アメリカのディズニー・ワールドで、人種差別を助長しているとして人気アトラクションを2023年1月23日に閉鎖した。何か。(スプラッシュ・マウンテン)

〈食べ物〉

□最長寿のレトルト食品のカレーブランドとしてギネス世界記録に認定されたのはどの会社の何か。(大塚食品の「ボンカレー」)

□2023年3月ロングセラーの「キシリッシュガム」と「プチガム」の製造を休止し、ガム事業の撤退を決めた会社はどこか。(明治)

□2023年2月9日森林総合研究所が、西洋料理の高級食材の人工栽培に成功したと発表した。何か。(トリュフ)

□総務省の家計調査で2012年〜21年にカレールーの購入額が1位の都市はどこか。(鳥取市)

☐ 2023年2月総務省発表の家計調査で2022年のラーメン外食費トップの都市はどこか。（山形市〈2年ぶりに日本一に返り咲く〉）

☐有楽製菓のチョコバー「ブラックサンダー」は、2023年3月20日に値上げされた。いくらになったか。（35円）

〈動物〉

☐北海道で「雪の妖精」と呼ばれ、モフモフの愛らしい姿が話題の鳥は何か。（シマエナガ）

☐2023年2月、中国に返還されたパンダは誰か。（上野動物園のシャンシャン。アドベンチャーワールドの永明、桜浜、桃浜）

☐2023年の秋は、忠犬ハチ公生誕何年になるか。（生誕100年）

☐2025年に恐竜学部を設置する大学はどこか。（福井県立大学）

☐2023年6月から野外放出が禁止される外来生物は何か。（アメリカザリガニとアカミミガメ〈ミドリガメ〉）

〈趣味〉

☐2023年3月19日、将棋棋士で史上二人目の六冠を達成したのは誰か。（藤井聡太〈ふじい・そうた、20歳〉）

☐2022年国内新車販売数で1位になったのはどこの会社の何か。（ホンダのN-BOX〈2年連続首位〉）

☐2023年4月2日中央競馬のG1レースで、54歳0カ月で勝利し、史上最高齢記録を打ち立てた騎手は誰か。（武豊〈たけ・ゆたか〉）

【芸能音楽】

〈歌手〉

☐2023年4月6日から7年ぶりの来日ツアーを行っている81歳のアメリカのミュージシャンは誰か。（ボブ・ディラン。2016年に歌手としては初めてノーベル文学賞を受賞）

〈タレント・芸人〉

□ 2023年3月25日結婚を発表した水卜麻美（35歳）アナウンサーの相手は誰か。（中村倫也〈36歳〉）

〈テレビ番組〉

□ 2024年春のNHK朝の連続テレビ小説のタイトルは何か。誰をモデルとし、主演は誰か。（タイトルは「虎に翼」。日本初の女性弁護士、三淵嘉子をモデルとする。主演は、伊藤沙莉）

□ アニメ「ひろがるスカイ！プリキュア」でシリーズ初、男子プリキュアがレギュラー登場した。名前は何か。（キュアウイング）

□ 2023年4月テレビアニメ「ポケットモンスター」の主人公が変わった。誰と誰か。（リコとロイ）

【スポーツ】

〈プロ野球・大リーグ〉

□ 2023年ワールド・ベースボール・クラシックで日本代表チームを優勝に導いた監督は誰か。（栗山英樹〈61歳〉）

□ 2023年3月21日ワールド・ベースボール・クラシックで日本代表は優勝したが、対戦相手はどこか。（アメリカ代表）

□ ペッパーミル・パフォーマンスで有名になった侍ジャパンで活躍した選手は誰か。（ラーズ・ヌートバー〈25歳〉）

□ 大リーグ・エンゼルスでは、2023年に本塁打を打った打者がホームで何かをかぶらされる。それは何か。（日本のかぶと）

〈サッカー〉

□ 2023年4月サッカーJ1で史上初めて前半だけで4ゴールを得点したのはどこのチームの誰か。（湘南ベルマーレの町野修斗）

〈話題のスポーツ〉

□ 2023年に開催予定の国際バスケットボール連盟ワールドカップ。3つの共催国はどこか。（フィリピン、インドネシア、日本）

□ 2023年1月、アメリカプロバスケットボールリーグNBAの八村塁は、どこに移籍したか。(ロサンゼルス・レーカーズ)

□ 2023年3月28日アマチュアとプロのリングで世界の頂点を極めた選手が引退した。誰か。(村田諒太〈37歳〉)

【映画】
〈賞と作品〉

□ 2023年3月10日、日本アカデミー賞で作品賞など8部門で賞を獲得した作品は何か。原作は誰か。(「ある男」石川慶監督、原作は平野啓一郎の『ある男』)

□ 2023年3月12日、米アカデミー賞で作品賞など7部門を制したのは何か。監督は誰か。(「エブリシング・エブリウェア・オール・アット・ワンス(エブエブ)」ダニエル・クワンとダニエル・シャイナート監督)

〈監督〉

□ 2023年7月公開予定の宮崎駿監督作品は何か。(「君たちはどう生きるか」)

□ 2023年3月公開の「シン・仮面ライダー」の監督・脚本は誰か。(庵野秀明〈あんの・ひであき、62歳〉)

〈その他〉

□ 2023年に結成されたアーティスツ・ユニオンとは何か。(現代美術に携わるアーティストによる日本初の労働組合)

【芸術】

□ 映画「ラストエンペラー」で米アカデミー賞作曲賞を受賞した音楽家が2023年3月に亡くなった。誰か。(坂本龍一〈71歳〉)

【時事問題】
〈これから起こること〉

□ 2025年大阪関西万博公式キャラクターは何か。(ミャクミャク)

- [ ] 2023年4月カジノを含む統合型リゾートの整備計画を政府が認定したが、どこに出したか。（大阪府と大阪市）
- [ ] 2029年の開業を目指し、大阪府・市がカジノを含む統合型リゾートを建設しているがそれは何という人工島か。（夢洲〈ゆめしま〉）
- [ ] 大阪のIRの整備計画が政府に認定されたが、IRとは何か。（統合型リゾート〈Integrated Resort〉のこと）

〈国内問題〉

- [ ] 2023年3月14日、戦後3人目の除名処分となった参議院議員は誰か。（ガーシー〈政治家女子48党〉）
- [ ] 死刑が確定していて再審無罪判決が出た4つの事件とは何か。（免田事件〈1948年、1983年再審無罪〉、財田川事件〈1950年、1984年再審無罪〉、松山事件〈1955年、1984年再審無罪〉、足利事件〈1990年、2010年再審無罪〉）
- [ ] 2023年岸田文雄首相がウクライナを訪問し、ゼレンスキー大統領に贈ったものは何か。（必勝の文字が書かれたしゃもじ）
- [ ] 2023年4月に発足したこども家庭庁の初代大臣は誰か。初代長官は誰か。（小倉将信〈おぐら・まさのぶ、41歳〉大臣。渡辺由美子〈58歳〉長官）
- [ ] 2009年に解散し、再び復活した自由民主党花粉症等アレルギー症対策議員連盟の略称は何か。（ハクション議連）
- [ ] OSAとは、何の略称か。（政府安全保障能力強化支援〈Official Security Assistance〉）
- [ ] 2023年3月27日、京都に移転した中央省庁はどこか。その長官は誰か。（文化庁。都倉俊一長官）

〈国際社会〉

- [ ] 2023年NATO（北大西洋条約機構）の31番目の加盟国となったのはどこか。（フィンランド）
- [ ] 2023年TPP（環太平洋経済連携協定）に12番目の加盟国となっ

たのはどこか。（英国）

□ 2023年5月G7広島サミットに参加する首脳の顔写真と名前を結びつける問題。（参加者は、イタリア—ジョルジャ・メローニ首相、カナダ—ジャスティン・トルドー首相、フランス—エマニュエル・マクロン大統領、アメリカ—ジョー・バイデン大統領、イギリス—リシ・スナク首相、ドイツ—オラフ・ショルツ首相、日本—岸田文雄首相）

□ ミャンマーの国民民主連盟（NLD）が政党資格を失ったが、リーダーは誰か。（アウンサンスーチー）

□ 2023年、同性愛者だと自任しただけで「犯罪者」とされる法案が可決されたアフリカ東部の国はどこか。（ウガンダ）

□ 2023年3月、モスクワで中国とロシアの首脳会談が行われた。誰と誰か。（習近平国家主席とプーチン大統領）

□ 2023年3月17日、ロシアのプーチン大統領に逮捕状を出したオランダのハーグにある機関は何か。（国際刑事裁判所〈International Criminal Court:ICC〉）

□ 2022年の日本のODA（途上国援助）の実績は日本円でどのくらいか。また世界何位か。（2兆2968億円。アメリカ、ドイツについで3位）

□ ICBMとは何か。（大陸間弾道ミサイル〈intercontinental ballistic missile〉）

□ EEZとは何か。（排他的経済水域〈Exclusive Economic Zone〉）

□ 2023年3月、イギリスの雑誌「エコノミスト」が2022年女性の働きやすさランキングを発表したが、主要29カ国のうち日本は何位だったか。（ワースト2位。ちなみに最下位は韓国。1～4位は、アイスランド、スウェーデン、フィンランド、ノルウェー）

〈環境・科学〉

□ PFAS（ピーファス）とは何か。（有機フッ素化合物、PFOS〈ペルフルオロオクタンスルホン酸〉とPFOA〈ペルフルオロオクタン酸〉のなどの総称）

□ 2023年5月8日、新型コロナの感染症法上の位置付けは何類に移行するか。（5類）

□ 2023年4月1日福島イノベーション・コースト構想の司令塔

となる福島国際研究教育機構（F－REI）が開所したが、場所はどこか。（福島県浪江町）

☐ 福島第一原発で増え続ける汚染水から取り除いた放射性物資の汚泥のことを何というか。（スラリー〈slurry〉）

☐ Jアラートとは何か。（全国瞬時警報システム。緊急情報を住民へ瞬時に伝達する日本のシステムのこと）

☐ 2023年2月7日国産初のジェット旅客機「スペースジェット」開発に1兆円を投入したものの15年で撤退を表明したのはどこか。（三菱重工業）

〈経済〉

☐ 戦後初、学者出身で日銀総裁に選ばれたのは誰か。（植田和男）

☐ 2023年3月28日、過去最大の新年度予算が成立したが、総額はいくらか。（114兆3812億円）

〈人物〉

☐ 2023年1月11日、新右翼団体「一水会」の創設者で、評論家が亡くなった。誰か。（鈴木邦男〈79歳〉）

☐ 政治家と発言とを結びつける問題。（例「こんな人たちに負けるわけにはいかない」―安倍晋三首相、「法相は死刑のハンコを押し、昼のニュースのトップになるのはそういう時だけという地味な役職」―葉梨康弘法相）

☐ 2023年4月13日アメリカタイム誌が発表した「世界で最も影響力のある100人」に日本人が二人選ばれた。誰と誰か。（日本国首相の岸田文雄〈65歳〉と、ゲームクリエイターの宮崎英高〈みやざき・ひでたか、49歳〉）

☐ 2023年3月17日、車いすテニス男子選手に国民栄誉賞が授与されたが、それは誰か。（国枝慎吾〈39歳〉）

☐ 2023年3月11日「中華の鉄人」として知られる料理人が67歳で亡くなった。誰か。（陳健一〈ちん・けんいち〉）

☐ 2023年3月11日、国際宇宙ステーションから地球に帰還した（日本人最年長・最長の宇宙滞在を果たした）飛行士は誰

か。（若田光一、59 歳。5 回目の宇宙飛行を終了）

□ 2023 年 2 月 24 日に亡くなった沖縄返還時の日米密約を追求した元毎日新聞記者は誰か。（西山太吉〈にしやま・たきち、91 歳〉）

□ 2023 年 3 月 14 日、57 年前の殺人事件で死刑判決を受けた人物が、東京高裁で再審されることに決定した。その人物とは誰か。（袴田巌〈はかまだ・いわお、87 歳〉）

【常識問題】

□ 2022 年 10 月 1 日現在の日本の人口は何人か。（1 億 2494 万 7000 人。前年より 55 万 6000 人減。12 年連続で減少）

□ 2023 年は浄土真宗開祖・親鸞の生誕何年の年か。（生誕 850 年）

□国内大手自動車メーカー8 社とはどこか。（トヨタ自動車、ホンダ、日産自動車、スズキ、ダイハツ工業、マツダ、三菱自動車、スバル）

【日本国の基礎】

□ 2023 年現在、日本にはいくつの島があるか。（14125 島。35 年ぶりに数え直し、6852 島から倍増した）

【本・雑誌】

〈芥川賞・直木賞〉

□ 2023 年 4 月 12 日、第 20 回本屋大賞に選ばれたのは何か。作者は誰か。（『汝（なんじ）、星のごとく』〈講談社〉。作者は、凪良ゆう〈なぎら・ゆう、50 歳〉）

□第 15 回ＭＯＥ絵本屋さん大賞 2022(白泉社主催)の 1 位になったのは誰の何という作品か。（鈴木のりたけの『大ピンチずかん』）

〈ベストセラー〉

□ 2022 年年間ベストセラーランキング文庫部門で 4 冠（オリコン、トーハン、日販、楽天ブックス）を達成したのは誰の何か。（原田ひ香の『三千円の使いかた』〈中公文庫〉）

□ 2023 年 4 月第 52 回日本漫画家協会賞でコミック部門の大賞

に選ばれたのは何か。作者は誰か。（『SPY × FAMILY』遠藤達哉）

□ 2023 年 3 月『魔女と過ごした七日間』を刊行し、累計発行部数が 1 億 7380 部となった作家は誰か。（東野圭吾〈65 歳〉）

□日本の新書本でこれまで最も売れたのは何か。作者は誰か。（『バカの壁』〈新潮新書〉養老孟司）

□紀伊國屋じんぶん大賞 2023 に選ばれたのは誰の何か。（高島鈴の『布団の中から蜂起せよ』〈人文書院〉）

〈作品・作家名〉

□ 2022 年 12 月 25 日に 92 歳で亡くなった『逝きし世の面影』『黒船前夜』『バテレンの世紀』を書いた作家は誰か。（渡辺京二）

□ 2023 年生誕 100 年となる作家司馬遼太郎の作品を 3 つ挙げよ。（『坂の上の雲』『竜馬がゆく』『燃えよ剣』『峠』『花神』…）

□日本人でノーベル文学賞を受賞したのは 2 人だが、それは誰か。（川端康成と大江健三郎）

□ 2023 年 3 月 3 日に亡くなった作家・大江健三郎の作品を挙げよ。（『飼育』『万延元年のフットボール』『洪水はわが魂に及び』…）

□ 2023 年 4 月 13 日発売の村上春樹の新刊書のタイトルは何か。（『街とその不確かな壁』〈新潮社〉）

□ 2023 年 3 月写真界の芥川賞ともいわれる木村伊兵衛写真賞を史上最年長で受賞したのは誰か。（新田樹〈にった・たつる、56 歳〉）

□ 2023 年 4 月 5 日「ムツゴロウ」の愛称で親しまれた作家が 87 歳で亡くなった。誰か。（畑正憲〈はた・まさのり〉）

□ 2022 年『三流シェフ』を出版した料理人は誰か。（三國清三）

□ 2023 年 1 月 93 歳で亡くなった精神科医で『フランドルの冬』『宣告』などを書いた作家は誰か。（加賀乙彦〈かが・おとひこ〉）

〈雑誌〉

□ 2023 年 1 月号で月刊「文藝春秋」は創刊何年か。（100 周年）

□ 2023 年 5 月末に終刊する、創刊 101 年を迎えた週刊誌は何か。（「週刊朝日」〈朝日新聞出版〉）

2023 年度 ※下線は、これからも出そうなキーワード。解答は出題当時のもの

【流行】

〈情報化社会〉

□「フルロナ」とは何か。（インフルエンザとコロナウイルスに同時に感染すること）

□インターネット上の仮想空間「メタバース」。この言葉を生んだ 1992 年発表の SF 小説は何か。（『スノウ・クラッシュ』ニール・スティーヴンスン著　アスキー1998 年刊　早川書房 2001 年刊）

□2022 年 2 月 24 日電通が発表した広告費の総額は（6 兆 7998 億円）だが、マスコミ 4 媒体（テレビ・新聞・雑誌・ラジオ）とインターネットの計 5 媒体の、その広告費の多い順に並べよ。（インターネット、テレビ、新聞、雑誌、ラジオの順。インターネットの広告費が、マスコミ 4 媒体の合計を初めて抜いた）

□2025 年の大学入学共通テストは 5 教科 7 科目から 6 教科 8 科目に増えるが、何が増えるのか。（情報 I）

□女性が抱える健康上の問題をテクノロジーで解決できるサービスや製品を何と呼ぶか。（フェムテック。〈Female・女性〉と〈Technology・技術〉を掛け合わせた造語）

〈ファッション・ブランド〉

□1994 年に日本に進出し、2021 年に撤退したアメリカ発祥のブランドは何か。（エディー・バウアー）

〈世相〉

□ウクライナ周辺の白地図が示され、隣の国名を記す問題。（隣の国は、ロシア、ベラルーシ、ポーランド、スロバキア、ハンガリー、ルーマニア、モルドバ）

□「フルロナ」とは何か。（インフルエンザとコロナウィルスに同時に感染すること）

□2021 年の訪日外国人客は、およそ何人か。（24 万 5900 人〈コロナ前の 2019 年は 3188 万 2049 人で、99.2％減少〉）

□ 2022年住みたい街ランキング首都圏版で1位になったのはどこか。(横浜。ちなみに2位が吉祥寺、3位は大宮)

□ 2022年2月に、ふるさと回帰支援センターが発表した、2021年の都市住民による移住希望地ランキングで一位になった都道府県はどこか。(静岡県〈2年連続の1位〉)

□ 2022年3月16日に発表された「大人になったらなりたいもの」(第一生命)で、小学生男子と中高生男女の1位となった職業は何か。(会社員)

□ 2022年4月、18歳が成人とされたが、20歳にならないとできないことを選ぶ問題。(正しくは、飲酒、喫煙、競馬・競輪・競艇などの公営ギャンブル、養子を迎えること)

□ 2022年4月から都立学校で全廃される5項目に入らなかったのはどれか。選択肢は、髪の一律黒染め、下着の色の指定、ツーブロック禁止、自宅謹慎の指導、「高校生らしい」で指導すること、地毛証明書の提出。(正しくは、地毛証明書の提出)

〈食べ物〉

□ 2021年餃子の年間支出金額で全国初めてトップになった都市はどこか。(宮崎市)

□ 2022年4月、うまい棒(やおきん)が1979年の発売以来初めて値上げする。いくらになるか。(12円)

〈動物〉

□ 2021年6月に生まれた上野動物園の双子のパンダの名前は何か。(シャオシャオ〈暁暁、オス〉、レイレイ〈蕾蕾、メス〉)

〈趣味〉

□ 2022年2月将棋の藤井聡太が19歳6カ月で最年少5冠を達成した。5冠はそれぞれ何か。(竜王、王将、王位、叡王、棋聖)

□ 2021年の新車販売台数一位になったのは何か。どこの会社か。(ヤリス〈トヨタ自動車〉)

【芸能音楽】

〈歌手〉

□ 2021 年 12 月 30 日第 63 回日本レコード大賞の大賞に選ばれ
たのは誰の何か。（Da-iCE（ダイス）の「CITRUS（シトラス）」）

□ 没後 30 年となる尾崎豊の曲を選ぶ問題。（正しくは、「I LOVE
YOU」「卒業」「シェリー」「15 の夜」「僕が僕であるために」）

〈タレント・芸人〉

□ 韓国ドラマ『愛の不時着』の主人公とヒロインが結婚した。二
人の名前は何か。（ヒョンビン〈39 歳〉、ソン・イェジン〈40 歳〉）

□ 2022 年渋谷ヒカリエ開業 10 周年記念のロゴをデザインした
タレントは誰か。（香取慎吾、45 歳）

〈テレビ番組〉

□ 2023 年春に始まる NHK 朝の連続テレビ小説「らんまん」の
主役俳優は誰か。（神木隆之介、28 歳）

□ 2023 年春の NHK 朝の連続テレビ小説「らんまん」は誰をモ
デルにしているか。（植物学者の牧野富太郎）

□ NHK 朝の連続テレビ小説「カムカムエヴリバディ」で取り上
げられた「サッチモ」と呼ばれたジャズトランペット奏者とは
誰か。（ルイ・アームストロング〈1901〜71〉）

□ 2022 年、ドラマの輸出が米国に続いて世界 2 位の規模だとい
われている国はどこか。（トルコ）

□ 2022 年 3 月テレビ朝日で土井善晴司会の料理番組が 48 年の
歴史の幕を下ろす。タイトルは何か。（「おかずのクッキング」）

□ 2022 年 4 月 4 日から始まった NHKE テレ「おかあさんといっ
しょ」の新人形劇名は何か。また、メインキャラクターは何
か。（「ファンターネ！」。メインキャラクターは、カッパの「みもも」、ひょ
うたんの「やころ」、ライオンの「ルチータ」）

【スポーツ】

〈オリンピック・ワールドカップ〉

☐ 2022 年 2 月 4 日開会式が行われた北京冬季オリンピックはいくつの国と地域が参加しているか。(91 の国と地域)

☐ 2022 年北京冬季オリンピックで日本選手団の旗手を務めたのは誰か。(郷亜里砂〈34 歳〉と渡部暁斗〈33 歳〉)

☐ 冬季オリンピックの第 1 回は、いつどこで開かれたか。(1924 年フランスのシャモニー・モンブラン)

☐ 2022 年北京冬季オリンピック・パラリンピックのマスコットの名前はそれぞれ何か。(ビンドゥンドゥン〈冰墩墩〉とシュエ・ロンロン〈雪容融〉)

☐ 北京冬季オリンピックで日本が獲得したメダルはいくつか。(18 個〈金 3、銀 6、銅 9。史上最多〉)

☐ 北京冬季オリンピックで村瀬心椛は、17 歳で銅メダルを獲得した。これは日本の冬季五輪女子メダリストで最年少となる。何の競技か。(スノーボードのビッグエア女子)

☐ 北京冬季オリンピックのスノーボード男子ハーフパイプで金メダルを獲得したのは誰か。(平野歩夢、23 歳)

☐ 北京冬季オリンピックのジャンプ男子個人ノーマルヒルで金メダルを獲得したのは誰か。(小林陵侑、25 歳)

☐ 北京冬季オリンピックで、一つの冬季オリンピックで日本人選手最多の 4 つのメダルを獲得したのは誰か。(高木美帆、27 歳)

〈プロ野球・大リーグ〉

☐ プロ野球 12 球団と本拠地球場を結ぶ問題 (正しくは、日本ハム―札幌ドーム、楽天―楽天生命パーク宮城、西武―ベルーナドーム、巨人―東京ドーム、ヤクルト―明治神宮野球場、ロッテ―ZOZO マリンスタジアム、DeNA －横浜スタジアム、中日―バンテリンドームナゴヤ、オリックス―京セラドーム大阪、阪神―阪神甲子園球場、広島―MAZDA Zoom-Zoom スタジアム広島、ソフトバンク―福岡 PayPay ドーム)

☐ 2022 年プロ野球 12 球団と監督を結ぶ問題 (正しくは、巨人―原

213

辰徳、阪神―矢野燿大、ヤクルト―高津臣吾、DeNA―三浦大輔、中日―立浪和義、広島―佐々岡真司、楽天―石井一久、ロッテ―井口資仁、オリックス―中嶋聡、西武―辻発彦、日本ハム―新庄剛志、ソフトバンク―藤本博史）

□ 2022 年春の<u>選抜高校野球の入場行進曲</u>は、誰のなんという曲か。（YOASOBI の「群青」）

〈サッカー〉

□ 2022 年 11 月 21 日に開幕する FIFA ワールドカップ・カタール大会に、日本は何大会連続で、何回目の出場となるか。（7 大会連続、7 回目の出場）

□ 2022 年サッカーの J リーグは開幕何年を迎えたか。（30 年）

〈話題のスポーツ〉

□ 2022 年 1 月 9 日、<u>ラグビー全国大学選手権決勝で優勝</u>したのはどこか。（帝京大学〈4 期ぶり 10 度目の優勝〉）

【映画】

〈賞と作品〉

□ 2022 年 2 月 2 日「キネマ旬報」発表、2021 年公開作の日本映画 1 位は何か。（「ドライブ・マイ・カー」濱口竜介監督）

□ 2022 年 2 月 2 日「キネマ旬報」発表、2021 年公開作の外国映画 1 位は何か。（「ノマドランド」クロエ・ジャオ監督）

□ <u>2021 年興行収入第 1 位の邦画、洋画</u>はそれぞれ何か。（邦画は、「シン・エヴァンゲリオン劇場版」。洋画は、「ワイルド・スピード／ジェットブレイク」）

□ 2022 年第 94 回<u>米アカデミー賞</u>で、日本映画として初めて作品賞と脚色賞にノミネートされた作品は何か、また監督は誰か。（「ドライブ・マイ・カー」濱口竜介監督）

〈監督〉

□話題の映画「ぼけますから、よろしくお願いします。～おかえ

り　お母さん〜」の監督は誰か。（信友直子）
- [ ] 2022 年 2 月 2 日「キネマ旬報」発表、2021 年公開作の文化映画 1 位「水俣曼荼羅」の監督は誰か。（原一男）

〈その他〉

- [ ] 2022 年 7 月 29 日神田神保町にあるミニシアターの先駆けともいえる映画館が閉館する。どこか。（岩波ホール）
- [ ] 2022 年 3 月 4 日公開の<u>ドラえもん映画</u>のタイトルは何か。（「のび太の宇宙小戦争（リトルスターウォーズ）2021」）

【芸術】

- [ ] 2022 年 4 月東京芸術大学長になったアーティストは誰か。（日比野克彦、63 歳）

【時事問題】

〈これから起こること〉

- [ ] インドネシアは 2045 年までに首都を移転するという。どこの島で、何という首都名か。（カリマンタン〈ボルネオ島〉で、新首都名は「ヌサンタラ」）

〈国内問題〉

- [ ] 2021 年に交通事故で亡くなった人は、統計を取り始めた 1948 年以降で最低となった。何人か。（2636 人）
- [ ] 2021 年の日本の死者数は、<u>戦後最多</u>になった。何人くらいか。（145 万 2289 人）
- [ ] 2021 年の日本の出生数は<u>過去最低</u>になったが、何人くらいか。（84 万 2897 人）
- [ ] 2022 年 4 月から 1 枚の処方箋が薬局で 3 回まで使えるようになる。何処方箋というか。（リフィル処方箋）
- [ ] 2022 年 3 月 11 日は、東日本大震災から何年か。（11 年）
- [ ] 2021 年の日本の婚姻数は何組くらいか。（51 万 4242 組）

PART 7　難関の雑学・教養・時事問題を突破する

□ 2021年の自殺者は何人か。（2万830人〈前年より251人減少〉）

□ 2022年3月1日世界銀行が発表した経済的な側面からみた男女格差に関する報告書（「女性・ビジネス・法律2022」）で、日本は何位か。（103位〈昨年は80位〉）

〈国際社会〉

□ 2022年1月3日核兵器を保有する五か国が「核戦争をしてはならない」という共同声明を発表したが、その五か国とはどこか。（アメリカ、イギリス、フランス、ロシア、中国）

□ ロシアの「オリガルヒ」とは何のことか。（政治的影響力を持つ新興財閥のこと）

□ Quad（クアッド）とは、どこの首脳や外相による安全保障や経済を協議する枠組みか。（アメリカ、オーストラリア、インド、日本の4カ国）

□ 毎年3月8日は、国際何デーか。（国際女性デー）

□ 2022年3月9日、韓国の新しい大統領になったのは誰か。（尹錫悦〈ユン・ソクヨル〉、61歳）

□ 2022年2月3日米軍が殺害したというアブイブラヒム・ハシミ・クライシとは、どこの組織の指導者か。（イスラム国〈IS〉）

□ 戦闘地域からの民間人を避難させるルートを何というか。（人道回廊）

□ 2021年世界の幸福度ランキングで146の国と地域の中で、1位になったのはどこか。また、日本は何位か。（フィンランド。日本は54位〈昨年は56位〉）

□ 2015年日本政府は、グルジアをジョージアに表記を変更した。ロシアのウクライナ侵攻を受けてロシア語表記をウクライナ表記に変えた以下の地名の元の表記を記す問題。（キーウ、チョルノービリ、オデーサ、ドニプロ川は、それぞれキエフ、チェルノブイリ、オデッサ、ドニエプル川）

□ 略語の問題。（ICC＝国際刑事裁判所〈オランダ・ハーグ〉、IPCC＝国連気候変動に関する政府間パネル…）

〈環境・科学〉

□ 国際宇宙ステーション（ISS）は、何年に引退することになったか。（2030年）

□ 2021年12月25日に打ち上げられたハッブル宇宙望遠鏡の後継機は何か。（ジェイムズ・ウェッブ宇宙望遠鏡）

□ 2022年末に日本の宇宙ベンチャーispaceが打ち上げようとしている月探査計画を何というか。（HAKUTO－R〈はくと・あーる〉）

□ 札幌市のベンチャー企業「岩谷技研」が5年以内の事業化をめざして、あるものを使っての宇宙旅行を開発中である。それは何か。（ガス気球〈高度25〜30キロメートルで有人飛行を開発中〉）

□ 2022年3月9日、豚の心臓を移植した男性が、手術後約2カ月で亡くなった。どこの国のことか。（アメリカ、メリーランド州）

□ 宇宙航空研究開発機構（JAXA）と東京大学が開発した月面への着陸を目指している小型探査機の名前は何か。（OMOTENASHI〈オモテナシ〉）

〈経済〉

□ 2021年自動車の世界販売台数が2年連続で1位となった会社はどこか。（トヨタ自動車〈2位はフォルクスワーゲングループ〉）

□ 2022年ソニーグループが、電気自動車（EV）の事業で提携する自動車会社はどこか。（ホンダ）

□ 2022年日本商工会議所の会頭が、初めて商社出身者（小林健、73歳）となることが決まった。どこの会社か。（三菱商事）

□ 2022年春、東京証券取引所が5つの市場を3つに再編する。3つの名前はそれぞれ何か。（プライム〈1841社〉、スタンダード〈1477社〉、グロース〈459社〉）

□ 2021年帝国データバンクの調べで、日本の社長に占める女性の割合が一番多い都道府県はどこか。（沖縄県〈11.4%〉）

PART **7** 難関の雑学・教養・時事問題を突破する

217

〈人物〉

☐ 2022年1月22日「マインドフルネス」で著名なベトナム人の禅僧が亡くなった。誰か。（ティク・ナット・ハン、95歳）

【常識問題】

☐ ウクライナの首都はどこか。（キーウ〈キエフ〉）

☐ ウクライナの国旗を当てる問題。（青と黄の2色）

☐ 2022年は、水平社宣言が発表されてから何年目か。（100年）

【日本国の基礎】

☐ 2022年3月末現在、日本の借金「長期債務残高」はどのくらいか。地方が抱える長期債務も含めて、国民1人当たりの借金はどのくらいか。（1030兆円〈初の1000兆円超え〉。国民1人当たり950万円超の借金）

☐ 2022年度の予算は過去最大となったが、およそいくらか。（107兆5964億円）

☐ 北方四島、四つの名前は何か。（択捉島、国後島、色丹島、歯舞群島）

☐ 2022年1月18日に皇居で開かれた「歌会始の儀」のお題は何か。また、来年のお題は何か。（窓。来年のお題は「友」）

【本・雑誌】

〈芥川賞・直木賞〉

☐ 2022年2月1日に89歳で亡くなった元東京都知事で、「太陽の季節」で芥川賞を受賞した作家は誰か。（石原慎太郎）

☐ 2022年1月19日第166回芥川賞に選ばれたのは、誰の何という作品か。（砂川文次の「ブラックボックス」）

☐ 2022年1月19日第166回直木賞に選ばれたのは、誰の何という作品か。（今村翔吾の『塞王の楯（さいおうのたて）』〈集英社〉、米澤穂信の『黒牢城』〈KADOKAWA〉）

〈ベストセラー〉

□ 2022 年 2 月 11 日発表、第 3 回「小学生がえらぶ！〝こども
の本〟総選挙」で 1 位になった作品は何か。作者は誰か。（『ふ
しぎ駄菓子屋　銭天堂』廣嶋玲子　偕成社　2013 年刊）

□ 週刊漫画誌『モーニング』（講談社）で連載の「島耕作」シリー
ズの作者は誰か。（弘兼憲史、74 歳）

〈作品・作家名〉

□ 2022 年 3 月 3 日、「十津川警部シリーズ」などで知られるト
ラベルミステリー作家が 91 歳で亡くなった。誰か。（西村京太
郎）

□ 2022 年 27 年ぶりの新作を発表した漫画家・楳図かずお（85 歳）
の作品を当てる問題。（正しい答えは、『漂流教室』『わたしは真悟』『ま
ことちゃん』など）

□ 2022 年 2 月 19 日に発表された第 42 回日本 SF 大賞を受賞し
た作品は何か。作者は誰か。（『大奥』〈全 19 巻、白泉社〉。よしながふ
み）

□ 2022 年 1 月 10 日に 82 歳で亡くなった漫画『ドカベン』の
作者は誰か。（水島新司）

〈雑誌〉

□ 2022 年 3 月、小学館の歌舞伎雑誌が休刊した。タイトルは何
か。（「演劇界」）

□ 1968 年週刊誌として創刊され、のち月刊となり、2021 年 10
月号で終了したファッション雑誌は何か。（「Seventeen（セブン
ティーン）」〈集英社〉）

【出版業界の話題】

□ 2022 年 2 月 22 日、日本芸術院が新会員として初めて漫画家
を選出した。その 2 人の漫画家とは誰か。（ちばてつや〈83 歳〉と
つげ義春〈84 歳〉）

2022 年度 ※下線は、これからも出そうなキーワード。解答は出題当時のもの

【流行】

〈情報化社会〉

□ 2021 年 5 月 27 日<u>人気ゲーム</u>「ドラクエXII」の発売が発表された。タイトルは何か。（選ばれし運命の炎）

□ <u>SDGs</u>（持続可能な開発目標）を略さず英語で書くとどうなるか。
（Sustainable Development Goals）

□「酸素飽和度」を測る医療機器を何というか。（パルスオキシメーター）

□ <u>サスティナブル（Sustainable）</u>とはどういう意味か。（「持続可能な」という意味）

□<u>NFT</u> とは何のことか。（Non Fungible Token〈ノン・ファンジブル・トークン〉。いわゆるデジタル証明書のこと）

□ 2021 年、16 年間、液晶テレビ国内販売 1 位を続けてきたシャープが陥落。1 位となったのはどこか。（東芝）

〈世相〉

□「大人になったらなりたいものは？」（2021 年 3 月第一生命発表、小学 3〜6 年生対象）で、男子、女子の 1 位になったのは何か。（男子は、会社員〈前回はサッカー選手〉。女子はパティシエ〈前回は食べ物屋さん〈パティシエを含む〉〉）

□ 2021 年 4 月、県の魅力を発信するために、県庁内に「TOKIO課」をつくったのはどこか。（福島県）

□ 2021 年 4 月 1 日、日本郵便のゆるキャラを描いた 1 円切手が発売された。そのゆるキャラは何か。（ぽすくま）

□<u>「ヤングケアラー」</u>とは何か。（「大人の代わりに介護や家事を担う子供」のこと）

□ 2021 年 3 月 31 日世界の国々で男女平等がどれだけ実現しているかが報告（世界経済フォーラム〈WEF〉発表）されたが、ランキング 1 位はどこか。また、日本は何位か。（1 位はアイスランド。日本は 120 位〈G7 で最下位〉）

□ 2021年度東京大学の女子の合格率が過去最高となったが何パーセントか。(21.1%〈過去最高、20年度より1.5ポイント増〉)

□ 2021年4月14日発表「オリックス 働くパパママ川柳」の穴埋め問題。大賞の「テレワーク ○○の呼吸が 漏れ聞こえ」。○○は何か。(九九)

□ 2021年5月の母の日にちなみ「母親になって欲しい著名人」が発表された(日本生命発表)。若者(20代・30代)と、中高年(40代・50代・60代・70代)でトップとなった著名人は誰か。(若者は天海祐希、中高年は吉永小百合)

□空模様を水に反射するとして話題の「かがみの海」は、何県何市にあるか。(福岡県福津市)

□本人の同意のないままに、自らの性的指向などの秘密を暴露されることを何というか。(アウティング)

□障害のある人ほか美術の専門教育を受けていない人たちが自由な発想で生み出した作品を何というか。(アール・ブリュット)

□ 2021年は東日本大震災から10年だが、死者・行方不明者、関連死を含めた犠牲者は何人か。避難生活を送っている人は何人か。(死者・行方不明者、関連死を含めた犠牲者は2万2192人。2月現在、避難生活者は4万1241人)

□ 2020年日本の自殺者数は何人か。(2万1081人〈前年比912人増〉)

〈食べ物〉

□ノンアルコール飲料と会社名との組み合わせの問題。(正しい組み合わせは、「零(ゼロ)ICHI」―キリン、「プレミアムアルコールフリー」―サッポロ、「のんある晩酌レモンサワー」―サントリー、「ドライゼロ」―アサヒ、「モクバル(サングリア)」―メルシャンほか)

□モスクワに開店から30年を経て2020年ウラジオストク、ハバロフスクに進出した飲食チェーン店はどこか。(マクドナルド)

□絵本作家きむらゆういちがデザインした、飲んだ後に工作(牛や鳥)ができるパック牛乳を発売したのはどこの会社か。(タカナシ乳業〈「タカナシ のんで工作 ワクワク牛乳」、「トコトコうし」と「パ

タパタとり」の2種類〉)

〈動物〉
□ 2021年5月12日ゴジラがデザインされたマンホールの蓋が設置された東京の町はどこか。（新宿区歌舞伎町）
□ 上野動物園にいるジャイアント・パンダで2021年12月末に中国に返還される予定なのは何か。（シャンシャン〈メス、3歳〉）

〈趣味〉
□ JR東日本が2021年3月12日に引退した踊り子号などの鉄道車両「185系」の純金製の模型とレプリカ入場券の販売を決めた。模型とレプリカ入場券のセット定価はいくらか。（1000万円）
□ 2021年4月1日第48回将棋大賞で、最優秀棋士賞を初受賞した、18歳の棋士は誰か。（藤井聡太〈二冠、王位・棋聖〉）
□ 2021年5月29日将棋の名人が初防衛を果たしたが、誰か。（渡辺明〈わたなべ・あきら、37歳〉）
□ 2021年3月15日史上最年少で二段昇段を決めた囲碁棋士は誰か。（仲邑菫〈なかむら・すみれ、12歳〉）
□ 2021年4月17日中央競馬に所属する女性騎手3名が史上初めて同一レースで1〜3位を独占したが、これはどこの競馬場での出来事か。（新潟競馬場〈第7レース。1位古橋奈穂（20歳）、2位藤田菜七子（23歳）、3位永島まなみ（18歳）〉）
□ 2020年10月現在、世界ランキング1位が望月正行（もちづき・まさゆき）、2位が景山充人（かげやま・みちひと）。これは何のゲームか。（バックギャモン）

【芸能音楽】
〈歌手〉
□ アイドルグループ「V6」のメンバーでない人を選ぶ問題。（メンバーは、岡田准一、井ノ原快彦、三宅健、長野博、坂本昌行、森田剛）

□ アイドルグループ「V6」は 2021 年 11 月 1 日に解散を予定しているが、デビューはいつか。(1995 年)

□ 2021 年 3 月、23 年ぶりに新作アルバム「復活の朝」を発表したシンガーソングライターは誰か。(岡林信康〈おかばやし・のぶやす、74 歳〉)

〈ヒット曲〉

□ 2021 年 3 月 15 日第 35 回<u>日本ゴールドディスク大賞</u>(アーティスト・オブ・ザ・イヤー)を受賞したのは邦楽、洋楽それぞれ誰か。(邦楽部門は嵐〈あらし、2 年連続 7 度目〉。洋楽部門はクイーン〈3 年連続 4 度目〉)

□ 2021 年 3 月 15 日第 63 回<u>グラミー賞</u>の主要 4 部門を女性が占めたが、各部門で、それぞれ誰が受賞したか。(最優秀アルバム賞は「フォークロア」〈テイラー・スウィフト〉、レコード賞は「エブリシング・アイ・ウォンテッド」〈ビリー・アイリッシュ〉、楽曲賞は「アイ・キャント・ブリーズ」〈ハー〉、新人賞はミーガン・ジー・スタリオン)

〈タレント・芸人〉

□ ドラマ「逃げるは恥だが役に立つ」で共演した二人が結婚する。その二人を漢字で書く問題。(新垣結衣と星野源)

□ 2021 年 4 月有吉弘行(46 歳)は、誰との結婚を発表したか。(夏目三久〈なつめ・みく、36 歳〉)

□ 2021 年 4 月 3 日、テレビドラマ連続時代劇「眠狂四郎」また「古畑任三郎」シリーズで活躍した俳優が 77 歳で亡くなった。誰か。(田村正和〈たむら・まさかず〉)

□ 2021 年 3 月 24 日 88 歳で亡くなった、テレビドラマ「北の国から」(原作・脚本は、倉本聰〈くらもと・そう〉)の黒板五郎役を演じた俳優は誰か。(田中邦衛〈たなか・くにえ〉)

〈テレビ番組〉

□ 2021 年 4 月 6 日第 39 回向田邦子賞の受賞者が、テレビドラ

マ「モコミ〜彼女ちょっとヘンだけど」（テレビ朝日）の脚本家に決まった。誰か。（橋部敦子〈はしべ・あつこ〉）

□ 2021 年 4 月 4 日、95 歳で亡くなった脚本家・橋田寿賀子の作品を選ぶ問題。（正しくは、「おしん」「渡る世間は鬼ばかり」「となりの芝生」「おんな太閤記」「春日局」…）

【スポーツ】

〈オリンピック・ワールドカップ〉

□ 2021 年 6 月 6 日陸上男子 100 メートルで 9 秒 95 の<u>日本新記録</u>を出したのは誰か。（山県亮太〈やまがた・りょうた、28 歳〉）

□ 2021 年 4 月 10 日五輪代表選考会を兼ねた水泳の日本選手権で、池江璃花子が大会 4 冠を達成したが、その種目は何か。（50・100 メートルバタフライ、50・100 メートル自由形）

□ 2021 年 3 月 25 日<u>東京五輪・パラリンピック</u>聖火リレーの最初の走者は誰か。（2011 年サッカーワールドカップ優勝日本代表の「なでしこジャパン」）

〈相撲〉

□本名がガントルガ・ガンエルデネというモンゴル出身の力士は誰か。（照ノ富士〈2021 年 3 月大関に再昇進した〉）

〈プロ野球・大リーグ〉

□プロ野球、2021 年 5 月 2 日、71 年ぶりに新人で 4 番のデビュー戦で満塁ホームランを打った阪神の選手は誰か。（佐藤輝明〈さとう・てるあき、22 歳〉）

□ 2021 年 4 月 26 日米大リーグ、エンジェルスの大谷翔平（26 歳）が、本塁打数トップの選手として先発に登板した。これは 1921 年以来、100 年ぶりのことだが、100 年前のその「野球の神様」といわれた選手は誰か。（ベーブ・ルース）

□ 2021 年 4 月 1 日春の<u>甲子園</u>で優勝したのはどこか。（東海大相模〈神奈川県〉）

〈サッカー〉

☐ 2021年5月16日サッカーJリーグで22試合連続負けなしの新記録を作ったチームはどこか。（川崎フロンターレ）

〈話題のスポーツ〉

☐ 2021年5月6日スポーツ界のアカデミー賞ともよばれる世界のスポーツ界で活躍した「ローレウス世界スポーツ賞」が発表された。年間最優秀女子選手賞に、<u>日本選手として初めて選ばれた</u>のは誰か。（大坂なおみ）

☐ 2021年6月6日、ゴルフ、<u>全米女子オープンで優勝した日本人</u>は誰か。（笹生優花〈さそう・ゆうか、19歳〉）

☐ 2021年6月6日女子ゴルファー笹生優花が全米女子オープンで優勝した。これは日本女子の海外メジャー制覇の三人目の記録だが、ほかの二人は誰か。（樋口久子〈ひぐち・ひさこ、75歳。1977年全米女子プロ選手権〉と渋野日向子〈しぶの・ひなこ、22歳。2019年全英女子オープン〉）

【映画】

〈賞と作品〉

☐ 2021年第44回<u>日本アカデミー賞</u>で、最優秀作品賞を受賞した映画は何か。（「ミッドナイトスワン」内田英治監督）

☐ 1970年代の連続爆破事件を扱ったキムミレ監督の映画が、右翼の圧力などにより厚木市の映画館などで上映が中止されている。タイトルは何か。（「狼をさがして」）

☐ 2021年4月25日第93回<u>米アカデミー賞</u>において映画「ノマドランド」で主演女優賞を、「ファーザー」で主演男優賞を受賞した俳優はそれぞれ誰か。（フランシス・マクドーマンド〈63歳〉とアンソニー・ホプキンス〈83歳〉）

☐ 2021年4月25日第93回米アカデミー賞でユン・ヨジョンがアジア人として初めて助演女優賞を受賞したが、彼女の出演

映画のタイトルは何か。（「ミナリ」）

〈監督〉

□ 2021 年 4 月 25 日第 93 回米アカデミー賞で、作品賞を受けた映画は何か。監督は誰か。（「ノマドランド」クロエ・ジャオ監督・中国出身。アジア系の女性で初めて監督賞を受賞）

□ 2023 年 3 月公開予定の映画「シン・仮面ライダー」の脚本兼監督は誰か。（庵野秀明〈あんの・ひであき〉）

〈音楽〉

□ 2021 年夏の<u>甲子園応援ソング</u>は誰のなんという曲か。（なにわ男子の「夢わたし」）

【時事問題】

〈これから起こること〉

□ 2023 年度に京都府宇治市に自社の歴代の製品を展示する資料館を開館させる予定の玩具会社はどこか。（任天堂）

□ 2021 年 5 月 26 日地球温暖化対策推進の改正案が可決、成立した。これは国の目標として温室効果ガスの排出をいつまでに実質ゼロにすると明記しているか。（2050 年）

□ 2021 年 5 月 12 日デジタル改革関連法が成立したが、デジタル庁はいつ創設されるか。（2021 年 9 月 1 日）

□日本郵便が土曜日の配達を中止するのはいつからか。（2021 年 10 月から）

〈国内問題〉

□ 2021 年 3 月 17 日「同性婚を認めないのは違憲だ」との判決をくだした武部知子裁判長は、どこの地方裁判所に所属しているか。（札幌地裁）

〈国際社会〉

□安全保障などで協力する枠組み「QUAD（クアッド）」に参加している国はどこか。（アメリカ、オーストラリア、インド、日本）

〈環境・科学〉

□2021年7月、ユネスコの世界自然遺産にあらたに鹿児島県と沖縄県の一部が登録されるが、具体的にはどこか。（奄美大島、徳之島、沖縄島北部および西表島）

□HSPとはどんな気質か。（ハイリー・センシティブ・パーソンのこと。「繊細さん」とも呼ばれる）

□2021年5月15日、ある国の無人探査機が火星に着陸した。どこか。（中国〈天問1号〉。旧ソ連、米国に続いて3カ国目）

□2021年4月23日アメリカの民間宇宙船でISS（国際宇宙ステーション）へ向かった日本人宇宙飛行士は誰か。（星出彰彦〈ほしで・あきひこ、52歳〉）

〈経済〉

□2021年3月期決算で日本の大手商社の純利益で5年ぶりに首位になった会社はどこか。（伊藤忠商事）

□家庭で余った食べ物などをフードバンク等に寄付する活動をなんというか。（フードドライブ）

□2021年3月12日、日本郵政が資本業務提供すると発表した会社はどこか。（楽天）

□2021年3月17日、日本銀行が発表した家計の金融資産残高は、統計史上過去最高となったが、およそいくらか。（1948兆円〈前年比2.9%増〉）

〈人物〉

□オランダの技術者ルー・オッテンスが2021年3月6日94歳で亡くなった。何を開発した人か。（カセットテープ）

□91歳の写真家・長谷部宏（はせべ・こう）とは、何を撮ってき

227

た人物か。（「日本人で最初にビートルズを撮った写真家」であり「クイーンを最も多く撮影した写真家」）

□ 2021 年 12 月ロシアの宇宙船ソユーズで国際宇宙ステーション（ISS）に出発する予定の日本の実業家は誰か。（前澤友作〈まえざわ・ゆうさく、45 歳、ZOZO 創業者〉）

□ 2021 年 4 月 6 日に米経済雑誌「フォーブス」が発表した世界長者番付 1 位は誰か。また、29 位が日本人の 1 位だが、それは誰か。（ジェフ・ベゾス〈アマゾン創業者〉。日本人の 1 位は孫正義〈ソフトバンクグループの会長兼社長〉）

□ 2021 年 3 月 15 日新しい肩書として「テクノキング」を加えると発表した、アメリカテスラ社の最高経営責任者（CEO）は、誰か。（イーロン・マスク〈49 歳〉）

【常識問題】

□国産スーパーコンピューター「富岳（ふがく）」は、日本のどこにあるのか。（兵庫県神戸市）

□国宝絵巻「鳥獣戯画」はどこの寺の所蔵物か。（高山寺〈こうざんじ・京都〉）

□ 2021 年が没後 1200 年となる天台宗の宗祖は誰か。（最澄）

□ 2021 年 6 月 3 日は、40 名が亡くなった長崎県の雲仙・普賢岳の大火砕流から何年か。（30 年）

□アジアと欧州を結ぶ最短の航路にある運河をなんというか。それはどこの国にあるか。（スエズ運河。エジプトにある）

【本・雑誌】

〈芥川賞・直木賞〉

□ 2021 年 5 月 30 日高校生直木賞が発表されたが、受賞作品は何か。（加藤シゲアキ『オルタネード』〈新潮社〉と伊吹有喜『雲を紡ぐ』〈文藝春秋〉）

〈ベストセラー〉

□ 2021年6月に『進撃の巨人』（講談社）の最終巻が発売される予定だが、第何巻か。（34巻）

□ 日本で発行された絵本の、発行部数ランキングベスト3についての書名、著者名などの穴埋め問題（「ミリオンぶっく2021」より）。（正しくは、1位：『いないいないばあ』〈童心社〉松谷みよ子・文、瀬川康男・絵。2位：『ぐりとぐら』〈福音館書店〉中川李枝子・作、大村百合子・絵。3位：『はらぺこあおむし』〈偕成社〉エリック・カール作、もりひさし訳）

〈作品・作家名〉

□ 2021年4月1日早稲田大学文学部・文化構想学部の入学式で祝辞を述べた作家は誰か。（村上春樹〈72歳〉）

□ 単行本200巻という「こち亀」にギネス記録が並んだ、長編劇画のタイトルは何か。作者は誰か。（タイトルは「ゴルゴ13」、作者は、さいとう・たかを）

□ 2021年4月14日第18回本屋大賞に選ばれた作品と作者は何か。（『52ヘルツのクジラたち』町田そのこ）

□ 2021年本屋大賞・翻訳小説部門の1位になったディーリア・オーエンズの作品は何か。（『ザリガニの鳴くところ』早川書房）

□ ノーベル文学賞作家、カズオ・イシグロの作品でないものを選ぶ問題。（カズオ・イシグロの作品には、『日の名残り』『わたしたちが孤児だったころ』『遠い山なみの光』『わたしを離さないで』『浮世の画家』などがある）

【出版業界の話題】

□ 2021年5月25日、第18代日本ペンクラブ会長に選ばれたのは誰か。（桐野夏生〈きりの・なつお、69歳〉）

□ 2021年5月23日、絵本『はらぺこあおむし』の著者が亡くなった。誰か。（エリック・カール〈91歳〉）

□ 2021年5月、山家望（やまいえ・のぞみ、33歳）の「birth」が受賞した小説の新人賞は何か。（太宰治賞）

PART **8** 難関の雑学・教養・時事問題を突破する

6 よく出る漢字問題集『これが出る! マスコミ漢字攻略バイブル』より

【読み取り】

☐杜撰（ずさん）　☑啓蟄（けいちつ）　☑灰汁（あく）　☐脆弱（ぜいじゃく）　☐造詣（ぞうけい）　☐固唾（かたず）　☐軋轢（あつれき）

☑行脚（あんぎゃ）　☐悪寒（おかん）　☐市井（しせい）　☐進捗（しんちょく）　☐訥弁（とつべん）　☐乖離（かいり）　☐功徳（くどく）

☐上梓（じょうし）　☐逼迫（ひっぱく）　☐時雨（しぐれ）　☐老舗（しにせ）　☐耽溺（たんでき）　☐払拭（ふっしょく）　☐辟易（へきえき）

☐回向（えこう）　☐忸怩（じくじ）　☐時化（しけ）　☐奢侈（しゃし）　☐拿捕（だほ）　☐追従（ついしょう、ついじゅう）　☐反故（ほご）

☐猛者（もさ）　☐逆鱗（げきりん）　☐誤謬（ごびゅう）　☐諮問（しもん）　☐斟酌（しんしゃく）　☐漸次（ぜんじ）　☐相殺（そうさい）

☐仄聞（そくぶん）　☐忖度（そんたく）　☐煩悩（ぼんのう）　☐流布（るふ）　☐欠伸（あくび）　☐威嚇（いかく）　☐言質（げんち）　☐従容（しょうよう）　☐謀反（むほん）　☐夭折（ようせつ）　☐忌憚（きたん）　☐生粋（きっすい）　☐解熱（げねつ）　☐投網（とあみ）　☐頒布（はんぷ）　☐凡例（はんれい）　☐拉致（らち）　☐団扇（うちわ）　☐瑕疵（かし）　☐河岸（かし）　☐雑魚（ざこ）　☐疾病（しっぺい）　☐恬淡（てんたん）　☐暖簾（のれん）　☐塩梅（あんばい）　☐薀蓄（うんちく）　☐会釈（えしゃく）　☐演繹（えんえき）　☐冤罪（えんざい）

☐傀儡（かいらい）　☐教唆（きょうさ）　☐敬虔（けいけん）　☐私淑（ししゅく）　☐終焉（しゅうえん）　☐数珠（じゅず）　☐掌握（しょうあく）　☐成就（じょうじゅ）　☐碩学（せきがく）　☐山車（だし）　☐定款（ていかん）　☐長押（なげし）　☐雪崩（なだれ）　☐法度（はっと）　☐腹蔵（ふくぞう）　☐胡坐（あぐら）　☐校倉（あぜくら）　☐漁火（い

230

さりび） □会得（えとく） □衣紋（えもん） □嗚咽（おえつ） □斯界（しかい） □桎梏（しっこく） □熾烈（しれつ） □凄絶（せいぜつ） □殺陣（たて） □知己（ちき） □鼎談（ていだん） □捏造（ねつぞう） □祝詞（のりと） □破綻（はたん） □幕間（まくあい） □浴衣（ゆかた） □緑青（ろくしょう） □草鞋（わらじ） □生憎（あいにく） □厭世（えんせい） □快哉（かいさい） □怯懦（きょうだ） □怪訝（けげん） □桟敷（さじき） □涅槃（ねはん） □贔屓（ひいき） □弥縫（びほう） □兵糧（ひょうろう） □肥沃（ひよく） □敷衍（ふえん） □訃報（ふほう） □木鐸（ぼくたく） □斡旋（あっせん） □名刹（めいさつ） □朴訥（ぼくとつ） □膾炙（かいしゃ） □翻（ひるがえ）る □懇（ねんご）ろ □阿（おもね）る □唆（そそのか）す □滞（とどこお）る □和（なご）む □恭（うやうや）しい □慮（おもんぱか・おもんばか）る □顧（かえり）みる □省（かえり）みる □遡（さかのぼ）る □蔑（さげす）む □賄（まかな）う □脆（もろ）い □誂（あつら）える □憤（いきどお）る □紡（つむ）ぐ □綻（ほころ）びる □瞬（またた）く □欺（あざむ）く □慈（いつく）しむ □徐（おもむろ）に □醸（かも）す □与（くみ）する □統（す）べる □賜（たまわ）る □矯（た）める □嘲（あざけ）る □調（ととの）える □妬（ねた）む □捗（はかど）る □跪（ひざまず）く □貪（むさぼ）る □弄（もてあそ）ぶ □蠢（うごめ）く □鎬（しのぎ）をけずる □撓（たわ）む □衒（てら）う □咎（とが）める □滑（なめ）らか □労（ねぎら）う □怯（ひる）む □有頂天（うちょうてん） □好事家（こうずか） □端境期（はざかいき） □流鏑馬（やぶさめ） □意気地（いくじ） □一家言（いっかげん） □未曾有（みぞう） □不知火（しらぬい） □素封家（そほうか） □十重二十重（とえはたえ）

〈動物・鳥〉

□海豹（あざらし） □家鴨（あひる） □海豚（いるか） □啄木鳥（きつつき） □蝙蝠（こうもり） □軍鶏（しゃも） □十姉妹（じゅうしまつ） □雲雀（ひばり）

〈植物〉

□山葵（わさび）　□羊歯（しだ）　□糸瓜（へちま）　□紫陽花（あじさい）　□山茶花（さざんか）　□百日紅（さるすべり）　□無花果（いちじく）　□蒲公英（たんぽぽ）　□向日葵（ひまわり）　□女郎花（おみなえし）　□馬酔木（あせび）　□公孫樹（いちょう）　□桔梗（ききょう）　□柘榴（ざくろ）　□仙人掌（さぼてん）　□石楠花（しゃくなげ）　□芍薬（しゃくやく）　□菖蒲（しょうぶ）　□玉蜀黍（とうもろこし）　□浜木綿（はまゆう）　□鳳仙花（ほうせんか）

〈魚・貝〉

□鰯（いわし）　□鰆（さわら）　□鰺（あじ）　□鰻（うなぎ）　□鮒（ふな）　□鯖（さば）　□鱈（たら）　□蛤（はまぐり）　□鰤（ぶり）　□鮪（まぐろ）　□秋刀魚（さんま）　□鰍（かじか）　□鰹（かつお）　□蜆（しじみ）

【書き取り】

□外交せっしょう（折衝）　□派閥のりょうしゅう（領袖）　□かくう（架空）請求　□こうてつ（更迭）する　□論文のすいこう（推敲）　□いかん（遺憾）　□くんとう（薫陶）　□たんてき（端的）　□むぼう（無謀）　□だんがい（弾劾）裁判　□ふんきゅう（紛糾）　□さぎ（詐欺）　□ふへん（普遍）的　□しょき（所期）の目的を達成　□さっとう（殺到）　□えんきょく（婉曲）　□じゃっかん（若干）の金　□じゃっかん（弱冠）18歳　□がんちく（含蓄）　□きんこう（均衡）を保つ　□くろうと（玄人）　□さいはい（采配）　□しょうじん（精進）　□たいと（泰斗）　□ゆうぜい（遊説）　□あいさつ（挨拶）　□いぎ（異議）を唱える　□うごう（烏合）の衆　□かちゅう（渦中）の人　□かんぺき（完璧）　□きがい（気概）のある人　□きんせん（琴線）にふれる　□しょうもう（消耗）　□しろうと（素人）　□そっせん（率先）　□挙動ふしん（不審）　□食欲ふしん（不振）　□政治ふしん（不信）　□離れをふしん（普請）する　□まんぜん（漫然）　□かこん（禍根）　□けつじょ（欠如）　□けんちょ（顕著）

□さいご（最期）をみとる　□しい（恣意）的　□しゅしゃ（取捨）
□せいこん（精魂）をこめて　□せいこん（精根）尽きる　□過去
をせいさん（清算）　□経費のせいさん（精算）　□せいさん（成算）
がある　□幾せいそう（星霜）を経る　□せっちゅう（折衷）案
□そうごん（荘厳）　□とうき（陶器）を買う　□とうき（投機）株
□不法とうき（投棄）　□とうき（登記）簿　□年齢ふしょう（不詳）
□ふしょう（不祥）事　□ふんそう（紛争）地域　□やっき（躍起）
□ようしゃ（容赦）　□うと（疎）い　□いさぎよ（潔）い　□前例
になら（倣）う　□ひるがえ（翻）る　□わずら（煩）わしい
□あなど（侮）る　□はば（阻）む　□いしずえ（礎）　□つい（費）
やす　□つちか（培）う　□えり（襟）　□気にさわ（障）る　□つ
たな（拙）い　□はなは（甚）だしい　□まぎ（紛）れる　□かん
が（鑑）みる　□はばか（憚）る　□もくひけん（黙秘権）　□ぜん
ごさく（善後策）　□ちょうこうぜつ（長広舌）　□ほうようりょく
（包容力）　□はてんこう（破天荒）　□かんこどり（閑古鳥）　□かん
にんぶくろ（堪忍袋）　□ぎしょうざい（偽証罪）　□どろじあい（泥
仕合）　□はいぐうしゃ（配偶者）

【反対語・対義語】

□穏健⇔過激　□模倣⇔創造　□怠惰⇔勤勉　□漆黒⇔純白
□虐待⇔愛護　□演繹⇔帰納　□倹約⇔浪費　□故意⇔過失
□必然⇔偶然　□束縛⇔解放

【四字熟語】（書けるように、読めるように、また、意味も調べておこう）

□五里霧中（ごりむちゅう）　□朝三暮四（ちょうさんぼし）　□危機一髪（ききいっぱつ）　□心機一転（しんきいってん）
□付和雷同（ふわらいどう）　□画竜点睛（がりょうてんせい）　□疑心暗鬼（ぎしんあんき）　□絶体絶命（ぜったいぜつめい）
□温故知新（おんこちしん）　□厚顔無恥（こうがんむち）　□小春日和（こはるびより）　□千載一遇（せんざいいちぐう）
□合従連衡（がっしょうれんこう）　□乾坤一擲（けんこんいってき）　□出処進退（しゅっしょしんたい）　□単刀直入（たんとうちょくにゅう）
□意味深長（いみしんちょう）　□換骨奪胎（かんこつだったい）　□粉骨砕身（ふんこつさいしん）　□興味津津（きょうみしんしん）
□虚心坦懐（きょしんたんかい）　□決選投票（けっせんとうひょう）　□言語道断（ごんごどうだん）　□汗牛充棟（かんぎゅうじゅうとう）
□三寒四温（さんかんしおん）　□自画自賛（じがじさん）　□青天白日（せいてんはくじつ）　□朝令暮改（ちょうれいぼかい）

233

□異口同音	□以心伝心	□一日千秋	□一陽来復
□有為転変	□汚名返上	□我田引水	□七転八倒
□四面楚歌	□多士済済	□当意即妙	□同工異曲
□二束三文	□日進月歩	□傍若無人	□羊頭狗肉
□馬耳東風	□八面六臂	□不即不離	□一網打尽
□一蓮托生	□快刀乱麻	□減価償却	□呉越同舟
□自業自得	□舌先三寸	□順風満帆	□責任転嫁
□天衣無縫	□満場一致	□明鏡止水	□夜郎自大
□一期一会	□一心同体	□隔靴掻痒	□志操堅固
□支離滅裂	□泰然自若	□曖昧模糊	□一衣帯水
□一騎当千	□巧言令色	□三拝九拝	□秋霜烈日
□大義名分	□直情径行	□不偏不党	□竜頭蛇尾
□一石二鳥	□岡目八目	□勧善懲悪	□起死回生
□捲土重来	□五臓六腑	□四分五裂	□徐行運転
□粉飾決算	□執行猶予	□一視同仁	□一知半解
□有象無象	□侃侃諤諤	□金城湯池	□群雄割拠
□綱紀粛正	□虎視眈眈	□衆人環視	□十人十色
□上意下達	□針小棒大	□大言壮語	□東奔西走
□破顔一笑	□博覧強記		

【よく出る慣用句・ことわざ・言葉づかい】〔 〕は穴埋め問題で出やすい語

□他山の〔石〕　□〔気〕が置けない　□木で〔鼻〕をくくる　□役不足　□情けは〔人〕のためならず　□〔九〕牛の〔一〕毛　□流れに棹さす　□物議を醸す　□肝に銘じる　□二の足を〔踏む〕　□枯れ木も〔山〕のにぎわい　□人の噂も〔七十五日〕　□一姫〔二太郎〕　□風〔上〕にも置けない　□〔紺〕屋の〔白〕袴　□三顧の〔礼〕　□馬〔脚〕をあらわす　□顰に倣う　□羹に懲りて膾を吹く　□〔馬〕の耳に念仏　□櫛の〔歯〕が欠けたよう　□人間万事塞翁が〔馬〕　□猫に〔小判〕　□暖簾に〔腕〕押し　□〔六日〕の菖蒲〔十日〕の菊　□野に下る　□虻蜂取らず　□一敗地にまみれる　□〔魚〕心あれば〔水〕心　□木に〔竹〕をつぐ　□後〔生〕畏

るべし　□出藍の誉れ　□前門の虎、後門の〔狼〕　□角を矯めて〔牛〕を殺す　□鳶が〔鷹〕を生む　□江戸の仇を〔長崎〕で討つ　□おっとり刀　□〔河童〕の川流れ　□〔歯牙〕にもかけない　□愁眉を〔開く〕　□春秋に〔富む〕　□〔高〕をくくる　□〔竹馬〕の友　□掉尾を飾る　□大山鳴動して〔鼠〕一匹　□後ろ〔髪〕を引かれる　□〔小田原〕評定　□女手一つで育てる　□〔隗〕より始めよ　□木に縁りて〔魚〕を求む　□〔弘法〕にも筆の誤り　□〔三十六〕計逃げるに如かず　□〔雀〕百まで踊り忘れず　□三つ子の魂〔百〕まで　□住めば〔都〕

【間違えやすい慣用句・ことわざ・言葉づかい】

□怒り心頭に発した（×怒り心頭に達した）　□李下に冠を正さず（×李下に冠を正す）　□汚名をそそぐ（×汚名を挽回・回復）　□食指を動かす、食指が動く（×食指をそそる）　□公算が大きい（×公算が強い・濃い・高い）　□寸暇を惜しんで（×寸暇を惜しまず）　□溜飲を下げる（×溜飲を上げる・晴らす）　□二の句が継げない（×二の句が出ない）　□常軌を逸する（×常軌を失する）　□白羽の矢を立てる・が立つ（×白羽の矢を当てる）　□押しも押されもせぬ（×押しも押されぬ）　□熱に浮かされる（×熱にうなされる）　□案の定（×案の条）　□刀折れ矢尽きる（×矢折れ刀尽きる）　□首をかしげる（×頭をかしげる）　□檄を飛ばす（×激を飛ばす）　□出る杭は打たれる（×出る釘は打たれる）　□万事休す（×万事窮す）　□二つ返事で引き受ける（×一つ返事で引き受ける）　□井の中の蛙（×池の中の蛙）　□腕利きの営業マン（×腕よりの営業マン）　□苦杯をなめる（×苦杯にまみれる）　□今昔の感にうたれる（×昔日の感にうたれる）　□獅子身中の虫（×獅子心中の虫）　□照準を合わせる（×照準を当てる）　□柳眉を逆立てる（×柳眉をたてる）　□足げにする（×足げりにする）　□一頭地を抜く（×一等地を抜く）　□垣間見る（×垣間聞く・垣間見せる）　□蛍雪の功（×蛍雪の効）　□けんもほろろ（×剣もほろほろ）　□死中に活を求める（×死中に活を得る・市中に活を求める）　□従来（×従来から）　□成功裏に（×成功裏のうちに）　□相好を崩す（×愛敬を崩す）　□灯火親

しむ（×灯下親しむ）　□胸三寸（むねさんずん）（×胸先三寸（むなさきさんずん））　□累を及ぼす（るい および）（×類を及ぼす）

【物の数え方】
□烏賊（いか）（一杯（いっぱい））　□兎（うさぎ）（一羽（いちわ））　□鏡（かがみ）（一面（いちめん））　□鏡餅（かがみもち）（一重（ひとかさね））
□掛け軸（かけじく）（一幅（いっぷく））　□駕籠（かご）（一挺（いっちょう））　□絹（きぬ）（一疋（いっぴき））　□原子炉（げんしろ）（一基（いっき））
□芝居（しばい）（一幕（ひとまく））　□三味線（しゃみせん）（一丁（いっちょう））　□簞笥（たんす）（一棹（ひとさお））　□テント（一張（いっちょう））
□屏風（びょうぶ）（一双（いっそう））　□鎧（よろい）（一領（いちりょう））

【十二支】
□子（ね）　□丑（うし）　□寅（とら）　□卯（う）　□辰（たつ）　□巳（み）
□午（うま）　□未（ひつじ）　□申（さる）　□酉（とり）　□戌（いぬ）　□亥（い）

【月の異名】
□1月（睦月（むつき））　□2月（如月（きさらぎ））　□3月（弥生（やよい））　□4月（卯月（うづき））
□5月（皐月（さつき））　□6月（水無月（みなづき））　□7月（文月（ふみづき））　□8月（葉月（はづき））
□9月（長月（ながつき））　□10月（神無月（かんなづき））　□11月（霜月（しもつき））　□12月（師走（しわす））

【春の七草】
□芹（せり）　□薺（なずな）　□御形（ごぎょう）　□繁縷（はこべら）　□仏の座（ほとけ の ざ）　□菘（すずな）　□蘿蔔（すずしろ）

【秋の七草】
□萩（はぎ）　□尾花（おばな）（薄（すすき））　□桔梗（ききょう）　□撫子（なでしこ）　□女郎花（おみなえし）　□葛（くず）　□藤袴（ふじばかま）

【二十四節気】
春：□立春（りっしゅん）　□雨水（うすい）　□啓蟄（けいちつ）　□春分（しゅんぶん）　□清明（せいめい）　□穀雨（こくう）
夏：□立夏（りっか）　□小満（しょうまん）　□芒種（ぼうしゅ）　□夏至（げし）　□小暑（しょうしょ）　□大暑（たいしょ）
秋：□立秋（りっしゅう）　□処暑（しょしょ）　□白露（はくろ）　□秋分（しゅうぶん）　□寒露（かんろ）　□霜降（そうこう）
冬：□立冬（りっとう）　□小雪（しょうせつ）　□大雪（たいせつ）　□冬至（とうじ）　□小寒（しょうかん）　□大寒（だいかん）

【雑節】

□節分　□彼岸　□社日　□八十八夜　□入梅　□半夏生
□土用　□二百十日　□二百二十日　□初午
□三元（□上元　□中元　□下元）　□盂蘭盆　□大祓

【六曜】□先勝　□友引　□先負　□仏滅　□大安　□赤口

【年齢の異称】〔 〕内は出典

□志学〔論語〕（15歳）　□弱冠〔礼記〕（20歳）
□而立〔論語〕（30歳）　□不惑〔論語〕（40歳）
□知命〔論語〕（50歳）　□耳順〔論語〕（60歳）
□従心〔論語〕（70歳）

【長寿の祝い】

□数え年で61歳（還暦）　□70歳（古稀）　□77歳（喜寿）
□80歳（傘寿）　□88歳（米寿）　□90歳（卒寿）　□99歳（白寿）

【現代仮名遣い】

□絆　きずな（×きづな）　□こんにちは（×こんにちわ）　□鼻血
はなぢ（×はなじ）　□こぢんまり（×こじんまり）　□世界中　せか
いじゅう（×せかいぢゅう）　□黒ずくめ（×黒づくめ）　□力ずく（×
力づく）　□つまずいた（×つまづいた）　□てなずけた（×てなづけた）
□布地　ぬのじ（×ぬのぢ）　□心づくし（×心ずくし）　□ひざまず
いて（×ひざまづいて）

【外国の地名の読み方】

□愛蘭（アイルランド）　□亜細亜（アジア）　□阿弗利加（アフリカ）
□亜米利加（アメリカ）　□英吉利（イギリス）　□維納（ウィーン）
□埃及（エジプト）　□濠太剌利（オーストラリア）　□墺太利（オース
トリア）　□阿蘭陀（オランダ）　□希臘（ギリシャ）　□桑港（サンフラ
ンシスコ）　□新嘉坡（シンガポール）　□瑞西（スイス）　□瑞典（ス

ウェーデン）　□西班牙（スペイン）　□丁抹（デンマーク）　□土耳古（トルコ）　□新西蘭（ニュージーランド）　□諾威（ノルウェー）　□巴里（パリ）　□聖林（ハリウッド）　□布哇（ハワイ）　□洪牙利（ハンガリー）　□比律賓（フィリピン）　□芬蘭（フィンランド）　□伯刺西爾（ブラジル）　□仏蘭西（フランス）　□越南（ベトナム）　□白耳義（ベルギー）　□伯林（ベルリン）　□波蘭（ポーランド）　□葡萄牙（ポルトガル）　□馬耳塞（マルセイユ）　□墨西哥（メキシコ）　□欧羅巴（ヨーロッパ）　□羅府（ロサンゼルス）　□羅馬（ローマ）　□露西亜（ロシア）　□倫敦（ロンドン）　□華盛頓（ワシントン）

＊「漢字」試験の出題範囲は、実はとても広い。引き続き、過去25年の試験から頻出問題をセレクトした拙著『これが出る！　マスコミ漢字攻略バイブル』（早稲田経営出版）に進んでほしい。これさえこなせば、もう安心だ。

PART 8

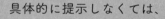

企画がなければ
出版業界には入れない

出版社に入社するには、
「企画」（＝やってみたい仕事）が最も大切である。
「どんな書籍や雑誌をつくりたいか」を
具体的に提示しなくては、
実際に仕事を進めていくことが
できないからだ。このPARTでは、
エントリーシートに企画をどう
書いたらよいのか、また、
そもそも企画とはどうつくっていったら
よいのかについて述べていく。

PART **8** 企画がなければ出版業界には入れない

1 エントリーシートに企画をどう書くか

　出版社のエントリーシートには、必ずといっていいほど企画をたずねる項目がある。

- 「当社で取り組みたい仕事」
- 「入社後やってみたい仕事」
- 「あなたが当社でやりたい仕事とそれを選んだ理由を具体的に書いてください」
- 「当社でやりたいこと、およびそれを当社でやることのメリットについて自由に記してください」
- 「応募部門内の興味ある分野で、どのような仕事に携わりたいかを具体的に書いてください」

　以上のようにほとんどの出版社がエントリーシート上に、「やってみたい仕事」を記述させる。
　「やってみたい仕事」は、エントリーシートで書かされるだけではない。「やってみたい仕事」を具体的に問う筆記試験もある。また、面接の際には「当社でどんな仕事をしたいですか」と必ずたずねられる。最終的には、この答え方次第で採用、不採用が決定するといっても過言ではない。
　エントリーシートに「やってみたい仕事」を書く場合に大切なことは、とにかく「具体的に」書くことだ。
　具体的に書くとは、書籍の場合なら、まず著者名を実名で挙げる。次に書いてもらいたい内容を示すことである。書籍のかりの題名まで示せば、コピーライターとしてのセンスも伝えられるし、

読み手にその書籍のイメージをより湧かせやすい。雑誌の場合は、まず**雑誌名を実名で挙げる**。次に**つくってみたい記事のかりのタイトル名と、内容を示すこと**である。タイトル名は、その雑誌にふさわしいものにしたい。内容はできるだけ、物や、人や、場所などを実名で記したい。

　よく、学生がエントリーシートの「やってみたい仕事」の欄に書いているのは次のようなものだ。

　「私は、雑誌の仕事をやってみたい。みんなが知らない『ちょっといいモノ』を雑誌を通して読者に発信し、『心のゆとり、豊かさ』を広め、新しい文化を次々に提供する。夢と希望が持てるような内容にしていきたいです」

　「書籍の編集を希望。この忙しい現代社会で、ほっと一息つけて、心が安らぐのは書籍しかないと思っています。肩のこらない気軽に読める素敵な書籍の数々をいろんな作家とともにつくっていきたいです」

　書いた人の気持ちはわからないでもないが、これではどんな雑誌や書籍ができあがるのかがさっぱりみえてこない。

　出版社から内定をもらい入社して、編集部に配属されたらすぐに毎回企画書を提出させられることになる。その時に「夢と希望が持てる」雑誌、「ほっと一息つけて、心が安らぐ」書籍をつくりたいとだけ書いていても、「やってみたい仕事」を提案していることにはならないのはわかるだろう。

　編集者としてしなくてはならない仕事は、書籍や雑誌を「目に見える形」につくりあげることだ。理想や理屈をいくら語っても意味がない。著者名を挙げて、次に書いてもらいたい書籍のテーマを話せなくてはならない。雑誌名を特定して、その雑誌にふさわしいテーマをひねりだし、そのテーマが反映しているような記事のタイトルを考えて提案し、内容が語れなくてはならないのだ。逆にいえば、これができる人だけが、出版社に編集者として採用されている。

＊

例を挙げていこう。エントリーシートの企画を書く欄のスペース
は各社まちまち。たとえ小さなスペースであっても、**「具体的」で**
あることが大切だ。

　大きなスペースがあれば、一つの企画について内容を深く突っ込
んで記すのもよいが、できれば複数の企画を書くことを勧める。な
ぜなら、エントリーシートを読む採点担当者の興味と、君の書いた
企画とがまったくずれてしまったとしても、いくつかの企画が書い
てあれば「自分の関心事とは違うが、発想力、企画力のある人だ」
と思ってもらえるし、なによりも〝本当に書籍や雑誌がつくりた
い〟という熱意が伝えられるからだ。

雑誌編集者志望

企画例文 1

〈扶桑社〉雑誌『SPA！』編集を志望。①特集記事「彼女はあなた
の第一希望？」（今つきあっている彼女は本当に第一希望なのか。恋に妥協はあ
る？　ない？　の特集。福原愛、東出昌大、小沢健二、熊田曜子らを登場させる）、
②「私のフェチ拝見」（変わった趣味特集、芸能人の〇〇フェチを中心に。クラ
ゲフェチ、観覧車フェチ、パンストフェチなど）、③「尻にしかれたい！」（女
性におんぶにだっこで生きることのススメ）。

コメント　この雑誌の読者層を考えて企画しているところがよい。タイ
トルのつけ方から、当該雑誌を読んでいることがわかる。

企画例文 2

〈集英社〉『BAILA』で、仕事に情熱を傾け、輝きを放っている30代の女性を取り上げる企画『仕事で美人になる』をやってみたい。犬の散歩会社を起業した丹羽玲子や、〝企業研究制度〟によりイタリアンレストランで修業中の滝高校の鈴木伸子教諭などを扱いたい。また「言の葉ホロリ」という企画では、芸能人や有名人が感動し、そのひと言や一句を支えとして大きくなれたという言葉をじっくりと紹介していく。

コメント
取材対象者の実名までを挙げているところに本気度を示せていてよい。

企画例文 3

〈小学館〉雑誌編集を志望。『サライ』では特集記事「現代『異人』列伝」（例として著者：辺見庸、対象者：詩人高木護）、連載「日本でたった一軒の世界料理店」（一軒しかない各国料理店をフォトジャーナリスト・森枝卓士に書いてもらう）。『週刊ポスト』では「いま日本にもある革命運動」（中核派や革マル派など）や「（高齢化社会に向けて）地域通貨の可能性」などの特集。『ビッグコミックオリジナル』では、漫画家・一条ゆかりに中年の恋をテーマにしたものなどを考えている。

コメント
いろいろな雑誌をやってみたいことがよくわかる。テーマにオリジナルの角度がついていてよい。

書籍編集者志望

企画例文 4

〈講談社〉書籍編集、特に講談社現代新書の編集部を志望する。哲学者の内山節に『働くことの意味』、法哲学者の石山文彦に『正義の味方はどこにいるのか』、憲法学者の山元一に『世界史における憲法第9条の役割』、江戸文学者の丹羽謙治に『和漢三才図会の世界』などを書いてもらいたい。他に、漫画雑誌の編集にも興味がある。『モーニング』でかわぐちかいじに秘密結社をテーマにした作品を書いてもらいたい。

> **コメント** 学術書に興味があることを具体的に示せている。漫画雑誌についても触れており、興味の幅の広いことがPRできた。

企画例文 5

〈新潮社〉書籍編集を志望。例：書名『ルーム』著者：江國香織・小池真理子・恩田陸・古処誠二・川島誠らによるアンソロジー。内容：引きこもりの子供を抱える家庭を舞台に、ばらばらになってしまった家族が再生する連作短編集。書名『わたしは見なかった』著者：山本文緒・乃南アサ・高橋源一郎・桃谷方子・清水義範らによるエッセイのアンソロジー。内容：自分一人が見てしまった、気まずい瞬間を描く。

> **コメント** 著者名を並べたことで書籍が好きであることをストレートに
> PRできている。各著者について、それぞれ単行本をつくると
> すればどんなテーマがよいかを考えておく必要がある。

企画例文 **6**

〈KADOKAWA〉書籍の編集をやりたい。次の作家とそれぞれのテー
マを例として記す。エンターテインメント小説では、梁石日（済州
島蜂起）、永瀬隼介（サンカ）、宮崎学（学生運動）、成定春彦（新興宗教）、
関口哲平（放送業界の暗部）、ノンフィクションでは魚住昭（政治家の資
金源のカラクリ）、大野芳（三矢事件の全貌）、江波戸哲夫（未来を拓く労働組
合）、三上智恵（沖縄独立論の底流）、諫山陽太郎（戸籍を越える生き方）な
ど。

> **コメント** 社会派であることをしっかりPRできている。なぜこれらの
> 作家にこのテーマを書いてもらいたいのか、その根拠をしっか
> りと準備しておこう。

　なにはともあれ、この欄を具体的にしかも魅力的に書けないよう
では、採用担当者から「本気で編集者になりたい人間」とは思って
もらえないから、心してとりかかってほしい。

「企画」の書き方

「企画」（=やってみたいこと）の項目を書く際の注意点をいくつか挙げる。

❶タイトルを工夫する

かつて出版界を震撼させた雑誌の特集タイトルがあった。『an・an』の「セックスできれいになる」だ。

これを「SEX特集」というタイトルと比べてみよう。雲泥の差があることがわかるだろう。

エントリーシートに雑誌の記事タイトルを書くときに「SEX特集」とするのではなく「セックスできれいになる」という方向で書いてほしい。書籍の企画にかりの題名をつける場合も同じだ。自分のセンスのよさを短い言葉で示してやろう。

❷新雑誌だけを書くのは冒険になる

たとえば新潮社にエントリーシートを提出するとしよう。

この項目にいきなり「スポーツ総合誌を創刊したい。この分野を文藝春秋に独占させておくのはもったいない。総合出版社である御社でぜひやっていきたい」というように書く人がいる。これだと、第1志望は『Number』（文藝春秋）編集部と思われかねない。また、「どこの出版社に行っても、同じことをいっているのだろう。本気でウチの会社を志望しているのか疑わしい」と思われてしまう。

かりにこの企画がウケたとして、面接で「君、新雑誌創刊なんていっているけど、いきなり編集長できるの」とイヤミをいわれるかもしれない。新雑誌の企画は書いてもいいが、既存の雑誌をより売れるようにする企画の後に、二つ目の企画として書くことを勧めたい。

新雑誌企画を書く際は、仮の雑誌名（ユニークなタイトルを考えよう）、読者対象、内容（創刊3号目くらいまでの特集タイトル）を具体的に示そう。

今の話は、書籍編集志望者の場合も気をつけたいことだ。経済専

門の出版社を受けにいって、「音楽の本をつくりたい」といっても、「何しにきたの」といわれかねないことを覚悟しよう。

　経済書の企画をいくつも並べた上で、最後に音楽の本の企画を書くのなら、いいと思う。ひょっとしたらその出版社は新しいジャンルに飛び出したいと考えているかもしれない。そうでなくても、経済以外にも詳しい得意分野を持っていることを PR できてよいのだ。

❸やりたいことは正直に書く

　これは特に講談社、小学館、集英社などの総合大手出版社を受ける場合の話だ。

　これらの出版社では、新卒編集者は入社するとまず雑誌編集部に配属されることが多い。毎年必ずといっていいほど流れる噂は「エントリーシートに書籍編集志望と書いても結局は雑誌編集部に配属されるのだから、『雑誌編集を志望』と書いたほうがよい」というものだ。これはまったく、ただの噂にすぎない。

　どうしても書籍を編集したいと思っていたら、書籍編集志望と書いていい。君が、雑誌はそれほど好きでもないのに、「雑誌編集を志望」と書いたとする。もちろん具体的な雑誌名を挙げて、企画を書くことにもなろう。しかし、君が書籍編集をやりたいように、その雑誌を本当にやりたい学生は他にいると考えたいのだ。「本気度」では彼（女）らにかなわないはず。無理して「雑誌編集志望」などと書かないようにしたい。

　一般的に、雑誌編集の仕事はチームプレー、書籍編集の仕事は個人プレーで行う。大きな出版社では、まず編集部員の多いチームの中で仕事をさせてゆっくりと新卒編集者を育てているのだ。

❹その雑誌のメインの企画を考えよう

　志望者に企画を書いてもらうと、次のようなアイディアを書く人がいる。

　(a)　『『週刊少年ジャンプ』の編集を志望する。漫画雑誌の低迷を

PART

8

企画がなければ出版業界には入れない

247

打ち破るためには、コラムを充実させたい。他社の漫画も含めて、夏目房之介・呉智英らに書評を書いてもらいたい」(集英社)

(b) 「『an・an』の編集を志望。読者一万人アンケートを実施して、新しい読者を獲得できる斬新な企画を考えていきたい」(マガジンハウス)

(a)について。これは一つの企画だとはいえる。しかし、メインの企画とはいえない。

かりにその漫画雑誌の売れ行きがよくないとすれば、それは掲載されている漫画がつまらないからだ。どんな漫画家に何のテーマで書いてもらえばいいのかを書く必要がある。

(b)について。アンケートをとらなくてもいいように、アイディア豊富な新卒編集者を募集していると考えたい。

一万人アンケートで雑誌ができるなら、君はいらないことになる。やはり、その雑誌でやりたい特集のタイトルをズバリ書きたい。「読者アンケート」は企画とはいえない。

「どんな仕事をやりたいか」という項目には、いつもその雑誌のメインの企画を書くように心がけよう。

❺漫画雑誌の企画について

漫画に詳しい漫画雑誌志望者がしばしば陥る話をしよう。

ある漫画家が、ある一つの出版社の漫画雑誌にしか描かないことはある。これは「他社では描かない」という契約をしていることから生じている。この事実を知っている学生の多くが、その出版社やその雑誌で描いている漫画家のみの企画を書いてくる。この姿勢はやめたい。他社では描かないという契約は未来永劫ではないのだ。いつか契約が切れる日がくる。

これから出版社に入って新しい漫画雑誌をつくろうとしている君は、もっと自由に考えてほしい。エントリーシートに書く企画は、一つのシミュレーションにすぎない。他社や他の漫画雑誌で活躍している漫画家をどんどん取り込んだ企画を考えよう。

❻雑誌名は絶対に間違えない

　出版社に入りたい君は、同じような傾向の出版物を出している会社を複数受けることになるだろう。写真週刊誌の編集を志望しているのなら『FRIDAY』（講談社）、『FLASH』（光文社）の２誌をめざすことになるかもしれない。光文社を志望して、エントリーシートに「『FRASH』の編集を志望。具体的には○○という企画をやりたい」と書いたとする。はっきりいえば、このエントリーシートは書類選考で落とされる可能性が高い。雑誌名が間違っているからだ。『FLASH』が正しい。

　この話を学生にすると「それくらい大丈夫でしょう。ウソでしょう」と本気にしてくれないことが多いが、「雑誌名の間違っているエントリーシートは落とす」という採用担当者がいることを知っておいてほしい。雑誌名くらいとあなどってはいけない。それらの雑誌をつくっている編集者は、当の雑誌に人生を賭けている。本当にその雑誌をやりたい人なら、好きな雑誌の名前を間違えることはありえないと考えているのだ。雑誌名は正しく記してほしい。

　雑誌名はもちろんのこと、書籍や著者の名前も間違って記述しないよう、エントリーシートの提出前には再確認してほしい。いくつもの出版社を受けるとつい気がゆるみがちになるから注意しておく。

　いわずもがなだが、出版社の正式名称も間違えないこと。たとえば『週刊文春』を出している出版社は、「株式会社文藝春秋」であって、「文藝春秋社」ではない。

PART **8** 企画がなければ出版業界には入れない

2 企画なんて簡単だ

　エントリーシートに企画を書くコツはわかってくれたと思う。では、その企画をどうつくるかだ。
　まず、自分のめざす雑誌を思い浮かべて、どんな雑誌にしていったらよいかを考える。つくりたい書籍を考える。そこでもし次から次へとアイディアが浮かんできたら君は天才だ。そのままエントリーシートを埋めていけばよい。しかし、書き方はわかったが、自分の企画が出てこない君に、この項では企画のつくり方のヒントを伝授しよう。自分ならどういう企画を立てるのかを考えながら、ゆっくり読んでいってほしい。企画は特別に難しいものではない。誰にでも簡単に企画はつくれることがわかると思う。
　企画を考える際に最も大切なことは「私はどんなにウンウンうなって時間をかけて考えてもいいアイディアは出てこない。企画は自分の力ではつくれない」と思うことだ。「企画が出せるほど私は優秀な人間ではない」と思ったところから企画づくりは始まる。編集者になるんだからプライドを高く持って、がんばって企画を考えようとするのは間違いだ。プライドはできるだけ低く持ちたい。
　さあ、自分で企画ができなければ、他の人に教えてもらうしかない。さっそく企画づくりの「旅」を始めよう。

「悩みの解決法」が企画の基本

　そもそも人間はなぜ雑誌や書籍を読むのか。知識を増やすため、人間的に豊かになるため、大学生ならレポートや卒論を書くためなど、もちろん動機はいくらでもあるだろう。しかしここではとりあえず、人間は雑誌や書籍を「自分の悩みを解決するために読む」と

する。

　人間は悩んでいるから、それを解決しようと雑誌や書籍を読む。ならば、人に悩みを聞いて、その解決法を考える。その悩みと解決方法を雑誌の特集にする、または一冊の書籍にまとめる。そう、すでにこれが君の企画になっているのだ。

　逆に考えてみよう。10代後半から20代前半向けの女性誌、男性誌には、恋愛やSEXの特集が毎号のように組まれている。30代女性誌には、子育て、仕事などが増えてくる。40代男性誌には管理職としての生き方やリストラについての記事が増える。**雑誌の特集は、それぞれの読者層である世代や年齢の「悩み」におよそ対応している**ことがわかるだろう。

インタビューから企画は生まれる

　ここまで理解できたらあとは簡単。**自分のやりたい雑誌の年齢層にインタビューしていけばいい**だけだ。たとえば、自分の母親に「今の、これからの心配事は何？」と聞いてみよう。「おばあさんやおじいさんの介護が心配。年金をちゃんともらえるかどうかにも関心がある。お父さんとの定年後の生活もどうしようかと思う」などといろいろな「悩み」が聞けるだろう。これで熟年向け雑誌の企画の素案ができた。

　『ゆうゆう』（主婦の友社）、『ハルメク』（ハルメク）、『毎日が発見』（毎日が発見）、『月刊清流』（清流出版）など、現在いくつかの熟年向け雑誌が出版されている。これらの雑誌が、介護、年金、定年後の生活をバックナンバーで記事としてどう取り扱っているかを調べ、比較して、自分ならどういう記事のタイトルにするか、どんな内容にするかを考えればよい。何もないところから企画を生み出すのは難しい。読者対象の母親と、雑誌を目の前にして考え始めよう。

　以上が、企画のつくり方の基本だ。

251

3 企画を考える
いくつかの視点

　企画を考える基礎はおさえられたと思う。**自分が企画に困ったら、とにかく他の人の「悩み」「興味」「関心」を尋ねてみること**。ここにいつも戻るようにしよう。
　次に、雑誌や書籍の企画を、より具体的につくる方法を考える。

1 書籍企画を考える二つの方法

　書籍の企画は、著者と内容の二つが揃って成立する。この二つを書かなければ企画にならない。
　書籍編集をめざす君は、今どういう本を読んでいるのだろうか。
　たとえば、冒険小説作家・船戸与一の直木賞受賞作『虹の谷の五月』（集英社）を読んでいるとしよう。ならば、次に船戸与一のどんな本を読みたいかを考えればよい。自分が次に読みたい本を考えること、これが書籍の企画にほかならないのだ。
　船戸は、これまで主に海外を舞台に反政府ゲリラを登場させる冒険小説やルポルタージュを多数書いてきた。今回の『虹の谷の五月』は、これまでの著作とは少し異なり、「成長していく少年」がテーマだった。次に船戸に書いてもらい、自分が読みたいのは「日本を舞台にしたクーデター小説」でもいいし、「日本に明治以前にいたといわれる漂泊民『サンカ』をテーマにした小説」でもいい。また、「成長していく少女」をテーマにするのでもよい。ただし、なぜ船戸に今「クーデター小説」「サンカ」「成長していく少女」をテーマとして書いてもらいたいかの理由は、自分なりに考えておく必要はある。エントリーシートには、著者名と内容（テーマ）を書い

ておけばよいが、面接では、そのテーマで書いてもらう理由を尋ねられるので準備したい。ただの思いつきでエントリーシートに書いたのではないことを話そう。

今自分が読んでいる本から次に読みたい本が発想できればそれでよい。または好きな作家に次に書いてもらいたい本が思い浮かべばそれでいい。どんどん企画を立てていこう。

あまり企画が出てこない時には次のように考えるといい。

❶ある本とある本の間にはどんな本が考えられるか。
❷ある本とある本の次にはどんな本が考えられるか。

この二つを実例を挙げつつ紹介していく。

❶ある本とある本の間にはどんな本が考えられるか

たとえば、物理学者・大槻義彦には『火の玉を見たか』『超能力・霊能力解明マニュアル』（ともに筑摩書房）という本がある。不思議な現象を物理学の最先端理論で解き明かした著書だが、この2冊の本の間にできる本を考えてみたい。

たとえば、不思議な現象はまだまだたくさんある。「UFO」についてはあまり触れられていないから一冊の本が企画できる。前書の最後に、「ミステリーサークル」の話が少しだけ出ている。現在、ミステリーサークルはすべて人間がつくった偽物という話が出ているが、それは本当かどうかも含めて、「ミステリーサークル」をテーマにした一冊の本ができる。また「ポルターガイスト（物が動く現象）」「テレポーテーション（人間の瞬間移動）」については、後書のほうに出てはくるが、もっと詳しく知りたいと思えばそれぞれ一冊の本になる。このように、2冊の本を並べてみて、その間で、自分が読みたい本を考える方法がある。

❷ある本とある本の次にはどんな本が考えられるか

電気機関車の設計で著名な斎間亨の著作に、『電気機関車をつく

る』『新交通システムをつくる』（ともに筑摩書房）という著書がある。有名な電気機関車（ブルートレイン牽引車のEF66）や、新しい交通システムを設計した現場の人ならではの、鉄道マニアにはたまらない2冊である。

　さて、鉄道マニアに向ける本として、この本の次にはどんな企画が考えられるか。鉄道マニア垂涎の的といえば、蒸気機関車がある。一つのアイディアとして『蒸気機関車をつくる』が考えられる。ただし、斎間は2冊を読む限り蒸気機関車の設計はしていないようだ。ならば、書店や図書館に走り、蒸気機関車に詳しい人を関連図書から探す必要がある。以上のように2冊の本を並べて次の本を考える企画の立て方がある。

　この、次から次へと書籍を考える方法は応用がきく。
　たとえば、「人類の夢」をテーマとして自分が書籍をつくりたいとする。
　「人類の夢」とは何だろう。たとえば、「錬金術」「永久機関」「国際共通語」と出てくる。これらは皆、一冊一冊の本になる企画である。あとは、そのテーマにふさわしい著者を探せばよいだけだ。

2　雑誌の企画を考える

　雑誌の企画は、雑誌名と内容を書く必要がある。雑誌名を具体的に挙げ、その雑誌にふさわしい特集名や記事内容を具体的に書かなければ企画にならない。雑誌名は、自分のこれからつくっていきたい雑誌名を挙げればよい。その雑誌にふさわしい特集とはどういうものかを考えてみよう。たとえば、料理の雑誌には、『きょうの料理』（NHK出版）、『dancyu』（プレジデント社）、『料理王国』（JFLAホールディングス）がある。

　『きょうの料理』は、主婦をはじめとする料理をつくりたいオールラウンドの読者層を持つ53万5300部の雑誌。『dancyu』は、30～40代のいわゆるグルメのための11万3900部の雑誌。『料理

王国』は、『dancyu』よりもマニアックなグルメや、料理のプロたちも読む公称10万部の雑誌だ。

　3誌のある年の新年号を見てみる（『きょうの料理』はテレビ番組のテキストである関係上、12月号が事実上の新年号となる。他は1月号が新年号である）と、『きょうの料理』（12月号）は、『特集・正月料理』であり、『dancyu』（1月号）は「特集・築地の食べ方」である。それらに対して『料理王国』（1月号）は、「特集・この1冊であなたもジビエが語れます」とジビエ（野禽＝鹿や兎など）の特集を組んでいる。これらは明らかに読者層をはっきり意識しての企画だ。

　NHK出版の『きょうの料理』編集部を志望して、エントリーシートに「毎年新年号がおせち料理の作り方ばかりでは工夫に欠けると思う。目先を変えて、ぜひ鹿や兎などの冬らしいジビエの特集企画をつくっていきたい」と書いたらどうだろう。間違いなく出版社の側から「この学生は、『きょうの料理』の読者のことをわかっていない」と思われてしまう。もちろん『きょうの料理』でジビエの企画を書いてはいけないとはいわない。小さな記事としては企画になりうる。しかし、メインの正月料理特集と同等にジビエ特集を組んだ『きょうの料理』が売れるとは、今の時代には思えない。毎年、「今年の正月料理は何かな」と新年号の特集を待っている『きょうの料理』の定期読者は少なくないのだ。

　なんでもアイディアを書けばいいわけではないことを知っておいてほしい。その雑誌に向いた企画を考えたい。まさか、若い女性向けの雑誌『With』（講談社）や『MORE』（集英社）に「50代の着こなし術」という企画は書かないだろう。それと同じだ。

　やりたい雑誌の読者層をおさえた上で、ありきたりではない自分の企画を書くためにはどうしたらよいかを、次に考えていこう。

　以下は、料理雑誌『dancyu』のある号の特集の目次である。わかりやすい例として「うどん」特集を取り上げる。

PART
8

企画がなければ出版業界には入れない

255

〈特集・うどん大勝負〉

❶喉ごし軽快な「稲庭うどん」は完全なる手作業から生まれる
❷知られざる〝讃岐うどんの美味なる秘境〟を往く
❸富士吉田には超個性派の凄いうどんが揃い踏み
❹いま注目！ 「うどんの旨い店」一挙公開（東京・京阪神）
❺つるつる肌の「水沢うどん」を打とう
❻お手軽お気軽「冷凍うどん」クッキング
❼国産小麦10%の〝名うどん〟を取り寄せる

　一つの特集が７本の記事で構成された44ページの大特集だ。内容を大まかに分類するとこうなる。

❶ルポ（店１軒紹介）
❷ルポ（店７軒紹介）
❸ルポ（店４軒紹介）
❹店（２軒紹介）
❺クッキング（店１軒紹介）
❻クッキング
❼取り寄せ（10種類紹介）

「ルポ」「店」「クッキング」「取り寄せ」が、この料理雑誌の大きな柱になっていることがわかる。

　この『dancyu』編集部を志望して「特集が『うどん』ならば、近くにおいしい店があるので紹介していきたい。ほかに、讃岐のうどん屋ルポも考えている」くらいでは、企画になっていないことはわかるだろう。たとえば店についてなら、24時間情報収集している料理雑誌編集者にかなうわけがないと考えたほうがいい。では、どういう角度から企画をひねり出すのか。

　❶〜❼から、参考になる部分を取り出してみよう。

　ポイントは❸と❻だ。

　「うどん」といえば、讃岐、稲庭、水沢だ。これは昔から有名なところである。ところが❸の富士吉田市のうどん屋の話は比較的珍

しい。市内にうどん屋が64軒もあり、しかも一般の民家を改造したような店が多い。営業時間はほとんどが昼間の2時間だけ、看板のない店もあるのだ。この記事は気鋭のジャーナリストが書いている。

　次に❻の「冷凍うどん」クッキングである。「冷凍もの」とあなどれないほどおいしくなり、手軽に使える冷凍うどんをさっそく取り上げて、人気の料理研究家にクッキングを依頼している。

　料理雑誌に携わりたいのなら、ライター名や料理研究家の名前までは必要ないが、❸❻あたりのオリジナルな企画を考え出したい。もちろんライター名、料理研究家まで書ければよりベターだ。また、特集ではなく、一本記事の企画としてライター名や料理研究家を挙げて、やってもらいたいことを具体的に書くのも一つの方法だ。

PART **8** 企画がなければ出版業界には入れない

4 こんな企画試験が出る

　出版社の筆記試験では、ストレートに企画を書かせるものがある。
　たとえば、かつて三笠書房では新卒の筆記試験に書籍の企画を10本書かせたことがある。「企画をいきなり10本も」と、これに面食らった志望者は多かった。結局2～3の企画しか書けずに試験会場を後にしたという話を多く聞いた。当然これでは試験は通らなかった。
　この試験を突破するには、とにかくなんでもいいから10本の企画を書かなければならない。実際に、10本書いた学生の多数がこの試験を通っていた。書籍の編集者は、一年間に最低5冊以上は本をつくる。「編集者になりたい」という学生が、2～3の企画しかないようでは、編集者として一年ももたない。これでは採用するわけにはいかなくなる。
　近年、三笠書房が新卒採用を行う場合は、およそ出版業界の就職戦線のトップを切るような早い時期に試験が行われる。書籍、雑誌どちらの志望者とも、三笠書房の筆記試験用に書籍の企画をじっくり10本考えておくとよい。それ以降の出版社に使い回せるから、都合がいいのだ。
　10本の企画を考える際のコツは、いろんなジャンルにわたっての書籍企画を立てるとよい。自分が小説が好きならまず5本考えてみよう。もちろん、前に述べたように、著者名と内容を具体的にいえなくてはならない。あとの5本をどうするか。児童書に興味があれば児童書で2本、科学の本に興味があれば科学関連で2本、他に、美術関係の本を1本考えてみる。
　かりに三笠書房を受けないとしても、これらの10本の企画は応用できる。たとえば講談社を受ける際に、講談社の児童書が好きで

志望するのなら、エントリーシートに二つの児童書企画を書けばよい。他に「小説も好きだ」と加えて具体的な作家名を5名並べておく書き方ができる。

科学書を得意とする出版社が新卒募集をしている広告を見つけたら、科学書を2冊企画として提出し、「他に小説や美術書にも興味がある」とエントリーシートに書き添えれば、より〝幅の広い私〟をPRできることになる。ひょっとしてその出版社が、科学書以外のジャンルを強化したいと考えているのなら、「科学書もつくれて小説、美術もできそうな、ウチにぴったりの編集者だ」と思われるかもしれない。

出版社の受験対策として作文の練習を始めながら、企画も同時に考えておくようにすると、大手出版社の募集が集中する就職戦線真っただ中であわてなくてすむ。雑誌志望者でも、就職戦線が始まる前の時間に余裕のあるうちなら、書籍の企画も考えられると思う。いざという時に「雑誌にも書籍にも使える編集者」をPRできて得策だ。

企画を書かせる試験には、次のような本格的なものもある。

企画表1

P = Photo（写真）
文 = 文章

PART **8** 企画がなければ出版業界には入れない

259

企画表2

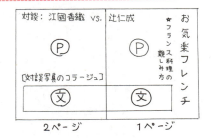
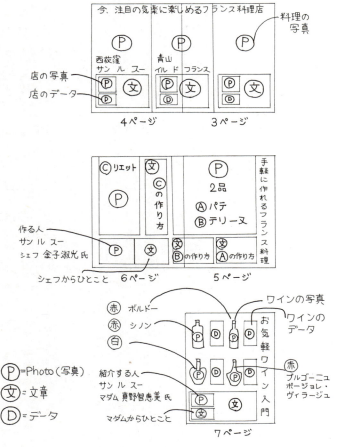

かつて、ある若い既婚者向け女性生活情報誌を発行する出版社では、7ページ分の構成案（ラフスケッチ）を書かせる試験があった。自分がその生活情報誌でどんな記事をつくりたいかをストレートに書かせるものである。たとえば、**【企画表1】**（259ページ）のように書いたとしよう。「特集：日本酒の愉しみ　対談、嵐山光三郎 vs. 太田和彦」、これも一つの企画ではある。しかし、狙いそのものが、雑誌『サライ』（小学館）、『一個人』（KKベストセラーズ）、『男の隠れ家』（三栄）ならばよいかもしれないが、若い女性の読者が喜ぶかどうかは少し疑問だ。タイトルのつけ方もありきたり。もう少しひねったタイトルを書きたい。また、全体の構成が対談だけでは、平板。一本調子でつまらない。

　ひとひねりして**【企画表2】**（260ページ）のように書いたらどうか。「特集：お気楽フレンチ」である。見開き3本の企画と1ページ企画の4本の企画が盛り込まれている。やや、企画の数が多すぎるといえなくもないが、少なくとも**【企画表1】**よりは、工夫していることがわかると思う。

　【企画表2】のように書く場合は、料理名、店の名前、人物名まで、可能な限り書いたほうがよい。より実現可能な企画を具体的に考えていることを伝えられる。

　ちなみに、情報誌『OZ magazine』の12ページ構成例を示しておく（2017年7月〈543号〉14〜25ページ）。

記事名：「本の町さんぽ（荻窪〜西荻窪）」

（見開きページ／1〜2ページ）
特集の扉：タイトル「荻窪〜西荻窪」
導入文　：今いちばん注目の本の町は〝プチくせもの〟揃いの
　　　　　よりみち天国（いま最も注目されている新刊書店「Title」の
　　　　　写真）
（見開きページ／3〜4ページ）
話題の新刊書店「Title（タイトル）」店主・辻山良雄さんインタ

ビュー

（見開きページ／5〜6、7〜8ページ）

新刊書店、古書店の紹介と、各店主オススメの寄り道したい店

　　例：書店「旅の本屋のまど」が、喫茶店「物豆奇」をオススメ

〔コラム〕西荻窪のブックイベント仕掛け人：

古書店「音羽館」店主・広瀬洋一さんインタビュー

（見開きページ／9〜10ページ）

「本を片手に味わいたいグルメ」荻窪〜西荻窪の飲食店の紹介

　　例：超人気！　喫茶店「どんぐり舎」の「ほろにがブレンド」

（見開きページ／1〜12ページ）

「荻窪〜西荻窪おさんぽMAP」（地図）

　以上のような構成になっている。わずか12ページで、今話題の街、東京の荻窪〜西荻窪に対して角度のあるアプローチがなされていることが理解してもらえると思う。雑誌の企画ラフスケッチを書くために、自分の携わりたい雑誌のページ構成を分析してみよう。

＊

　この企画の章を読んだ君は、ずいぶんと本格的な試験があることに驚いたと思う。実は、**〝ラフスケッチ（＝構成案）を書く〟のは雑誌編集者が日常業務としてやっている**ことなのだ。そう、現在の出版社はどこも即戦力を求めている。少し難しいと感じたかもしれないが、雑誌の場合ならその雑誌を毎号じっくり読んでいれば企画はつくれるようになるし、書籍の場合なら次に読みたい本をいつも考えるようにして読書するクセをつければ企画は出てくるから心配ない。

　決してプロの雑誌・書籍編集者の企画レベルが求められているわけではない。君は、学生として素人の読者として、素直に自分の読んでみたい書籍や雑誌記事を提案すればよい。「こんな企画、プロの編集者（採点担当者）にウケるかな」なんて恥ずかしがらずに、自信を持って書いていこう。

PART 9

出版社の面接攻略法

このPARTでは、大手と中堅・専門小出版社
それぞれの面接の特徴をおさえた、
面接突破のためのポイントを紹介する。
また近年増えてきた、
複数の学生同士を討論させるディスカッション、
ディベート対策として、
大手出版社で実際に出されたテーマを
挙げておくので、
仲間を募って練習し、
討論に慣れていってほしい。

1 出版社の面接の特徴はこれだ

　書類選考、筆記試験を突破したら、最後は面接だ。面接が通れば、晴れて内定獲得となる。
　出版業界の面接は、私の知る限り、他業界に比べて最もざっくばらんでフランクなものである。たとえば、きちんとした出版社ならば「自己PRを30秒（または1分）で話してください」などという質問はあまりない。それは、「自己PR」などさせても学生はただ覚えて練習してきたネタを話すだけだし、それを聞いてその人物がわかるなどと思っていないからだ。この出版社側の姿勢は、日常の感覚からいえばごく真っ当なことである。真っ当なことが普通に通るのが出版業界の性格だといえる。だから**出版社の面接では、君のストレートな姿勢が最も大切**になる。
　さて、出版業界の面接の構造は、大きく二つに分かれる。❶大手出版社と、❷中堅、専門小出版社・編集プロダクションの場合だ。

❶大手出版社の面接の場合

　大手出版社の場合は、およそ一次面接、二次面接、最終面接と進む。面接を担当するのは、一次面接では現場最前線のメンバーである。編集でいえば、副編集長、デスク（現場のまとめ役）クラスとなる。自分の仲間として一緒に働けるか、ユニークな企画を出してくれそうかをみる。
　二次面接は、部長、編集長クラスとなる。部下としてしっかり働いてくれそうか、編集部のメンバーと一緒にやっていけそうかをみる。
　最終面接は、社長を含む取締役クラスである。当社の社員として

ふさわしいかをみる。

聞かれる内容は、一次、二次面接は企画が中心となる。最終面接では、「人となり」についての質問が中心になることが多い。

❷中堅、専門小出版社・編集プロダクションの面接の場合

中堅、専門小出版社や編集プロダクションは、概して小さな規模の会社が多い。したがって、応募をしたらすぐに呼び出されて、社長面接があってすぐに内定が出るという場合もよくある。そうでなくとも、一次面接から社長をはじめとする取締役が面接担当者として座っている場合が多い。

個人面接（志望者1名に対して面接担当者複数）か、集団面接（志望者複数に対して面接担当者複数）かは、❶❷のどちらの場合もその時々の事情で変わってくる。面接時間については、❶の大手出版社の一次試験でも最低15分の時間をとる。❶❷とも各社最終面接の場合は1時間は覚悟しておきたい。

1時間もの間、一方的に質問攻めにあえば、もう話すことはなくなるし、とりつくろっていたものはすべてはがされると思っていたい。はじめから自分を飾ろうとしないほうがよい。

PART
9
出版社の面接攻略法

265

PART **9** 出版社の面接攻略法

2 面接を突破する三つのポイント

次に面接に向かう際の三つのポイントを述べていこう。

❶明るく元気、そして素直でありたい

採用担当者は面接にやってきた君をみて、何を考えるだろうか。

まず、この人と一緒に働いたら楽しいか、面白いかを考える。明るい人ならば、当然採用担当者も一緒に働いてもいいかなと思うだろう。この面接で君に〇をつけたら、ひょっとしたら残りの編集者人生数十年を席を隣にしていくことになるかもしれない覚悟で、君の目の前に座っている。

他人に元気を与えられることが編集者には大切である。編集者は、小説家や漫画家を励ます商売なのだ。作家は孤独だ。励まし支えて、よい作品をつくってもらうサポーターとして生きるには、元気と明るさは大事だ。

また、採用担当者は、**君が取材先でどういう態度をとる人物なのかを想像して面接に臨んでいる**。ちょいと厳しい質問をされて、君はうつむいたとしよう。「彼（女）は作家の前でもこんなふうな落ち込んだ態度になる」と思われてしまう。集団面接で、隣の学生が一所懸命に話している。それを嫌な顔をして聞いていたとする。「作家の家で、他社の編集者と同席した時、他の編集者が頑張って話しているのにこんな態度をするんだな」と思うだろう。採用担当者は、君が話をしている時も、隣の人が話をしている時も、いつも君のことを見つめていることを忘れないようにしたい。

自信にあふれる必要はないが、いつも自分らしく明るく元気に、そして素直な気持ちで面接に対しよう。

266

❷発言は、結論を先にいう。一つの話はなるべく短くしたい

　面接ではあがってしまうのが当たり前。あがっていて恥ずかしいからといって、もじもじするのは見苦しいのでやめよう。先に述べたとおり、君の取材先の態度を想像する採用担当者に「照れ隠しをする人」という悪い印象を持たれかねないのだ。足がガクガクする私、声がうわずってしまう私を、そのまま見せればよい。あがってしまっていることを見せたからといって、採用しないということはありえない。どうしてもその出版社に入りたいと思うから、かえって緊張する。そんな中で、自分をPRする話し方はある。それは質問に対してとにかく答えを短く返すことだ。長く話そうとすると、質問が何だったかを忘れてしまいかねない。結論から先に述べて、短く締めくくるのがポイントだ。

❸わからないことは「わかりません」と答える

　面接でいろいろな質問が飛んでくる。「わかりません」と答えると、「無知な人」と思われやしないかと、なんとか答えようとする。答えが見つからず、言葉が詰まって、沈黙。焦っている自分と、面接担当者との間に立ちあらわれる妙に白けた空気を、なぜかもう一人の覚めた自分が見ているような嫌な気分になる。初めての面接ではこういう経験をすることが多い。はたして面接では、「わかりません」という言葉はマイナスイメージになるのか。

　出版社の面接で、「わかりません」という言葉をひと言も発せずに会場を出られたら、まずその面接では落ちているといっていい。それは、採用担当者が君にあまり興味を持たなかったからだ。

　出版社の面接の中心は、企画の話である。採用担当者が君に興味を持てば、どんどん突っ込んで聞いてくる。話をしながら、その企画は本当に面白いのか、そもそも君自身が本気でやりたがっているのか、また実現可能なのかを煮つめていく過程で、複数のプロの編集者の質問に答えられるわけがないと思ったほうがいい。わからない、知らないことがあったら「わかりません」「知りません」とはっきり答えていいのだ。

PART

9

出版社の面接攻略法

267

3 出版社面接では何を聞かれるのか

　出版社の面接では、その会社の書籍や雑誌についてと、これからやりたい企画を主に訊ねられる。他に、君のこれまでの人生についての質問も多い。これは君の人柄を知りたいと考えているからだ。

「30秒で自己PR」は準備したほうがよい？

　さて、このPARTの始めに、出版業界では「きちんとした出版社ならば『「自己PR」を話してください』などという質問はあまりない」と書いた。しかし、大手出版社をはじめとして、しばしば「自己PR」を話させる面接担当者に当たることもあるので、これにも対応できるよう**「自己PR」の30秒、1分バージョンの二つ**を準備してほしい。これはエントリーシート用に書いた「自己PR」を話せばよいだけだ。ただし、できればエントリーシートに書かなかった「自己PR」を語ったほうがよい印象を残せる。君が提出したエントリーシートは大抵前日に面接担当者に渡される。担当者はあらかじめ読んでから面接をする。したがって、エントリーシートに書いた「自己PR」をそのまま口頭で語っていては、「このネタしかないのか。同じこといってるよ」と思われかねない。

想定問答集を用意したい！

　続いて、**「学生時代に力を入れたこと」「志望動機」**を聞かれるが、これも**エントリーシート用に書いたもの（できれば、これもエントリーシートと違うネタ）**を話せばよい。ほかに、「最近気になることは何？」「好きな食べ物はある？」など、エントリーシートに出てくるような、志望者の属性についての質問がくる。

メインに聞かれる当社の雑誌、書籍や企画についても、準備したままをありのままに普段どおりに話せばいい。

　ただし、エントリーシートや企画書の準備ができていても、緊張してあがっているなかで話すとなると勝手が違ってくる。ぜひ、口語体で想定問答集を自分なりにつくっておきたい。

「企画」こそ、内定へのカギ！

　出版社の面接に臨むにあたって、重要なことは**「企画」に関するネタをまとめておき、話せるようにしておくこと**だ。その出版社の刊行物で好きなもの、これからその会社で出版したいものを口語体で整理しておくのだ。また、関連する他社の雑誌や書籍についてもおさえておきたい。他に、自分が出版したい雑誌や書籍のテーマに関する世の中の動きを簡単に解説できるようにしておき、「今なぜそのテーマなのか」の社会的な意義もひと言で語りたい。

　「自己PR」「学生時代に力を入れたこと」などは、準備をしておく必要はあるが、本番ではさほど重視されない。「企画」に関することを話すうちに、その人の「人となり」は自然にあらわれてしまうものと考えておこう。

PART

9

出版社の面接攻略法

269

PART **9** 出版社の面接攻略法

4 ディスカッション・ディベート突破法

　近年、出版社の入社試験でしばしば行われている「ディスカッション」や「ディベート」について説明していこう。これはどちらも複数以上の志望者が集まって討論をするという形式の選考である。

　たとえばある教育書の出版社では、**「高校2年生の通信添削受講者用雑誌の8月号の特集企画として、どんなものがよいのかを考えてください」**というものがあった。

　また、ある大手出版社では**「(小学生向けの)雑誌で〝わくわく人生相談〟というコーナーを設けることになった。相談役には、AKB48と嵐のどちらがふさわしいか」**というものが出された。この場合には、AKB48、嵐のどちらの立場で話すかを本人は選べないものだった。「君はAKB48がふさわしいという立場でしゃべってね」といわれればAKB48が嫌いであっても賛成の立場から討論に参加しなくてはならないのだ。

　前者は、**「ディスカッション」**といい、後者を**「ディベート」**という。

＊

　さて、これらの選考はなぜ行われるのか。

　個人面接では、多くの学生が想定問答を準備して臨む。予想される質問と答えをあらゆる角度から用意している志望者も多い。また面接担当者は日頃は出版人としての仕事をもっぱらにしており、年中面接をしているプロではない。したがって過去の経験から、とことんとりつくろった学生の素顔をしっかりと見定めることが難しい、個人面接では限界があると考えられ始めたのだ。

270

ディスカッションやディベートをやれば、集団の中でどんな態度をとる人なのかがすぐにわかる。ディベートならば、機転のきく人かどうかもはっきりする。採用側にとってこれほど効率のよい採用方法はないと、近年特に入社試験でディスカッションやディベートを課す出版社が増えてきているのだ。

1 討論の実際の進め方

　それでは、ディスカッションやディベートはどのように進められるのか。まず、グループ分けをされ、テーブルにつく。採用者側からテーマと制限時間が示される。その上で、ディベートならば、それぞれの立場を指定されることになる。

　続いて、ディスカッション、ディベートのやり方が伝えられる。司会者をどうするか、結論はどうしたらよいかという点だ。司会者については、採用担当者が務める場合、あらかじめ採用側から司会者を指名する場合、志望者側で司会者を決める場合、司会者を置くかどうかも含めて志望者側に一任される場合とがある。

　結論についても、フリー討論で結論は必要ないとされる場合、誰かが最後に結論を話すことを求められる場合、司会者が最後にまとめるという場合などさまざまである。

2 討論の実際のテーマ

　これまで出されたテーマを紹介しておこう。

- ●「20代前半を応援するキャンペーンを考え、イメージキャラクターを決める」（ディスカッション）
- ●「坂本龍馬とおりょうが現代にやってきたら、新婚旅行先としてどこに案内するか」（ディスカッション）
- ●「ライバル社が同じ商品をつくった時、どう自社商品を売り込むか」（ディスカッション）

- 「これからの出版は、デジタルか、紙か」（ディベート）
- 「無人島にもっていけるのは3つ。何をもっていくか」（ディスカッション）
- 「大人の定義とは。何歳から大人なのか」（ディスカッション）
- 「出張によく行く中年男性か、仕事帰りのOL向けの本の企画を考える。タイトルもつける」（ディスカッション）
- 「当社の文庫本の今年の夏の一冊のイメージキャラクターは何にしたらいいか」（ディスカッション）
- 「あなたたちは出版社の営業です。書店の売り上げをアップさせる提案を班それぞれで考えてください」（ディスカッション）
- 「〝星の王子さま〟のテーマ館をつくることになった。提携して事業展開をするなら、USJとTDLのどちらがよいか」（ディベート）
- 「当社が今まで蓄積した辞書や辞典の経験を生かして有料のホームページを作ることになった。イメージキャラクターには北野武と有村架純のどちらがよいか」（ディベート）
- 「当社が若者向けの新雑誌を創刊するとして、表紙とインタビューは高畑充希と広瀬すずのどちらがふさわしいか」（ディベート）
- 「当社の既存誌で、30代向けの旅行特集をすることになった。海外豪華リゾートか、国内の温泉旅行かどちらがふさわしいか」（ディベート）
- 「ブログについて」（ディスカッション）
- 「自爆テロについて」（ディスカッション）
- 「少子高齢化社会について」（ディスカッション）
- 「芸能人のプライバシーについて」（ディスカッション）
- 「JKビジネスについて」（ディスカッション）
- 「トラウマについて」（ディスカッション）
- 「プライバシーについて」（ディスカッション）
- 「今日の学校教育について」（ディスカッション）
- 「再販制度について」（ディスカッション）
- 「嫌いな作家、好きな作家について」（ディスカッション）
- 「十二支のうち一つをはずして何かにいれかえるとしたら、何を

はずして何をいれるか」（ディスカッション）

- ●「お寺に来る修学旅行生の落書きをなくすには」（ディスカッション）
- ●「『木村文乃』と『インターネット』について自由に討論してください」（ディスカッション）

　以上は大手出版社ほかの近年の課題だが、これまで出されてきたディスカッションやディベートのテーマは五つの傾向に分かれる。

❶その出版社の新企画を考えるテーマ
❷時事問題に関するテーマ
❸社会生活上の常識的なテーマ
❹教育に関するテーマ（「塾か学校か」など）
❺出版業界のこれからを問うテーマ

　一つずつ簡単に説明しよう。

　❶については、発想力をみるだけでなく、**その出版社の出版物をしっかり読み込んでいるかどうかが問われる**。また、その出版社の得意ジャンルについて本当に興味があるかどうかが試される。大手出版社の場合には、書籍志望者であっても雑誌の企画を考えさせることが少なくないので、対策が必要だ。

　❷については、政治から芸能、スポーツまで、その出版社の時々の社内状況に応じて変わってくる。たとえば、大手出版社でも、ファッション系の雑誌志望者を多く採用したいと考えている場合には、政治問題がそれほど多く出されないこともある。

　❸では志望者に得手不得手が出てしまうことから、この手の常識的なタイトルが出されることがある。**自分らしさをどう出していくかが大切**になる。「マナーについて」「人助けについて」「ルールについて」「平和を保つ法」など、さまざまなテーマが考えられる。

　❹の教育に関するテーマは出されやすい。志望者の誰もがそれぞれの教育を受けてきているのだから、採用側はもっとも公平で話しやすいテーマとして出題してくる。ここでは、**自分の経験をどう織**

り込むかが重要になる。たとえば、「いじめについて」「教育改革について」「学歴について」「塾か学校か」「よい指導者の条件は」などに対して、自分の経験を踏まえて話さないと説得力が出てこないので注意したい。

⑤については、出版業界で働きたいのならば、そこそこ今の出版社をめぐる状況について知っているはずということから出題される。「紙の出版はこれからどうなるのか」「再販売価格維持制度（再販制度）」「電子出版について」「新古書店と新刊書店との共存について」「Google ブックスについて」など、目下話題のテーマをストレートに問うてくる。自分の意見をしっかりつくっておきたい。

3 討論の突破のしかた

さて、これらのディスカッション、ディベートをどう突破していったらよいのか。三つのポイントに分けて考えていこう。

❶日頃から議論することに慣れておく

まず、仲間を募ってディスカッションやディベートをやってみてほしい。テーマは前記のもので結構だ。討論に参加するだけでなく、仲間の討論をじっくりみる（聞く）ことが大切である。討論する側、見学する側に分かれてやってみよう。

見学していると、いろいろなことがわかる。ある人は、正しいことを言ってはいるが、他の人の意見の揚げ足をとっていて不愉快な気持ちになることがあるだろう。いつも話が長くなってしまう人もいるだろう。また、それほどシャープな意見をいってはいないが、そこにいるだけで場を温かくする力のある人もいるだろう。

さて、自分はどうか。議論が始まって、まったく話に加われなければ論外だ。何度も繰り返し練習会をするしかない。議論に参加できるようになっても、自分を客観的にみることはまずできない。ぜひ、議論終了後に意見交換をして、謙虚に周りの人の意見を聞き、よりよい方向に直していこう。

ディスカッションやディベートは仲間と訓練できる。大いにやってもらいたい。

はっきりいえば、小手先の技術でディスカッションやディベート選考を突破することは不可能だ。サークルでも大学のゼミでもよいから、**さまざまなテーマで日頃から周りの人たちときっちり議論できるようにしておこう**。慣れこそが大切だ。

❷落ち着くための一つの方法

個人面接ならば、どんなことを尋ねられるかはおよそわかっている。想定問答集もつくってあるはずだから、少しは心の準備もできるだろう。しかし、ディスカッションやディベートでは、テーマに何が飛び出すかわからない、また他の志望者に見られているなど、極度の緊張状態になりやすい。

まず、自分があがっているように、他の志望者もあがっていると思ってほしい。その上で、ぜひやってもらいたいことがある。討論開始時には、簡単な自己紹介がある。そこで、手元のメモに参加メンバー全員の名前を記録しよう。名前を記録したら、討論の最中に「○○さんの意見についてですが」など、**相手を実名で呼んでいこう**。まず、〝人と話をする時には、いつもしっかりと相手を一人の人として対することのできる人間〟であることを採点者にアピールできる。それよりも、他の人の意見をメモするのに仕分けしやすい。実際にやってみればわかるが、少しだけ心が落ち着く。

❸司会者になるのは得か損か

ズバリ、ディスカッションやディベートでは司会者になろうがなるまいが採点に有利不利はない。司会が得意でやりたければ手を挙げればよいし、苦手ならば他の人に任せればよい。

ただし一つの方法として、**与えられたテーマを自分が不得手とする場合には司会者をやったほうがよい**。他の人の意見を聞きつつ自身の意見をまとめて最後に話すことができるからだ。

司会をしている場合に話がまとめられなくなったらどうするか。

参加者はそれぞれ目立とうとして自分の好きな方向に話をもっていこうとすることが多い。強引にまとめると悪印象を与えると感じたら、無理してまとめる必要もない。「そろそろ時間ですがまとまらないので、皆さんこれは明日までの宿題とします。明日この時間にここに集まってください。おわり！」ととぼけて合格した例もままある。

　司会をしていない場合で、あまりに司会者が頼りなくて、話が混乱したときはどうするか。この場合、"司会者がダメだから運が悪かった"ではまずい。きちんと話を整理し、本筋に戻してほしい。これはでしゃばりではない。

　なお、ディスカッションやディベートでは、そのグループの全員が合格する場合もあるし、全員が不合格になることもある。「グループの人間は皆仲間だ」という気持ちで参加しよう。これが、ディスカッションやディベート選考に向き合う大前提である。「自分だけが突破してやる」という考えで討論すると「協調性のない人」とすぐに見抜かれる。

＊

　最後に、個人面接とディスカッションやディベートとの関係について述べる。

　基本的に採用側は、個人面接とディスカッション、ディベートとを組み合わせて合否を判断する。これは、ディスカッションやディベートができなくても編集者に向いている人間はいくらでもいるという考えに基づいている。人間には得意不得意があって当然だ。したがって、たとえ集団討論が苦手であっても、総合的に君をみてくれる。

　しかし、出版社（特に雑誌を出している出版社）によってはディスカッションやディベートを個人面接よりも重視するところもある。個人面接の前にディスカッションやディベートを行う出版社もあるので、それらの会社を志望するのなら、心して準備するしかない。

276

PART 10

会社研究、雑誌研究はこうする

この PART では、「出版社の内定を獲得するための」
会社研究の仕方、
雑誌研究の仕方とともに、
企画の考え方の中級編を述べる。
新雑誌の企画書の書き方、
書籍企画の立て方、
企画づくりのベースとなる
「得意分野の見取り図のつくり方」を伝授する。

PART 10 会社研究、雑誌研究はこうする

1 効率のよい会社研究をするには

　就職活動をしていると「業界研究」「会社研究」などの言葉をよく耳にすると思う。
　出版業界を志望するにあたって、どんな業界研究、会社研究をしていったらよいのだろうか。まず、「出版社に合格するための」業界研究や会社研究をするのであって、学問として研究するのではないことを初めに確認しておきたい。

1 出版業界の現状を知る

　出版業界のこの一年を知るには『出版指標年報』（出版科学研究所）が役に立つ。また、出版業界の現状については、毎年業界について書かれた書籍が多く刊行されているから、それを読んでほしい。どれでもよい。自分が面白そうだと思う本を購入して読んでみよう。近年のおすすめは何かと問われれば『出版状況クロニクルⅥ 2018.1〜2020.12』（小田光雄著　論創社）、『出版の崩壊とアマゾン』（高須次郎著　論創社）、『出版大崩壊』（山田順著　文春新書）、『電子書籍の衝撃』（佐々木俊尚著　ディスカヴァー携書）を推す。この4冊を読めば、出版業界の現状はわかる。これで業界研究はおしまいだ。
　もっと詳しく知りたければ、『季刊 出版指標』（出版科学研究所）、月刊誌『創』（創出版）、出版業界の業界紙『新文化』（新文化通信社）、マスコミ業界の業界紙『文化通信』（文化通信社）などが、時々の話題をホットに伝えてくれて参考になる。また、しばしば各雑誌が本や雑誌の特集を組むのでそれらに目を通すのもよい。

2 会社研究＝出版社の刊行物を知ること

次に会社研究である。

「会社研究＝社風を調べる」という学生が多い。OB訪問をしながらいろいろな出版社の社員に「御社の社風はどんなですか」と訊ねているようだ。はっきりいえばまず、**出版業界ではOB訪問は必要がない。**また、その会社にいても社風などわからないのが普通だ。

出版業界では、以前からOB訪問は慣例化されておらず、自分の入りたい出版社の社員に会ったり会社を訪ねたりしても採用とは無関係だ。自分が出版業に携わりたくて、出版人から話を聞いて、自分のやる気を固めたいという意味でならOB訪問は役に立つ。

社風については各出版社の社員に質問すればわかるが、「ウチの会社はまじめな人が多い。温かい会社だ」などという同じ答えが、同じ出版社の複数の人から返ってくることはありえない。社員にとって自分の会社の見方はそれぞれだからだ。

時に、学術書を出している出版社をみて、「お堅い人が多い」と思う人がいるが、これも間違い。学問的にアンケートでもすればわかるが、お堅い人ばかりで学術書はできない。そう、出版社にはいろいろな人がいるのだ。先にも述べたが、そもそも社風なぞ、その会社の社員でもわからないもの。また、たとえある出版社の社員にその会社の雰囲気を教えてもらったとして、それが自分の就職活動にどう役立てられるというのか。あまり役に立たないと思う。もちろん、「自分なりにその出版社を知りたいから、社風を聞きまわっている」というのなら、その好奇心旺盛さは大いに評価したいが。

では、就職活動に役に立つ会社研究とはどうするか。

これは、PART1で述べたように、**各社が出している図書目録を読むことに尽きる。**繰り返しになるが、**図書目録はその会社の顔**だ。「どんな会社ですか」と尋ねれば、「この図書目録にある本を出している会社」と答えるのが出版社のならわしだ。その出版社の刊行物を知ること、これが会社研究である。

PART 10　会社研究、雑誌研究はこうする

2　雑誌研究は他社の雑誌と比較して

　雑誌研究の仕方について述べていこう。
　多くの人は、たとえば〝自分は週刊誌の編集をしてみたい。なかでも『週刊現代』が好きだから講談社を受けよう。第2の候補として『週刊ポスト』のある小学館、第3の候補として『週刊実話』のある日本ジャーナル出版を志望しよう〟と、同じような傾向の出版物のある出版社を横並びで受けるであろう。その場合には、早めに自分の中でそれらの雑誌の比較検討をしておきたい。同じテーマをどう扱っているのかを比較するとわかりやすい。
　ここで、一つの社会事件の扱いの違いについて例を挙げてみる。
　以下は、2022年2月24日、ロシア軍がウクライナへの全面的な侵攻を開始して後の、各週刊誌が発信した「ウクライナ危機」関連の「見出し」である。じっくり読み比べてみよう。

● 一般週刊誌

『週刊新潮』（新潮社）：「『プーチン』破滅へ」／「『平和ボケ・ニッポン』のままでいいのか　憲法9条では国を守れない『敵基地攻撃能力』保有は急務（元陸上幕僚長・岩田清文）」（3月17日号）

『週刊文春』（文藝春秋）：「プーチンの大罪」／「プーチンに媚びた面々（安倍晋三、森喜朗、岸田文雄、鈴木貴子、鳩山由紀夫）」（3月17日号）

『週刊朝日』（朝日新聞出版）：「『志願兵』がすべてじゃない！　ウクライナ支援　日本にいてできること」（3月25日号）

『サンデー毎日』（毎日新聞社）：「プーチンが反復するスターリンの『賭け』（特別寄稿・保阪正康）」（3月27日号）

『週刊ポスト』（小学館）：「ウクライナ危機でトランプ大統領 2024 年復活（対談・池上彰×横田増生）」（3 月 18・25 日合併号）

『週刊現代』（講談社）：「ロシアの『核』で狙われる日本の都市はここだ」（3 月 12・19 合併号）

『AERA』（朝日新聞出版）：「プーチン『DV 男の言い分』に焦りと短慮」／「『ロシアが悪い』だけで平和はこない（対談・伊勢崎賢治×的場昭弘）」（3 月 21 日号）

● 女性週刊誌

『女性セブン』（小学館）：「ウクライナ戦争はあなたの隣で起きている　いま『買いだめ』すべきはこれだ！『食料品』『日用品』『電気ガス代』はどこまで爆騰するか全リスト」（3 月 24 日号）

『週刊女性』（主婦と生活社）：「ロシア・ウクライナ　次に危険な国・地域」（3 月 29 日・4 月 5 日合併号）

『女性自身』（光文社）：「ウクライナ支援寄付　願いが届く仕方」（3 月 29 日・4 月 5 日合併号）

● 青年週刊誌

『週刊プレイボーイ』（集英社）：「異国で戦う『義勇兵』のリアル」（3 月 28 日号）

● 写真週刊誌

『FRIDAY』（講談社）：「プーチンの孤独と暴発」／「現役自衛官の告白『ウクライナの惨状は他人事ではない　いま日本の国防最前線で起きていること』」（3 月 25 日号）

『FLASH』（光文社）：「ゼレンスキー大統領　下ネタ芸で立身出世！『ウクライナの志村けん』一代記」（3 月 22 日号）

　ロシアへの抗議だけでなく、支援の仕方、国防、生活の自衛の問題等、さまざまなアプローチをしていることがわかる。

　一つの事件を同時期に扱う記事にもこれだけ各雑誌が独自色を出そうとしていることを知ってほしい。自分がつくりたい記事のジャンルがそれぞれの雑誌でどう扱われているのかをしっかり研究していこう。

3 雑誌の構造を理解する

PART 10 会社研究、雑誌研究はこうする

　次に雑誌の構造を見ていこう。雑誌の多くは特集記事、一本記事、コラム、連載小説などで構成されている。ここでは、特集記事について述べる。

　第1特集、第2特集などの言葉を知っているだろうか。

　わかりやすい例として月刊の料理雑誌『dancyu』（プレジデント社）のここ2年半の第1、第2特集の見出しを右に掲げる。

　たとえば、第1特集「カレー」に対して「焼酎」が第2特集（2023年8月号）、第1特集「日本酒」に対して「あんこ」が第2特集（2022年3月号）となっている。

　『dancyu』のような、**特集に多くのページを割く雑誌の場合、読者に対して毎号毎号が直球勝負**となる。**ある号で「自分は関心がないや」と思わせて買ってもらえなければ、次に読者を引き戻すことはなかなかに難しい。**そこで、「食」に対して関心を持つ読者に対して、毎号できるだけ違うジャンルを組み合わせて、トータルとして大きな間口の雑誌となるようにしてきている。たとえ第1特集で買ってもらえなくても、第2特集で目を引いたり、その他のいくつかの一本記事で興味を引く工夫をしてきているのだ。第1特集を「日本酒」、第2特集を「あんこ」で組んでいる理由がわかってもらえると思う。ただし、目次をじっくりみてみると、現在の『dancyu』では、おおよそまるごと一冊の特集や、第1、第2特集を親和性の高い飲み物と食べ物とで構成することも多くなり、新たな試みが始まっているといえる。

　ぜひ、自分の好きな雑誌が、毎号いかに読者を手放さないように特集を組んでいるかを研究してみてほしい。

『dancyu』この2年半の第1特集、第2特集タイトル

第 1 特集	第 2 特集	号数
カレーとご飯	夏の焼酎	2023 年 8 月号
美しいラーメン	和え麺＆冷やし麺レシピ	2023 年 7 月号
料理上手になる！漫画ダンチュウ	〈なし〉	2023 年 6 月号
ちょうどいい旅	dancyu 祭 2023	2023 年 5 月号
ハムのちから	春のてんぷら	2023 年 4 月号
ほとばしる！日本酒 2023	〈なし〉	2023 年 3 月号
開眼 豆腐料理	つまみ厚揚げ	2023 年 2 月号
居心地のいい店	シェフたちのぱぱっと料理	2023 年 1 月号
町蕎麦と町鮨	パセリ Book	2022 年 12 月号
おいしいアウトドア	〈なし〉	2022 年 11 月号
炒め物	中華鍋相談室	2022 年 10 月号
美しいカレー	〈なし〉	2022 年 9 月号
夏のつまみと酒	〈なし〉	2022 年 8 月号
アジア麺	アジフライ	2022 年 7 月号
京都で呑む、食べる、つくる。	〈なし〉	2022 年 6 月号
本気の昼飯レシピ	dancyu 祭 2022	2022 年 5 月号
韓国日常料理	〈なし〉	2022 年 4 月号
日本酒	極上のあんこ	2022 年 3 月号
挽肉が主役	〈なし〉	2022 年 2 月号
新しい家中華	〈なし〉	2022 年 1 月号
おいしい取り寄せ	〈なし〉	2021 年 12 月号
「ごはん」の季節	豚汁の旬	2021 年 11 月号
おいしいサラダ	釣って、食べる。	2021 年 10 月号
すごいぞ！ スーパーマーケット	蕎麦は夏	2021 年 9 月号
スパイスとカレー。2021	〈なし〉	2021 年 8 月号
ハンバーガー、ホットドッグ、ビール	〈なし〉	2021 年 7 月号
じゃがいも愛	ポテサラ	2021 年 6 月号
食堂のしあわせ	ひとり呑み道	2021 年 5 月号
シンプルパスタ	すごいリゾット	2021 年 4 月号
日本酒 2021	〈なし〉	2021 年 3 月号
煮込む。	聖なるおむすび	2021 年 2 月号

PART 10　会社研究、雑誌研究はこうする

4 新雑誌を構想してみる

　「新雑誌をやりたいので編集者を志望する」という学生は毎年多い。しかし、新雑誌をつくるとすれば、毎号30〜50本の企画を立てなくてはならない。

　君の手元にある一般的な週刊誌や総合月刊誌を覗けば、特集、一本記事、連載小説、連載エッセイ、コラム、書評欄、読者ページ、グラビアなど、毎号相当な数の記事で構成されていることがわかるだろう。今すぐにでも10も20も企画が出せるならば、どんどん新雑誌企画で攻めていくとよい。

　それだけ多くの数の企画はないが、やはり新雑誌をつくってみたい君に、ヒントを述べておく。

　まず、新雑誌企画は、タイトルと読者層、内容、狙いをはっきりさせたい。その上で、毎号どういう特集を組むのか、少なくとも創刊3号分くらいはいえるようにしておこう。

　例を挙げる。

新雑誌名：『和（わっ）』（月刊、もしくは隔月間、季刊）
読　者　層：20〜30代の女性
内　　容：20〜30代の女性に向けての、「令和の日本を知る」雑誌
狙　　い：海外を旅行する若い女性たち。諸外国でさまざまな人と交流する中で出てくる悩みに「日本について訊ねられても答えられない」または「自分はあまりに日本を知らなすぎた」などがある。この悩みを一挙に解決しようとするのがこの雑誌。主な記事には、

英訳文も添える。英語でも日本を知ることができる。英語力もつく、一石二鳥の雑誌である。

特 集 案：創刊号／「神社の神秘」（執筆者：京極夏彦、鎌田東二）

第２号／「日本のマナー、世界のマナー」（執筆者：小川さやか、松村圭一郎、服部幸應、上田紀行）

第３号／「世界文学としての日本の文学」（執筆者：須田久美、小野正嗣、多和田葉子、梁石日、池澤夏樹）

第４号／「手妻─日本手品の雅」（執筆者：藤山新太郎、藤山大樹、紙磨呂、マジカルTOM、番台家謝謝）

第５号／「和食の輝き」（執筆者：玉村豊男、角田考平）

第６号／「日本 〝忖度〟の微笑」（執筆者：駒込武、上瀬由美子、望月衣塑子、森達也、青木理）

第７号／「日本人が作るカレー」（執筆者：稲田俊輔、艸薙匠、間ロー就）

第８号／「馥郁たる日本仏教」（執筆者：藤野吉彦、白仁成昭、山本勉、栗原康、大内悟史）

第９号／「日本ジャーナリズムの突破！」（執筆者：山田寿彦、日置一太、加藤哲哉、金平茂紀、田原牧）

ほかに、特集テーマとして「和室のたたずまい」「庭園の謎」「お茶、その奥深き道」「和菓子の愉楽」「世界に羽ばたく日本のマンガ」「日本語遊び」「和紙の彩」「玉川奈々福─〝世界〟の浪曲」など。

　できるだけ、特集案も自分なりの工夫したタイトルをつけることが大切だ。

　また、執筆者については、なぜその特集にふさわしいかの根拠を考えておく必要がある。

　これは、一つの案にすぎない。新雑誌づくりを志向するのなら、自分の得意なジャンルで自分ならではのオリジナリティーのある企画を具体的に考えておこう。

285

PART 10　会社研究、雑誌研究はこうする

5 書籍企画をつくる三つの発想法

　PART 8で書籍の企画のつくり方を述べた。ここでは、先の方法ではあまりうまく企画を考えられなかった君に、さらに書籍企画を考える際の三つのヒントを述べておく。

❶すべてのものを企画にする発想法

　まず「すべてのものが企画である」と考えてほしい。身の回りにあるものがすべて書籍の企画になるということだ。今はその書籍が売れるか売れないか、出版社を受ける時に企画として出せるかどうかは二の次としよう。

　身の回りに何があるか。目の前に缶コーヒーがある。鉛筆がある。じゃあ、缶コーヒーの本を考えてみよう。鉛筆の本を考えてみよう。窓から空が見える、空の本を考えてみよう。今日は雨だ、雨の本を考えてみよう。こんなことが企画になるのかと思うかもしれないが、たとえば現実に、『空の名前』（高橋健司・写真・文　角川書店）、『雨の名前』（高橋順子・文　佐藤秀明・写真　小学館）という書籍が刊行されている。前者は、さまざまな顔をみせる空を切り取った写真と解説で構成した本であり、とても穏やかな気持ちになれる。これはロングセラーの本として有名だ。後者も、雨にまつわるいろいろな言葉を集め、雨の写真と組み合わせた素敵な本だ。空や雨が一冊の本の企画になる。

　『水の名前』『土の名前』『火の名前』『微生物の名前』など、なんでも本にできるはず。あとは、内容にどういう要素を入れるのかをゆっくり考えればよい。企画は難しく考えないことが肝要なのだ。

❷一冊の本から発想する

こういう発想法もある。

ここに『平成の思い出、令和の夢』という書籍を企画する。どんな人に書いてもらいたいかを考えていこう。

まず、一人の人物に書いてもらう方法がある。自分の好きな人なら誰でもよい。政治家でもジャーナリストでも、タレントでも、いくらでも考えられる。あるいは、これを複数の人たちに書いてもらうとしよう。

『平成の思い出、令和の夢』男性編、女性編。10代編、20代編、30代編……。また、政治家編、科学者編、評論家編、スポーツ選手編なども考えられる。

❸新聞から発想する

この方法は、「すべてのものを企画にする発想法」の応用編だ。

毎日届けられる日刊新聞の情報量は、新書本一冊に値するといわれている。最新の日々のニュースがコンパクトな形で手軽に入手できる。これを利用しない手はない。

たとえば、ある日の「朝日新聞」の朝刊が全32ページだとしよう。このすべてのページから企画を考える練習をするといい。これまた、本番の企画として使えるかどうかは初めは考えないようにしよう。**企画をひねり出す訓練をすることが大切**だ。

まず第1面。世界では大きな事件が起こっている。これは、一冊の本になる。もう企画は一つできたことになる。

第2面、「首相の前日の動向」がある。たとえば、『首相はどこを歩いているのか』という一冊のデータブックができる。

第3面には「ひと」の欄がある。その人物は今話題の人だ。さっそく一冊の自伝を書いてもらおう。

第4面、スマホの全面広告だ。スマホの本をつくる企画を立てる。このように、記事であろうが、全面広告であろうが、無理やりにでも企画をつくる。専用のノートを一冊つくって書き留めておくことがお勧めだ。この訓練は企画力強化に絶大な効果が出る。

PART 10　会社研究、雑誌研究はこうする

6 得意ジャンルの見取り図をつくろう

　編集者は、学者ではない。一つのことを専門的に深く詳しく知る必要はない。しかし、雑誌や書籍を世に送り出す者として、自分の好きなジャンルのテーマや書き手の見取り図を書けるようにしておかなくてはならない。

　ここでは、書き手についての例を挙げていくが、難しく考えなくてもよい。どんどん自分の好きな作家を並べていけばいいだけだ。

　児童文学が好きだとする。これまで読んで自分の気に入っている著者と書名と出版社名を、さっそくノートに書いていこう。

児童文学で私の好きな本

　川島誠『電話がなっている』(国土社)、ひこ田中『お引越し』『カレンダー』(福武書店)、湯本香樹実『夏の庭』(福武書店)、西田俊也『少女A』(福武書店)、佐藤多佳子『サマータイム』『九月の雨』(MOE出版)、長谷川集平『トリゴラス』、スズキコージ『サルビルサ』、内田麟太郎・降矢なな『ともだちや』『ともだちくるかな』『あしたもともだち』『ごめんねともだち』(偕成社)、上野瞭『ちょんまげ手まり歌』(理論社)『砂の上のロビンソン』(新潮社)、奥田継夫『日付のないラブレター』(理論社)『続いていた青い空』(PHP研究所)『中学時代』(講談社)『夏時間』(偕成社)『少年の時』(ほるぷ出版)、斎藤惇夫『冒険者たち』(岩波書店)、川上健一『ららのいた夏』(集英社)

　このように、ずらずらと並べていこう。自分の企画をつくるためのメモだから、自分でわかればよい。書き方は自由だ。まず、あら

ためて眺めてみると、いろんな会社の本を読んでいたことがわかる。これらの出版社が求人していたら、〝この本があるから御社を志望した〟という強い志望動機になる。それぞれの作家について、次にどんな本を読んでみたいかを考えていこう。企画は、何もないところでうなって考えても出てくるものではない。上記のようなメモをつくれば、企画は考えやすくなる。

　もう一歩進めて、次にどんな本を書いてもらいたいかまでをメモに書きつけてみよう。
　料理の本の編集者になりたい場合である。たとえば次のようなメモをつくる。

料理書で私のつくりたい本

〔料理のコツをテーマで執筆してもらう〕

- 玉村豊男『料理の四面体』『男子厨房学入門』（文春文庫）→常備菜のコツについての本
- 杉田浩一『「こつ」の科学』（柴田書店）、『調理のコツの科学』（講談社）→家庭の料理にぜひとも取り入れたい調理のコツの本（揚げ物など）

〔食べ物の歴史に関するテーマで執筆してもらう〕

- 森枝卓士『食は東南アジアにあり』（ちくま文庫）、『食は韓国にあり』（弘文堂）→納豆の歴史についての本
- 平松洋子『アジアの美味しい道具たち』（晶文社）、『アジアひとさじのチカラ』（雄鶏社）→アジアにおける乾物の歴史と、家庭でできるアジアの乾物料理についての本
- 海野岩美『江戸期料理人の記録』（近代文藝社）→家庭でできる江戸料理の入門書

〔粉もの料理について執筆してもらう〕

- ウー・ウェン『北京の小麦粉料理』（グラフ社）→ごく手軽にできる粉もの料理の本

〔**韓国・朝鮮料理について執筆してもらう**〕

● ジョン・キョンファ『キムチの味』→つくりおきのきく朝鮮料理タレを使った料理の本

〔**創作料理について執筆してもらう**〕

● 高山なおみ『諸国空想料理店』（筑摩書房）→スーパーで買える食材でつくるエスニック料理の本

● 朴木雅之（吉祥寺「うさぎ屋」店主）→食楽酒房「うさぎ屋」のレシピの本

〔**居酒屋について執筆してもらう**〕

● 大川渉『下町酒場巡礼』（四谷ラウンド）→居酒屋料理としての「ハムかつ」についての本

〔**ワインについて執筆してもらう**〕

● 瀬川慧（フリーランス・ライター）→中級者向けのワインの案内書

〔**カレーについて執筆してもらう**〕

● 艸薙匠（インド料理（カレー）研究家）→手軽に入手できるスパイスを使い、おいしいカレーをつくるその調合法と本格カレーづくりを紹介する本

　上記のように、やはり**自分の好きな本やライターを並べることから始め、次に自分が読んでみたい本の企画を書けばよい。**まだ単行本を執筆したことがない人を提案できれば、書籍の企画としてはよりオリジナリティーがあるといえる。

　もちろん、これらの企画は料理雑誌の特集や一本記事企画としても成立する。このくらいまで具体的に、次に執筆してもらいたい企画が書ければもういうことなし。この本は卒業だ。さあ、自信を持って出版社を志望しよう。

巻末付録

〈巻末付録1〉出版社リスト

　多くの会社が独自のHPを開設しているので、気軽にアクセスしてほしい。なお、難読の出版社名には、ふりがなを付した。編集プロダクションや、書店の入社筆記試験では、出版社の読み方（とりわけ老舗の出版社）の問題がしばしば出されてきている。ひと通り目を通してほしい。

（日本書籍出版協会加盟社　2023年5月15日現在　391社）

【あ】　□明石書店〈あかししょてん〉　□あかね書房　□秋田書店　□朝倉書店　□旭屋出版　□明日香出版　□梓出版社〈あずさしゅっぱんしゃ〉　□あすなろ書房　□アリス館

【い】　□家の光協会　□医学書院　□池田書店　□医歯薬出版　□和泉書院〈いずみしょいん〉　□井上書院　□今人舎〈いまじんしゃ〉　□岩崎書店　□岩波書店　□インプレスホールディングス

【う】　□WAVE出版　□潮出版社〈うしおしゅっぱんしゃ〉　□内田老鶴圃〈うちだろうかくほ〉　□芸艸堂〈うんそうどう〉

【え】　□英宝社　□NHK出版　□NTT出版

【お】　□旺文社　□大阪教育図書　□大阪大学出版会　□大月書店　□御茶の水書房　□オトバンク　□オーム社　□オライリー・ジャパン　□音楽之友社

【か】 □偕成社〈かいせいしゃ〉 □海青社 □開拓社 □海文堂出版 □解放出版社 □開隆堂出版 □化学同人 □学芸出版社 □学事出版 □学術図書出版社 □学陽書房 □風間書房〈かざましょぼう〉 □鹿島出版会〈かじましゅっぱんかい〉 □柏書房〈かしわしょぼう〉 □Gakken □KADOKAWA □金子書房 □金原出版〈かねはらしゅっぱん〉 □川島書店 □河出書房新社 □河原書店〈かわらしょてん〉 □かんき出版 □関西大学出版部 □関西学院大学出版会 □翰林書房〈かんりんしょぼう〉

【き】 □萌書房〈きざすしょぼう〉 □紀伊國屋書店出版部 □技報堂出版 □九州大学出版会 □求龍堂〈きゅうりゅうどう〉 □教育出版 □ぎょうせい □協同医書出版社 □京都新聞出版センター □京都大学学術出版会 □共立出版 □銀行研修社 □きんざい □金星堂 □近代消防社 □近代セールス社 □金の星社 □金芳堂〈きんぽうどう〉 □金融財政事情研究会

【く】 □くもん出版 □暮しの手帖社 □クリエテ関西 □クレオ □くろしお出版

【け】 □慶應義塾大学出版会 □経済界 □芸術新聞社 □溪水社 □勁草書房〈けいそうしょぼう〉 □敬文堂 □研究社 □玄光社 □現代図書 □建帛社〈けんぱくしゃ〉

【こ】 □好学社 □光生館 □恒星社厚生閣〈こうせいしゃこうせいかく〉 □佼成出版社〈こうせいしゅっぱんしゃ〉 □講談社 □光文社 □弘文社 □光文書院 □弘文堂 □晃洋書房 □公論社 □国政情報センター □国土社 □古今書院〈ここんしょいん〉 □ごま書房新社 □小峰書店 □コロナ社

293

【さ】 □サイエンス社 □さ・え・ら書房 □嵯峨野書院〈さがのしょいん〉 □山喜房佛書林〈さんきぼうぶっしょりん〉 □三共出版 □産業図書 □産業能率大学出版部 □サンクチュアリ・パブリッシング □三修社 □三省堂 □サンパウロ □三宝出版〈さんぽうしゅっぱん〉 □サンマーク出版 □サンライズ出版 □サンリオ □産労総合研究所

【し】 □JTBパブリッシング □視覚デザイン研究所 □CCCメディアハウス □自治体研究社 □実教出版 □実業之日本社 □柴田書店 □思文閣出版〈しぶんかくしゅっぱん〉 □清水書院 □ジャパンタイムズ出版 □集英社 □自由國民社 □樹村房〈じゅそんぼう〉 □主婦と生活社 □主婦の友社 □春秋社 □春風社〈しゅんぷうしゃ〉 □旬報社〈じゅんぽうしゃ〉 □春陽堂書店 □翔泳社 □小学館 □裳華房〈しょうかぼう〉 □彰国社 □商事法務 □少年画報社 □少年写真新聞社 □晶文社〈しょうぶんしゃ〉 □昭文社 □昇龍堂出版 □照林社 □昭和堂 □女子栄養大学出版部 □女子パウロ会 □新学社 □新興出版社啓林館 □信山社出版 □新書館 □新星出版社 □診断と治療社 □新潮社 □新日本出版社 □新評論 □人文書院

【す】 □数研出版 □すばる舎 □スマートゲート □スリーエーネットワーク □駿河台出版社

【せ】 □聖教新聞社出版局 □青幻舎 □青山社 □生産性出版 □成山堂書店 □青春出版社 □誠信書房 □聖徳大学出版会 □青土社 □成美堂 □成美堂出版 □成文堂 □清文堂出版 □誠文堂新光社 □税務経理協会 □税務研究会 □清流出版 □青林書院 □世界思想社教学社 □世界文化ホールディングス

【そ】 □創元社 □草思社 □増進堂・受験研究社 □ソニー・ミュージックソリューションズ

【た】 □体育とスポーツ出版社 □第一出版 □第一法規 □大学教育出版 □大學書林 □第三文明社 □大修館書店 □大創出版 □大東出版社 □大日本図書 □ダイヤモンド社 □大和出版 □大和書房 □高菅出版 □高橋書店 □TAC出版 □玉川大学出版部 □淡交社〈たんこうしゃ〉

【ち】 □筑摩書房 □千倉書房〈ちくらしょぼう〉 □竹林館 □地人書館 □チャイルド本社 □中央経済社ホールディングス □中央公論新社 □中央大学出版部 □中央法規出版 □鳥影社

【つ】 □築地書館〈つきじしょかん〉

【て】 □ディスカヴァー・トゥエンティワン □電気書院 □天声社

【と】 □トゥーヴァージンズ □東海大学出版部 □同学社 □東急エージェンシー □東京化学同人 □東京学参 □東京書籍 □東京創元社 □東京大学出版会 □東京電機大学出版局 □東京堂出版 □東京図書 □東京美術 □童心社 □東信堂 □刀水書房 □同成社 □同文舘出版 □同文書院 □東方出版 □東方書店 □東北大学出版会 □同友館 □東洋館出版社 □東洋経済新報社 □朱鷺書房〈ときしょぼう〉 □徳間書店 □図書文化社 □TOTO出版

【な】 □永井書店 □永岡書店 □永末書店 □ナカニシヤ出版 □中山書店 □名古屋大学出版会 □ナツメ社 □南雲堂 □南江堂

【に】 □二玄社 □西村書店 □日栄社 □日外アソシエーツ □日貿出版社 □日科技連出版社 □日刊工業新聞社出版局 □日経BP社 □日東書院本社 □日本教文社 □日本評論社 □二宮書店 □日本医事新報社 □日本ヴォーグ社 □日本加除出版

295

□日本漢字能力検定協会　□日本棋院　□日本経済評論社　□日本実業出版社　□日本統計協会　□日本能率協会マネジメントセンター　□日本文教出版　□日本文芸社　□日本法令　□ニュートンプレス

【ね】　□ネオテクノロジー　□燃焼社

【の】　□農山漁村文化協会

【は】　□パイ インターナショナル　□培風館　□白水社　□白泉社　□白帝社　□白桃書房　□博文館新社　□博友社　□白揚社　□早川書房　□原書房　□判例時報社

【ひ】　□PHP 研究所　□ビーエル出版　□東本願寺出版　□東山書房　□ひかりのくに　□ビジネス教育出版社　□ひつじ書房　□檜書店〈ひのきしょてん〉　□評論社　□平河出版社

【ふ】　□風鳴舎　□フォレスト出版　□福音館書店　□福村出版　□冨山房〈ふざんぼう〉　□婦人之友社　□扶桑社　□双葉社　□プレアデス出版　□フレグランスジャーナル社　□プレジデント社　□フレーベル館　□ブロンズ新社　□文一総合出版　□文英堂　□文化学園文化出版局　□文化書房博文社　□文藝春秋　□文眞堂　□文理

【へ】　□平凡社　□平楽寺書店〈へいらくじしょてん〉　□ベースボール・マガジン社　□ベネッセコーポレーション　□ベレ出版　□勉誠出版

【ほ】　□法研　□法政大学出版局　□法蔵館　□法律文化社　□北隆館　□歩行開発研究所　□北海道大学出版会　□ポプラ社　□ほるぷ出版　□本願寺出版社

【ま】 □マガジンハウス　□丸善出版　□丸元

【み】 □三笠書房　□みくに出版　□みすず書房　□光村教育図書　□光村推古書院〈みつむらすいこしょいん〉　□緑書房　□ミネルヴァ書房　□未来社

【め】 □明治書院　□メイツユニバーサルコンテンツ　□メディアイランド　□メディカル・サイエンス・インターナショナル

【も】 □森北出版　□森山書店

【や】 □八木書店　□薬事日報社　□柳原出版　□山川出版社　□山口書店

【ゆ】 □雄山閣〈ゆうざんかく〉　□有信堂高文社　□有斐閣〈ゆうひかく〉　□ユーキャン学び事業所　□ユニ・プラン

【よ】 □養賢堂　□養徳社　□吉岡書店　□吉川弘文館

【ら】 □ライフサイエンス出版

【り】 □理工図書　□理論社　□臨川書店〈りんせんしょてん〉

【わ】 □早稲田教育出版　□早稲田大学出版部

〈巻末付録2〉
内定獲得!
とっておき "五つのこぼれ話"

①「資格」なんていらない!

　マスコミ就職を志望する大学生からの最も多い質問が「何かの資格を取っておいたほうが就職に有利でしょうか」である。ズバリ、資格は必要ない。本書に記したが、マスコミ各社は、学生諸君が学生時代に何をしたかにはあまり興味がない。**「会社に入って何をしてくれるか」** に大いに興味があるのだ。

②就職活動に使う時間の半分を、「企画」に注ごう!

　大学生が就職活動に本気で向き合うことになるのは、例年、各社がエントリーシートを配布する時期からだ。ある会社がエントリーシートを配布するや、同業他社も、遅れまじとばかりにエントリーシートを配布する。学生の立場からは、エントリーシートが通らなければ筆記試験も受けられないし、面接もおぼつかない。いきおい、エントリーシートの記入に時間をかけることになる。その気持ちはよくわかる。

　しかし、ちょっと待って!　就職活動の目的は、その会社の内定を獲得すること。エントリーから内定獲得までの道のりは、次のようになる。

　エントリーシート記入（1回）→作文試験（2回）・時事雑学試験（1回）・漢字言葉の試験（1回）・SPI試験（1回）、クリエイティブ試験（1回）→面接（3～7回）→内定。

　面接は、少ないところで3回、集英社などはワークショップ、プレゼンテーションを含めて7回行われたこともある。全体の半分が面接なのである。就職活動に使う時間の半分を、面接対策に使

いたい。**面接対策とは、会社に入ってやりたいこと（＝企画）、それをコトバ化できること。**

　エントリーシートの重要項目は、PART 3 に記したとおり。使い回しができる。まず一つの会社にエントリーし、そのエントリーシートが通れば、それは合格エントリーシート。自信を持って、**他の会社でも使い回せばいい。**エントリーシートに時間を使いすぎないこと。逆にいえば、とにかく、企画を考えることが大切なのだ。

③一番好きな会社の内定獲得は、一番難しい！

　「あなたが一番好きで、どうしても入りたい出版社がある。それはいいことだけれど、その内定を獲得するのは、実は最も難しい」と大学生に話すと、驚かれる。しかし、それは本当のこと。

　かりにあなたがマガジンハウスの雑誌『an・an』が好きで、その編集部への就職を志望しているとしよう。そして、エントリーシート、筆記試験も通り、面接に進めた。面接担当者は、『an・an』の編集長、副編集長の可能性がある。「一番新しい『an・an』読んでくれましたか？　どうでしたか」と聞かれて、「すばらしかったです。感動しました。昔から『an・an』が大好きなんです。すべてが最高で、今回の号も言うことはありません！　私も編集部に入れていただけたら、全力で頑張ります」などと答えたくなるかもしれない。しかし、そう答えたら、即アウト！　その面接は落ちる。会社の側は、無条件にほめてくれる人を求めているのではない。まったく逆。よりよい雑誌を具体的に企画として提案してくれる人を求めている。その編集部にはない新しい風を吹き込んでくれる、革命的で具体的な企画を提案してくれる学生でなければ、採用できないということ。

　面接をした編集長が、**「この学生が半年前に入っていてくれれば、今月号はもっとよくなったのになあ」**と思わせて初めて、内定に近づけることになる。話を戻せば、自分がその会社が好きなことは当然なのだ。好きな雑誌や書籍の名前・特集記事を挙げて志望動機にすればよい。

しかし、会社（編集部）に入ってやりたいこと（＝企画）は、これまで、その会社にないものを提案しなくてはならないのだ。

④エントリーシートは、落とされた時こそ、助言を受けよう！

いざ、就職活動が始まった。エントリーシートを提出した。残念ながら落とされてしまった。「ふざけんな！　誠実に自分を書いたのに、理解できないのは、その会社が悪い」と怒っていい。

しかし、ちょっと冷静になって。気を取り直して、次に、違う会社にエントリーシートを書いて提出しても、そのエントリーシートが通らない可能性は正直大きいと思う。落とされたエントリーシートは、「普通」か、「重大な欠陥」があるかどちらかだといえる。したがって、その延長上で、その後100社エントリーしても、ほぼ通らない可能性がある。

エントリーシートは、「普通」ではダメ。「魅力があるから、この学生に筆記試験を受けてもらおう、面接に呼ぼう」と会社側は考える。また、本書（96〜98ページ）に記したとおりの、自分が一所懸命なゆえに自身の〝逆PR″になっていたエントリーシートを平然と提出していたということもありえる。結論をいえば、ある会社のエントリーシートが通らなかった場合は、社会人に読んでもらい、助言を受けるようにしよう。恥ずかしがっている場合ではない。

⑤マスコミ人になるための必勝法：「会社説明会」を利用せよ！

「マスコミの内定を獲得するのは大変、勉強に時間がかかるから、一般企業は受けない。会社説明会にも行かない」という学生は少なくない。しかし、それは損をしている。

最後にマスコミ志望の学生にとっておきの話をしたい。マスコミに入りたいなら、「会社説明会」を利用せよ！

君が、いずれは、国際貢献に関わる雑誌記者になりたいとしよう。

ならば、いわゆる国際貢献・協力に関わる企業、団体の会社説明会にできるかぎり参加しよう。そして、自分の疑問をどんどんぶつ

けてほしい。すなわち取材をしてきてほしいのだ。

　就活生には、特権がある。会社・団体は、将来を担ってもらいたいフレッシュな学生の君たちには、どんな質問にも答えてくれるだろう。そして内情も裏まで教えてくれることもある。必要なら、普段は立ち入り禁止の場所まで見せてくれるはずだ。雑誌・新聞記者には教えないことを、だ。

　ある学生は、社会福祉に詳しい雑誌記者をめざしていた。それで、会社説明会が解禁されるや、時間の許す限り、社会福祉関係の企業・団体の説明会に参加した。そこで、今、社会福祉「業界」では何が問題で、何が課題で、個別の会社・団体では何が問題なのか、つぶさに聞いた。今後の展望についても、それぞれの会社・団体の見解をとことん聞いた。

　彼女は、エントリーシートに、社会福祉について会社に入ってからやりたい雑誌記事企画を、その取材をもとにして幾つも書いた。当然、そのエントリーシートは通った。面接に呼ばれる。いきなり、社会福祉に詳しい編集記者が面接担当者だった。社会福祉の問題・展望を聞かれて、会社・団体説明会で取材した内容を話すと「君は学生なのに、どうしてそんなに詳しいんだい？」といわれた。

　ここで「会社説明会で聞きました」とは当然いわない。「書籍・新聞・ネットだけでなく、疑問に思ったことはその会社・団体を訪ねて、自分なりに調べてきました」といった。その内容は、雑誌記者ではすんなりとは聞けない、今現在の社会福祉の具体的な問題・未来の課題である。彼女は「雑誌記者に向いている学生」として内定を獲得した。

　繰り返しになるが、**就活生には、何でも聞ける、見せてもらえる、教えてもらえるという特権がある。**それは、プロのルポライター、雑誌・報道・新聞・通信記者では「聞くことも、見ることも」できないことであったりする。それを利用しない手はない。

〈巻末付録3〉
"影響を受けた本"を
リストアップしてみよう！

　学生諸氏から「マスコミ人とはどんな人か」とよく問われる。ズバリ、**「24時間、企画を考えている人」** と答えている。
　では、「企画」はどこから出てくるのか。それは、自分の人生から、でしかない。ならば、自らの今を見つめ、過去を振り返るために何をしたらいいのか。
　その一つの方法として、自分に影響を与えた本を思い返すことをお勧めしたい。自らの心の支えとして時折読み返している本、また、"これが私の今を決めた" という本（コミックを含む）をリストアップしてほしい。そこから、自分の好みや、やりたかったことが見えてくるはずだ。一つの例を示そう。

【小学生時代】

　『怪獣ウルトラ図鑑（大伴昌司）』『ニャロメの万博びっくり案内』『日本万国博覧会公式ガイド』『ペットの飼いかた（今泉吉典）』『カロリーヌとおともだち（ピエール・プロブスト）』『顕微鏡の世界（木谷要治）』『日本淡水プランクトン図鑑（小野寿彦）』『学研の図鑑日本の歴史』『世界怪奇スリラー全集』『チビっ子猛語録』『野生動物を追って（田中光常）』『太平洋戦争日本の軍艦（山梨賢一）』『ボッコちゃん（星新一）』『太陽系七つの秘宝（エドモンド・ハミルトン）』『短波放送入門（三木宮彦）』

【中学生時代】

　『20ヶ国語ペラペラ（種田輝豊）』『だれにも聞ける世界の放送—BCLマニュアル（山田耕嗣）』『世界の放送—BCLのすべて』『偽原始人（井上ひさし）』『いたずら魔』『きたぐにの動物たち（本多勝一）』『天

然記念物の動物たち（畑正憲）』『マーメイド三世──単独無寄港世界一周（堀江謙一）』『サハラに死す（上温湯隆）』『映画監督・TV ディレクターになるには（佐藤忠男）』

【高校生時代】

『僕って何（三田誠広）』『蟹工船・一九二八年三月十五日（小林多喜二）』『イワン・デニーソヴィチの一日（ソルジェニーツィン）』『光る風（山上たつひこ）』『彩りのころ（津雲むつみ）』『虹の航路（庄司陽子）』『ベルサイユのばら（池田理代子）』『麦ちゃんのヰタ・セクスアリス（立原あゆみ）』『戦後少女マンガ史（米沢嘉博）』『定本艶笑落語（小島貞二）』『北極点グリーンランド単独行（植村直己）』『知的生活の方法（渡部昇一）』『現代読書の技術（紀田順一郎）』『暗い夜の記録（許広平）』『お経の話（渡辺照宏）』『世に棲む日日（司馬遼太郎）』『光る海（石坂洋次郎）』『冬の旅（立原正秋）』『虚無への供物（中井英夫）』『大誘拐（天藤真）』『青春の門（五木寛之）』『早稲田の阿呆たち（富島健夫）』『人間喜劇（ウィリアム・サロイヤン）』『ルポルタージュの方法（本多勝一）』『テロルの決算（沢木耕太郎）』『光州80年5月（猪狩章）』『中国の日本軍（本多勝一）』『ルポライターの世界（別冊新評）』『ルポライター入門（青地晨）』『トルコロジー（広岡敬一）』

【大学1年生】

『無援の前線（村田栄一）』『原理運動の研究（茶本繁正）』『「文藝春秋」の研究（松浦総三）』『禁断の教育（宇治芳雄）』『中核 vs. 革マル（立花隆）』『自動車絶望工場（鎌田慧）』『原発ジプシー（堀江邦夫）』『君は天皇を見たか（児玉隆也）』『山谷──都市反乱の原点（竹中労）』『追悼・片桐軍三（片桐軍三さんの死を考える会）』『韓国・朝鮮人──在日を生きる（前川恵司）』『ある勇気の記録（中国新聞社報道部）』『現代マスコミ人物事典（松浦総三）』『現代革命運動事典』『国語教科書攻撃と児童文学』『トリゴラス（長谷川集平）』『日付のない Love Letters（奥田継夫）』『ひとり暮らし料理の技術（津村喬）』

【大学2年生】

『現代日本社会と民主主義（渡辺洋三）』『戦後思想を考える（日高六郎）』『戦時期日本の精神史（鶴見俊輔）』『戦後世代の風景（松本健一）』

『全学連（菅孝行）』『街の古本屋入門（志多三郎）』『妻たちの思秋期（斉藤茂男）』『「平和」の風景（朝日新聞社会部）』『天皇に関する 12 章（南方紀洋）』『ぼくがぼくであること（山中恒）』『はてしない物語（ミヒャエル・エンデ）』

【大学 3 年生】

『君の心が戦争を起こす（羽仁五郎）』『戸籍（佐藤文明）』『感性からの自由を求めて（菅孝行）』『無法ポリスとわたりあえる法（千代丸健二）』『硬派と宿命（豊浦志朗〈船戸与一〉）』『「君が代」は微風にのって（小板橋弘之）』『新・山谷ブルース（小島一夫）』『擬装殺人─中川一郎怪死事件の真相（吉原公一郎）』『フリーメーソンの秘密（赤間剛）』『にっぽんコミューン（朝日新聞社）』『宗教を現代に問う（毎日新聞社）』

【大学 4 年生】

『世界政府 G II の陰謀（森路英雄）』『危機を演出する人々（吉原公一郎）』『子どもの本をつくる（小宮山量平）』『明けの星を見上げて─大道寺将司獄中書簡集』『砦に拠る（松下竜一）』

おわりに

　出版社をめざすにあたって、最後に君にぜひやってもらいたいことがある。

　それは、仲間を募って勉強会を組織することだ。1週間に一度集まって、作文の練習を中心に、クリエイティブ試験やエントリーシート対策を進めていこう。作文やクリエイティブ試験、エントリーシート対策は、一人ではできない。厳しい相互批判をしてよりよい文章をつくっていきたい。できれば、現役の編集者や出版社に勤めている人をゲストに招いて、作文などを読んでもらえれば最高だ。

　勉強会では、入社試験情報の交換もしたいし、時事問題や雑学の勉強もしてほしい。雑学教養試験の対策で最も効率のよい方法は、次のとおりだ。

　毎週、各人が自分の興味のあるジャンルの5択問題を10問つくって皆に配る。次の週にその解答を配る。これを毎週繰り返すのだ。ある日の新聞から問題をつくるもよし、自分の好きな芸能関係の問題をつくるもよし、話題の本に関すること、動物に関すること、ファッションに関することなど何でもよい。

　問題のつくり方はPART 7の「5　出版業界の一般教養過去問題集」を参考にしよう。実際つくってみるとわかるが、5択問題を作成するとその問題の周辺の知識が得られる。また、他の人の問題をやれば世の中にはいろんなことに興味を持つ人のいることがわかり、知識も友情も深まるはずだ。10人の仲間でやれば、毎週自分の問題も含めて100問の知識が得られる。1ヵ月で400問、3ヵ月続ければ1200問になる。一般教養・雑学試験対策は、これで充分だ。

あとがき

　これまで、なにがなんでも出版業界に就職したいという多くの学生に出会ってきた。その中で、「絶対に出版の仕事をする」という意欲と気力を持って努力した学生は、全員出版業界に就職できている。出版業界への就職は難しすぎるとよくいわれるが、私はうなずくことができない。

　現在、私たちが購入できる書籍、雑誌を刊行している会社は4000社を超える。大変多くの会社があるのだ。社会への第一歩として自分を鍛えるのにふさわしい出版社、編集プロダクションはいくらでもあると思ったほうがいい。いったん出版業界に就職すれば、編集技術は給料をもらいながら学べる。力を蓄積し、いずれ出版社を興すなり、フリーライターとして独立する道も大きく開ける。もちろん出版社に在籍してこそできることも多いから、勤め続けて「○○出版社に△△あり」といわれるようになるのもよい。

　なお、この本では、出版業界が近年不況であるということについて、あえて触れなかった。業界全体がよかろうが悪かろうが、君や私個人にはあまり影響がないと考えるからだ。業界の好不況に自分の人生を預けてはいけない。人生は一度きりだ。やりたいことを素直にやりたいと思い、それに向かって自分なりに全力を尽くしていこう。道を拓くのは自分だ。少なくとも私はこれまでそう生きてきた。

　この本の姉妹編として拙著『これが出る！　マスコミ漢字攻略バイブル』（早稲田経営出版）がある。漢字試験対策にさっそく取り組んでほしい。ほかに、拙著『2025年採用版 テレビ局 内定獲得！』（TAC出版）がある。放送業界への就職も射程に入れるなら、ぜひとも併せてお読みいただきたい。

2025年採用版の本書ができあがるまでには多くの方々のお世話になった。『2025年採用版 テレビ局 内定獲得！』とともに、大変にこまやかな心づかいで情熱を持って編集してくださったTAC出版の田辺真由美氏、校正を担ってくださった田村啓子氏、いつも仕事の道筋をつけてくださるTAC株式会社の高野宏一、磯野順一、石川博規の諸氏にまず感謝したい。また、カバーイラストを描き下ろしてくださった嶽まいこさん、装丁を担当してくださった若井夏澄さん、取材に応じてくださった現役出版人のみなさんにも感謝申し上げる。

　これまで各大学や、大学連合の就職研究会、早稲田マスコミセミナー、日本ジャーナリスト専門学校などで出版社を志望する多くの学生諸君とともに学んできた。具体的には、亜細亜大学、桜美林大学、大妻女子大学、神奈川大学、京都産業大学、共立女子大学、国際武道大学、駒澤大学、首都大学東京、成城大学、創価大学、大東文化大学、中央大学、筑波大学、津田塾大学、東海大学、東京経済大学、東京工芸大学、東京国際大学、東洋大学、日本女子大学、日本大学、日本文化大学、立正大学、龍谷大学、早稲田大学、TAC渋谷校、梅田校、京都校、横浜校などである。

　本書に掲載したとびきりの合格例文は、私が毎回講義の際に配付している「優秀例文集」から引用した。また、大東文化大学法学部法律学科「文章表現法1・2」の冨板クラスの諸君の協力も得た。この本は、想いと時間と場所とを共有した学生諸君と私との共闘の記録でもある。みんな、ありがとう。

　とりわけ、この本のために資料収集、データ協力をしてくれた若い友人たちには、次のページに特に名前を記して感謝したい。

　最後に、本文中に素敵なイラストを描いてくれた山崎祐子氏、本書全体に惜しみない助言と厳しく的確な校閲をしてくれた里見美香氏に感謝する。

2023年9月

冨板　敦

〈参考引用文献〉

『出版指標年報 2023 年版』公益社団法人全国出版協会出版科学研究所 2023 年
『出版月報』（2023 年 1 月号）公益社団法人全国出版協会出版科学研究所
『OZ magazine』（2017 年 7 月、543 号）スターツ出版
『朝日新聞』2001 年 5 月 13・14 日朝刊（P.18）
『dancyu』（1999 年 10 月号）プレジデント社（P.256）
『マスコミ就職読本①入門篇（1993 年度版、1994 年度版、1997 年度版、2000～2024 年度版）』創出版 1992、93、95、98 年～2022 年
『マスコミ就職読本②新聞・出版篇（2000 年度版～2024 年度版）』創出版 1998 年～2022 年

※ネット上の『出版・読書メモランダム──出版と近代出版文化史をめぐるブログ』は、出版業界の今を伝えていて大変に役に立つ。これは小田光雄（評論家・翻訳家、278 頁参照）氏の公式ブログ。ぜひとも、参考にしてほしい。

本書の執筆にあたって資料収集、
データ協力をしてくださったみなさん（敬称略）

飯田郁乃、小室博、今朗、佐藤一哉、瀬戸愛、田中亮、辻かおる、内藤修平、早川亮、日野なおみ、水澤薫、柳理沙、吉川一樹、新井千春、石川大資、伊藤卓、伊藤優子、犬童愛、大鐘健太、大川央、小川亜弥、小川和子、小田林由佳、賀山文雅、川手麻衣子、川村直子、小林英樹、椎野真里子、下山ひとみ、杉村悟史、田島美穂、中村洋一、坂内孝行、若林和哉、渡辺ちさと、雨海昌代、小口遊、小澤健志、加藤聖子、神尾香菜子、久保晶子、新家幸太、田中雅子、高瀬裕希子、宮崎智之、山崎香織、渡邊美奈子、青木理恵、木之下ゆり子、小林紗織、三井錦里、村上香織、髙橋七重、玉城太郎、野田晃平、林厚志、向畠幸恵、青木良憲、池宗温子、菅原悠、高野仁見、滝沢祐太、武田典子、服部愛、森本隆二、岩崎歩、遠藤祐貴子、大橋由香里、小俣有加、下山小百合、松浦さおり、佐藤一美、城後成吾、渡辺絵美里、古澤京子、秋元嘉則、飯嶋友哉、稲垣佑喜代、尾崎陽介、中道拓海、柳澤みの里、荒井珠実、岩田理、中根里紗、桃澤龍一、鈴木利衣子、谷口晶美、福澤美穂、佐渡友美江、中島みなみ、光永貴子、小倉明日香、小原健太、神代泰宏、飯塚大和、大町沙也加

［著者紹介］

冨板　敦（とみいた・あつし）

1962年8月29日愛知県一宮市生まれ。私立滝高校、早稲田大学商学部卒業後、1985年筑摩書房に入社。営業部、編集部を経て1994年退社、独立。現在はフリー編集者、大東文化大学法学部法律学科非常勤講師（文章表現法）。筑摩書房編集部では、『小さなさかな屋奮戦記』（松下竜一著）、『叛アメリカ史』（豊浦志朗＝船戸与一著）、『国際共通語の夢』（二木紘三著）など多数の社会派ドキュメント、ノンフィクションを手掛けた。フリー編集者として『仏教新発見（全30冊）』（朝日新聞社）の企画・編集、『新アジア仏教史（全15巻）』（佼成出版社）の編集協力、『日本エスペラント運動人名事典』（ひつじ書房）の校閲等に携わる。早稲田マスコミセミナーでは、出版業界、テレビ業界志望者向けの講座などを担当している。著書に『テレビ局内定獲得！』（TAC出版）、『これが出る！　マスコミ漢字攻略バイブル』『マスコミ合格！「恥さらし」作文術』『Wセミナー公認就職活動バイブル』（いずれも早稲田経営出版）、『大杉栄年譜』『増補改訂日本アナキズム運動人名事典』『大杉栄と仲間たち』（編著、いずれも、ぱる出版）がある。『鶴見俊輔語録①②』（皓星社）の編者、『大杉栄全集（全13巻）』『大杉栄資料集成（全3巻）』（いずれも、ぱる出版）編集委員。元日本ジャーナリスト専門学校講師。調理師の免許も持っている。

現在は、月刊情報紙『アナキズム』、季刊『アナキズム文献センター通信』、また、月刊『浄土宗新聞』、季刊『かるな』（浄土宗出版）などの編集委員も務めている。

• 装丁：若井夏澄（tri）
• イラスト：嶽まいこ

2025年度版　出版社　内定獲得！

2023年10月15日　初　版　第1刷発行

著　者	冨　板　　　敦	
発行者	多　田　敏　男	
発行所	TAC株式会社　出版事業部	
	（TAC出版）	

〒101-8383
東京都千代田区神田三崎町3-2-18
電話 03（5276）9492（営業）
FAX 03（5276）9674
https://shuppan.tac-school.co.jp

組　版	有限会社　マーリンクレイン	
印　刷	株式会社　ワ　コ　ー	
製　本	株式会社　常　川　製　本	

© Atsushi Tomiita 2023　　　Printed in Japan

ISBN 978-4-300-10906-9
N.D.C. 377

本書は、「著作権法」によって、著作権等の権利が保護されている著作物です。本書の全部または一部につき、無断で転載、複写されると、著作権等の権利侵害となります。上記のような使い方をされる場合、および本書を使用して講義・セミナー等を実施する場合には、小社宛許諾を求めてください。

乱丁・落丁による交換、および正誤のお問合せ対応は、該当書籍の改訂版刊行月末日までといたします。なお、交換につきましては、書籍の在庫状況等により、お受けできない場合もございます。また、各種本試験の実施の延期、中止を理由とした本書の返品はお受けいたしません。返金もいたしかねますので、あらかじめご了承くださいますようお願い申し上げます。

TAC出版 書籍のご案内

TAC出版では、資格の学校TAC各講座の定評ある執筆陣による資格試験の参考書をはじめ、資格取得者の開業法や仕事術、実務書、ビジネス書、一般書などを発行しています！

TAC出版の書籍
*一部書籍は、早稲田経営出版のブランドにて刊行しております。

資格・検定試験の受験対策書籍

- 日商簿記検定
- 建設業経理士
- 全経簿記上級
- 税理士
- 公認会計士
- 社会保険労務士
- 中小企業診断士
- 証券アナリスト
- ファイナンシャルプランナー(FP)
- 証券外務員
- 貸金業務取扱主任者
- 不動産鑑定士
- 宅地建物取引士
- 賃貸不動産経営管理士
- マンション管理士
- 管理業務主任者
- 司法書士
- 行政書士
- 司法試験
- 弁理士
- 公務員試験(大卒程度・高卒者)
- 情報処理試験
- 介護福祉士
- ケアマネジャー
- 社会福祉士　ほか

実務書・ビジネス書

- 会計実務、税法、税務、経理
- 総務、労務、人事
- ビジネススキル、マナー、就職、自己啓発
- 資格取得者の開業法、仕事術、営業術
- 翻訳ビジネス書

一般書・エンタメ書

- ファッション
- エッセイ、レシピ
- スポーツ
- 旅行ガイド（おとな旅プレミアム/ハルカナ）
- 翻訳小説

TAC出版

(2021年7月現在)

書籍のご購入は

1. 全国の書店、大学生協、ネット書店で

2. TAC各校の書籍コーナーで

資格の学校TACの校舎は全国に展開！
校舎のご確認はホームページにて

資格の学校TAC ホームページ
https://www.tac-school.co.jp

3. TAC出版書籍販売サイトで

CYBER TAC出版書籍販売サイト
BOOK STORE

TAC出版 で 検索

24時間ご注文受付中

https://bookstore.tac-school.co.jp/

- 新刊情報をいち早くチェック！
- たっぷり読める立ち読み機能
- 学習お役立ちの特設ページも充実！

TAC出版書籍販売サイト「サイバーブックストア」では、TAC出版および早稲田経営出版から刊行されている、すべての最新書籍をお取り扱いしています。
また、無料の会員登録をしていただくことで、会員様限定キャンペーンのほか、送料無料サービス、メールマガジン配信サービス、マイページのご利用など、うれしい特典がたくさん受けられます。

サイバーブックストア会員は、特典がいっぱい！(一部抜粋)

通常、1万円（税込）未満のご注文につきましては、送料・手数料として500円（全国一律・税込）頂戴しておりますが、1冊から無料となります。

専用の「マイページ」は、「購入履歴・配送状況の確認」のほか、「ほしいものリスト」や「マイフォルダ」など、便利な機能が満載です。

メールマガジンでは、キャンペーンやおすすめ書籍、新刊情報のほか、「電子ブック版TACNEWS（ダイジェスト版）」をお届けします。

書籍の発売を、販売開始当日にメールにてお知らせします。これなら買い忘れの心配もありません。

書籍の正誤に関するご確認とお問合せについて

書籍の記載内容に誤りではないかと思われる箇所がございましたら、以下の手順にてご確認とお問合せをしてくださいますよう、お願い申し上げます。

なお、正誤のお問合せ以外の書籍内容に関する解説および受験指導などは、**一切行っておりません。**
そのようなお問合せにつきましては、お答えいたしかねますので、あらかじめご了承ください。

1 「Cyber Book Store」にて正誤表を確認する

TAC出版書籍販売サイト「Cyber Book Store」の
トップページ内「正誤表」コーナーにて、正誤表をご確認ください。

CYBER TAC出版書籍販売サイト
BOOK STORE

URL：https://bookstore.tac-school.co.jp/

2 1 の正誤表がない、あるいは正誤表に該当箇所の記載がない ⇒ 下記①、②のどちらかの方法で文書にて問合せをする

★ご注意ください★

お電話でのお問合せは、お受けいたしません。

①、②のどちらの方法でも、お問合せの際には、「お名前」とともに、
「対象の書籍名（○級・第○回対策も含む）およびその版数（第○版・○○年度版など）」
「お問合せ該当箇所の頁数と行数」
「誤りと思われる記載」
「正しいとお考えになる記載とその根拠」
を明記してください。
なお、回答までに1週間前後を要する場合もございます。あらかじめご了承ください。

① ウェブページ「Cyber Book Store」内の「お問合せフォーム」より問合せをする

【お問合せフォームアドレス】

https://bookstore.tac-school.co.jp/inquiry/

② メールにより問合せをする

【メール宛先　TAC出版】

syuppan-h@tac-school.co.jp

※土日祝日はお問合せ対応をおこなっておりません。
※正誤のお問合せ対応は、該当書籍の改訂版刊行月末日までといたします。

乱丁・落丁による交換は、該当書籍の改訂版刊行月末日までといたします。なお、書籍の在庫状況等により、お受けできない場合もございます。
また、各種本試験の実施の延期、中止を理由とした本書の返品はお受けいたしません。返金もいたしかねますので、あらかじめご了承くださいますようお願い申し上げます。

TACにおける個人情報の取り扱いについて
■お預かりした個人情報は、TAC（株）で管理させていただき、お問合せへの対応、当社の記録保管にのみ利用いたします。お客様の同意なしに業務委託先以外の第三者に開示、提供することはございません（法令等により開示を求められた場合を除く）。その他、個人情報保護管理者、お預かりした個人情報の開示等及びTAC（株）への個人情報の提供の任意性については、当社ホームページ（https://www.tac-school.co.jp）をご覧いただくか、個人情報に関するお問い合わせ窓口（E-mail:privacy@tac-school.co.jp）までお問合せください。

（2022年7月現在）